UTILIZANDO A LINGUAGEM R

LUCIANE FERREIRA ALCOFORADO
DOCENTE ASSOCIADA DO DEPARTAMENTO DE ESTATÍSTICA DA UFF

UTILIZANDO A LINGUAGEM R

CONCEITOS, MANIPULAÇÃO, VISUALIZAÇÃO, MODELAGEM E ELABORAÇÃO DE RELATÓRIOS

ALTA BOOKS
EDITORA
Rio de Janeiro, 2021

Utilizando a Linguagem R

Copyright © 2021 da Starlin Alta Editora e Consultoria Eireli. ISBN: 978-85-5081-442-1

Todos os direitos estão reservados e protegidos por Lei. Nenhuma parte deste livro, sem autorização prévia por escrito da editora, poderá ser reproduzida ou transmitida. A violação dos Direitos Autorais é crime estabelecido na Lei nº 9.610/98 e com punição de acordo com o artigo 184 do Código Penal.

A editora não se responsabiliza pelo conteúdo da obra, formulada exclusivamente pelo(s) autor(es).

Marcas Registradas: Todos os termos mencionados e reconhecidos como Marca Registrada e/ou Comercial são de responsabilidade de seus proprietários. A editora informa não estar associada a nenhum produto e/ou fornecedor apresentado no livro.

Impresso no Brasil — 1ª Edição, 2021 — Edição revisada conforme o Acordo Ortográfico da Língua Portuguesa de 2009.

Produção Editorial
Editora Alta Books

Gerência Editorial
Anderson Vieira

Gerência Comercial
Daniele Fonseca

Produtor Editorial
Illysabelle Trajano
Juliana de Oliveira
Thiê Alves

Assistente Editorial
Leandro Lacerda

Marketing Editorial
Livia Carvalho
Gabriela Carvalho
marketing@altabooks.com.br

Coordenação de Eventos
Viviane Paiva
eventos@altabooks.com.br

Editor de Aquisição
José Rugeri
j.rugeri@altabooks.com.br

Equipe Editorial
Ian Verçosa
Luana Goulart
Maria de Lourdes Borges
Raquel Porto
Rodrigo Dutra
Thales Silva

Equipe de Design
Larissa Lima
Marcelli Ferreira
Paulo Gomes

Equipe Comercial
Daiana Costa
Daniel Leal
Kaique Luiz
Tairone Oliveira
Vanessa Leite

Revisão Gramatical
Kamila Wozniak
Carolina Oliveira

Diagramação
Melanie Guerra Freire

Capa
Paulo Gomes

Publique seu livro com a Alta Books. Para mais informações envie um e-mail para autoria@altabooks.com.br

Obra disponível para venda corporativa e/ou personalizada. Para mais informações, fale com projetos@altabooks.com.br

---

Erratas e arquivos de apoio: No site da editora relatamos, com a devida correção, qualquer erro encontrado em nossos livros, bem como disponibilizamos arquivos de apoio se aplicáveis à obra em questão.

Acesse o site **www.altabooks.com.br** e procure pelo título do livro desejado para ter acesso às erratas, aos arquivos de apoio e/ou a outros conteúdos aplicáveis à obra.

Suporte Técnico: A obra é comercializada na forma em que está, sem direito a suporte técnico ou orientação pessoal/exclusiva ao leitor.

A editora não se responsabiliza pela manutenção, atualização e idioma dos sites referidos pelos autores nesta obra.

Ouvidoria: ouvidoria@altabooks.com.br

	Dados Internacionais de Catalogação na Publicação (CIP) de acordo com ISBD
A354u	Alcoforado, Luciane Ferreira
	Utilizando a Linguagem R: Conceitos, Manipulação, Visualização, Modelagem e Elaboração de Relatórios / Luciane Ferreira Alcoforado. - Rio de Janeiro : Alta Books, 2021.
	384 p. ; 17cm x 24cm.
	Inclui índice.
	ISBN: 978-85-508-1442-1
	1. Linguagem de programação. 2. Linguagem R. I. Título.
2020-2976	CDD 005.133
	CDU 004.43
	Elaborado por Vagner Rodolfo da Silva - CRB-8/9410

Rua Viúva Cláudio, 291 — Bairro Industrial do Jacaré
CEP: 20.970-031 — Rio de Janeiro (RJ)
Tels.: (21) 3278-8069 / 3278-8419
www.altabooks.com.br — altabooks@altabooks.com.br
www.facebook.com/altabooks — www.instagram.com/altabooks

SUMÁRIO

Dedicatória — 9

Agradecimentos — 11

Sobre a autora — 13

Apresentação — 15

Capítulo 1: Entre para o ambiente do R Studio — 19
   O que é o R? — 20
   Como obter o software R? — 20
   O que é o R Studio? — 22

Capítulo 2: Aprenda o essencial do pacote base — 27
   Operações matemáticas — 28
   Vetores — 28
   Tabela de dados — 30
   Matrizes — 31
   Acessando valores de posições específicas dos objetos — 32
   Funções estatísticas básicas — 33

Capítulo 3: Pacotes que facilitam sua vida — 39
   Por que devo carregar um pacote? — 41
   Uso remoto do R — 43

Capítulo 4: Produzindo relatórios com o R Markdown — 45
   Exemplo — 47
   Preparando o documento de saída — preâmbulo — 49
   Criando títulos e subtítulos — 51
   Inserindo listas e blocos de citação — 52
   Códigos embutidos — 53
   Chunks — 55

Inserindo tabelas	56
Fonte	59
Hiperlink e imagens	60
Letras gregas	63
Subscritos, superescrito	64
Sublinhados, sobrelinhas, vetores	64
Frações, matrizes e chavetas	65
Expressões	66
Sinais e setas	67
Capítulo 5: O sistema tidyverse	71
Lendo arquivo de dados	72
Identificando e modificando o tipo da variável	79
O operador pipe	82
Manipulando dados com o dplyr	84
Combinando tabelas de dados	103
Organizando os dados com o tidyr	117
Capítulo 6: O pacote data.table	131
Manipulando linhas	133
Manipulando colunas	136
Sumarizando dados	138
Operando um subconjunto de dados	140
Modifique com set	142
Data.table e dtplyr	144
Capítulo 7: Visualizando dados	147
Onde estão os dados?	148
Gráficos com o pacote básico	149
Gráficos com ggplot2	175
Quais formatos posso utilizar no ggplot2?	176
Definindo um tema para o gráfico ggplot	178
Inserindo título, subtítulo e rótulos aos eixos de um ggplot	182
Escalas no ggplot	184
Cores nos gráficos ggplot	188
Assistentes para ggplot2	218

Capítulo 8: Limpeza rápida nos dados — 221
    Limpando nomes do dataframe — 222
    Produzindo tabelas de frequência para uma variável — 226
    Tabulação cruzada — 228
    Conte os níveis dos fatores — escala de Likert — 234

Capítulo 9: Análise descritiva dos dados — 241
    Tabulação dos dados — 242
    Estatística descritiva com o pacote desctools — 246
    Dados faltantes — 254

Capítulo 10: Distribuições de probabilidade — 261
    Distribuição normal — 264
    As hipóteses de um teste estatístico — 268

Capítulo 11: Modelando a relação entre duas variáveis — 285
    Numérica ~ categórica — 286
    Categórica ~ numérica — 293
    Categórica ~ categórica — 300
    Numérica ~ numérica — 306

Capítulo 12: Produzindo seu próprio relatório — 321
    Proposta de relatório — 322
    Modelo para a produção de relatório com R Markdown — 322

Capítulo 13: Considerações Finais — 337

Respostas — 343

Índice — 377

AVISO

Acesse o site www.altabooks.com.br e procure pelo título ou ISBN do livro para ter acesso ao material de apoio.

DEDICATÓRIA

Este livro é dedicado a todas as pessoas que, como eu, são apaixonadas pela linguagem R, estatística, matemática e programação e me incentivaram a levar o conhecimento do R para os iniciantes.

AGRADECIMENTOS

Agradeço a todos os membros do grupo de pesquisa Estatística é com R!, que sempre me incentivaram a escrever sobre a linguagem R, manter-me atualizada e dar o retorno à sociedade com o conhecimento aprendido.

SOBRE A AUTORA

Luciane Ferreira Alcoforado graduou-se em Matemática pela Universidade Federal de Santa Maria em 1994, concluiu o mestrado em Engenharia de Sistemas e Computação pela Universidade Federal do Rio de Janeiro em 1998 e o doutorado em Engenharia Civil pela Universidade Federal Fluminense em 2009. Exerce a atividade docente desde 1997, ministrando aulas de estatística para diversos cursos de graduação através do Departamento de Estatística e da Pós-graduação de Engenharia Civil da Universidade Federal Fluminense, como também para o curso de formação de cadetes da Academia da Força Aérea. Tem atuado junto à comunidade R no Brasil e exterior há mais de dez anos, organiza anualmente desde 2016 o SER — Seminário Internacional de Estatística com R, desenvolve diversos projetos voltados ao ensino e aprendizagem da linguagem R no Brasil através do projeto Estatística é com R! e do grupo R-Ladies Niterói. Seu objetivo é levar o R para todos os níveis de ensino e áreas de aplicação da estatística.

APRESENTAÇÃO

Que o R é uma ferramenta computacional incrível e apaixonante para análise de dados nenhum especialista no assunto duvida. Investir no seu aprendizado é ingressar numa comunidade ativa e colaborativa que mantém o software R gratuito e atualizado, com inovações incorporadas em cada melhoria ou produção de novos pacotes, compondo atualmente uma biblioteca com quase 20 mil pacotes que permitem análises e manipulações de dados muito mais dinâmicas. Diante de tantos recursos que a linguagem tem a oferecer, você deve estar se perguntando por onde devo começar?

O livro conduzirá o leitor a um caminho de estudos sobre os potenciais usos da linguagem R e seus pacotes, as versões dessa linguagem não têm grandes alterações, portanto o conceito aqui exposto é aplicável a novas versões. Abrange desde a leitura, manipulação, visualização, modelagem e elaboração de um relatório utilizando um pacote denominado *R Markdown* que permite a integração de todas as tarefas que um pesquisador que utilizará análise de dados deverá realizar para produzir seu relatório final, ou seja, num único ambiente é possível realizar a leitura dos dados, escrever o texto, utilizar as ferramentas de análise estatística e produzir um relatório final.

A autora desta obra vem acompanhando a evolução dessa linguagem computacional há mais de dez anos e agora traz ao leitor esse conhecimento acumulado, economizando horas de busca e conduzindo-o para o uso efetivo das ferramentas aplicadas às suas análises de dados, desde a leitura de uma planilha, passando pela limpeza e seus ajustes — tarefa sempre necessária e relativamente fácil de realizar no R — até a produção de relatório contendo análises, modelagem, tabelas com as estatísticas descritivas e gráficos, passos esses fundamentais para o desenvolvimento de uma pesquisa.

O objetivo desta obra é auxiliar o estudante a utilizar os principais pacotes do imenso universo de quase 20 mil possibilidades, tornar o trabalho de pesquisa empolgante à medida que vai conhecendo as ferramentas disponíveis e mergulhando no mundo do R. É possível dizer que o R é uma linguagem de programação com forte vocação para tratamento e análise de dados, sua primeira versão oficial (versão 0.99) data do ano 2000 e em 2019 circula a versão de terceira geração (versão 3.6), a qual iremos utilizar nesta obra. Grande parte dos códigos aqui tratados funcionam em versões mais antigas, especialmente os códigos do pacote básico. As atualizações da linguagem procuram manter uma estabilidade nas funções, melhorando e corrigindo alguns erros que são detectados pelos usuários e colaboradores. Trata-se de uma linguagem dinâmica que conta com uma intensa produção de pacotes que são desenvolvidos diariamente por uma rede de colaboradores do mundo todo. A cada nova versão a linguagem vai ganhando maturidade e, nesse sentido, recomenda-se realizar atualizações periódicas sem que haja prejuízo aos *scripts* já construídos, isto é, os *scripts* contidos neste livro poderão ser aplicados em versões futuras da linguagem. Esse dinamismo de produção de novos pacotes possibilita ao analista acesso a ferramentas cada vez mais poderosas e funcionais, mas que por outro lado exige um processo de atualização constante, especialmente através de obras como esta que conduzirão você nesse processo.

Assim, este livro é útil para quem já conhece o R e quer se atualizar, já que muita coisa mudou nos últimos anos, como também serve para quem está começando a usar e não sabe por onde começar. Em ambos os casos, será desenvolvido por meio desta obra uma integração entre os pacotes disponíveis de uma forma que revolucionará a maneira como o pesquisador desenvolverá suas análises, agora de forma integrada, conjugando texto e códigos do R sem necessidade de abrir vários arquivos ao mesmo tempo naquele cansativo processo de copiar e colar.

A objetividade do conteúdo, exemplos simples que o leitor poderá facilmente reproduzir, focado no conceito e na funcionalidade, formam a guia mestre da narrativa desta obra. Há uma criteriosa seleção de pacotes importantes para cada passo da análise de dados que um pesquisador não estatístico deve conhecer para que em pouco tempo tenha autonomia para realizar suas análises de forma independente.

O livro apresenta inicialmente o R tradicional para em seguida apresentar o sistema tidyverse e outros pacotes que permitem manipular dados como, por exemplo, o *data.table*, fornecendo desse modo três formas diferentes de resolver o mesmo problema. Na visualização, apresenta-se rapidamente o modo tradicional para em seguida mostrar o sistema tidyverse procurando sempre mostrar mais de uma forma de fazê-la. Para um iniciante em R conhecer o pacote *DescTools* pode ser uma ferramenta muito versátil para realizar a análise descritiva de forma rápida, acredito que esse seja um grande diferencial em relação ao livro *R para Data Science*. Mostro através de exemplos como interpretar cada resultado obtido. Outro diferencial é a abordagem de testes de hipóteses, sua formulação e como modelar duas variáveis, aplicar o teste e chegar a uma conclusão. O livro procura estabelecer uma trilha de aprendizado que segue a sequência lógica que um pesquisador deve trilhar até a geração do relatório final.

O interesse hoje em aprender o R se espalha por diversas profissões como as de professores, estatísticos, engenheiros, administradores, biólogos, químicos, matemáticos, geógrafos, programadores, contadores, sociólogos, jornalistas, psicólogos, cientistas políticos, médicos, enfermeiros, assistentes sociais e muitos outros.

Em suma, muito mais do que introduzir e mostrar como o R funciona, trago ao leitor a possibilidade de formular e modelar questões de pesquisa, interpretar os indicadores gerados e concluir a análise, gerando finalmente um relatório. Trato nesta obra, portanto, de conduzir o estudante pelas melhores opções que o mundo do R pode proporcionar.

1

Entre para o ambiente do R Studio

▶ OBJETIVO

Neste capítulo você será introduzido ao ambiente R, aprenderá a instalar o software R e o R Studio e a compreender a diferença entre eles. Ao seu final, você estará apto a iniciar seu primeiro arquivo de script na linguagem R.

O que é o R?

É uma linguagem idealizada para realizar análise de dados através de um sistema para computação estatística e gráfica, permitindo explorar dados, produzir funções, computar linhas de comando ou utilizar pacotes disponíveis na rede CRAN (Comprehensive R Archive Network). Trata-se de um sistema de licença livre, sem qualquer ônus, e sua disseminação pela comunidade acadêmica permitiu que um grande número de pessoas contribuísse para sua evolução, produzindo um acervo de quase 20 mil pacotes disponíveis hoje e que se encontra em franco crescimento.

Sua popularidade iniciou no ano 2000 quando professores de Estatística da Nova Zelândia tornavam pública a primeira versão do software R. Talvez por coincidência, as iniciais do nome desses professores iniciam pela letra R, Ross Ihaka e Robert Gentleman, uma boa hipótese para o terem nomeado de R.

A linguagem R em processo contínuo de expansão, alcançou em 2015 a sexta posição entre as linguagens computacionais mais populares do mundo, em 2016 subiu para a quinta e a tendência é de que se mantenha sempre no topo do ranking, divulgado anualmente pela revista online IEEE Spectrum.

Como obter o software R?

É muito simples e rápido obter o software R, basta acessar a página do projeto e realizar o download através do endereço https://cran.r-project.org/, selecionando o sistema operacional do seu equipamento, disponível para Linux, Mac e Windows. Nesse link você encontrará a última versão do R. Por exemplo, em abril de 2019 foi disponibilizada a versão 3.6.0. Quando você o instalar pela primeira vez, terá acesso a versão mais atual, que funcionará perfeitamente até que você faça uma nova atualização.

Após o download, você deve instalar o programa, abrir o software para então visualizar a janela com alguns avisos, dicas e uma linha com sinal ">" indicando o local onde devem ser inseridos os comandos (figura 1). Se quiser ver o procedimento de instalação em detalhes, assista ao vídeo http://bit.ly/installReRStudio.

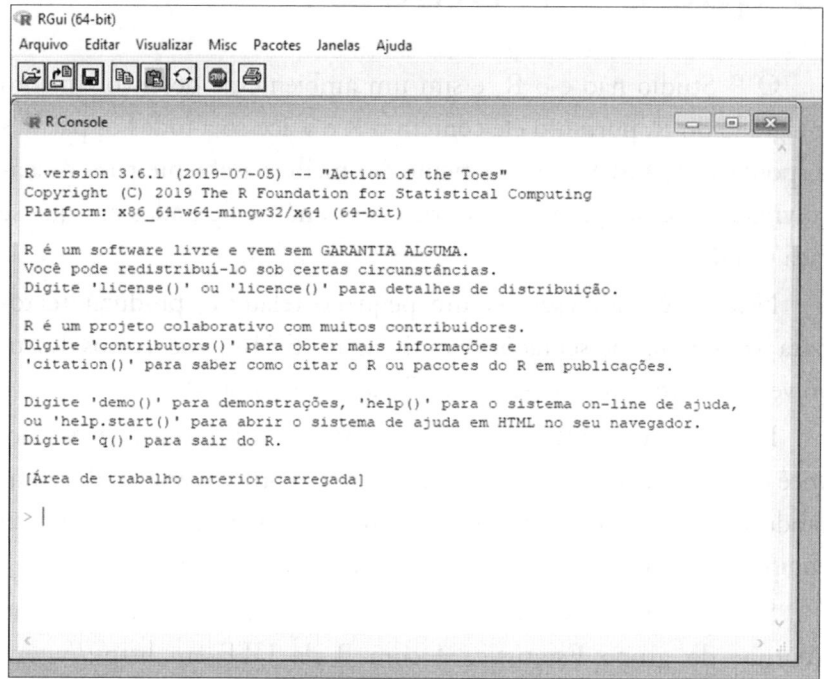

Figura 1: janela do R

A atualização do R não é automática, recomenda-se sua atualização uma vez por ano, e o procedimento é o mesmo da instalação inicial. Tenha a certeza de que o R básico já tem uma estabilidade e funcionará adequadamente nas versões dos últimos anos. A atualização é necessária principalmente para que os pacotes funcionem adequadamente, eles são constantemente atualizados e evoluem com o passar do tempo, então cultive o hábito de atualizar tudo uma ou duas vezes por ano.

Para saber sobre os pacotes disponíveis no CRAN consulte https://cran.r-project.org/web/packages/index.html. É possível ver a lista por data de publicação ou por nome do pacote.

O que é o R Studio?

O R Studio não é o R, e sim um ambiente de desenvolvimento integrado do R, portanto ele contém o R e o acesso a todos os pacotes disponíveis no CRAN. Atualmente é o melhor ambiente para desenvolvimento de pesquisas e relatórios com análise de dados em que se faça uso do R.

Nele você pode escrever um pequeno relatório, produzir textos para blogs, para apresentações e muito mais. E é isso que iremos desenvolver junto com você neste livro. Então, mãos a obra!

Instale primeiro o R e em seguida o R Studio. Para instalar o R Studio, você deve fazer o *download* através do endereço http://www.rstudio.com/products/rstudio/download/, selecionando o sistema operacional do seu equipamento: disponível para Mac, Windows, Ubuntu, Fedora.

Se tiver dúvidas sobre a instalação assista ao vídeo do canal no Youtube do grupo Estatística é com R da UFF em https://www.youtube.com/watch?v=8LnZNC4hxdQ.

Após abrir o R Studio, você será levado a um ambiente que se divide em três ou quatro janelas (figura 2): na janela inferior esquerda você visualizará o console do R, após abrir seu primeiro arquivo verá na parte superior esquerda os arquivos que produzirão seus relatórios ou simplesmente o *script* de comandos; na janela direita há diversas informações sobre os objetos, o histórico de comandos, os pacotes disponíveis e auxílio para instalação, ajuda e muito mais!

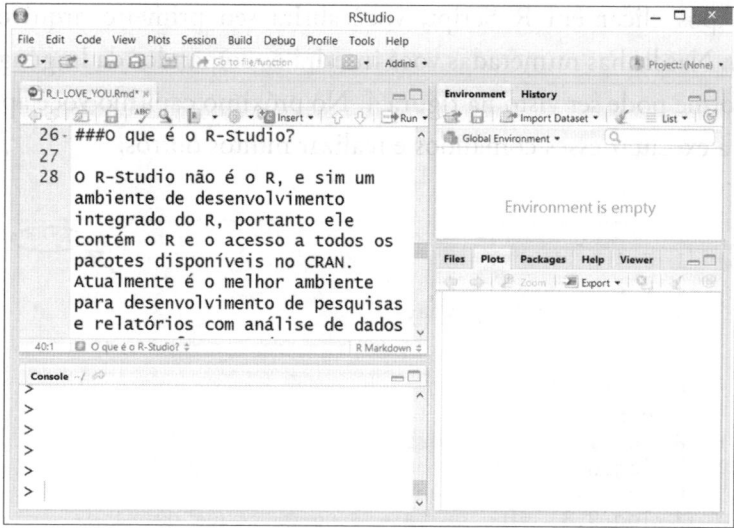

Figura 2: janela do R Studio

Pronto! Agora você já pode começar abrindo seu primeiro *script*. Basta acessar a aba *File — New File — R script*. Veja figura 3:

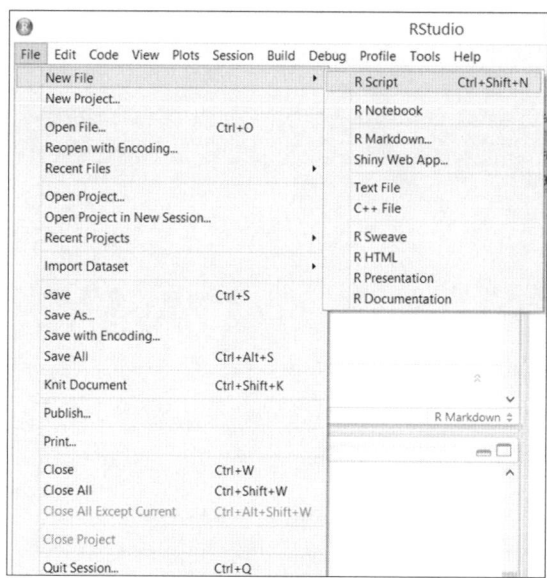

Figura 3: R Script

Após clicar em R Script, você abrirá seu primeiro arquivo de *script*. Nas linhas numeradas você inserirá os comandos da linguagem, conforme pode ser visto na figura 4. No próximo capítulo você aprenderá a executar esses comandos e realizar muitos outros!

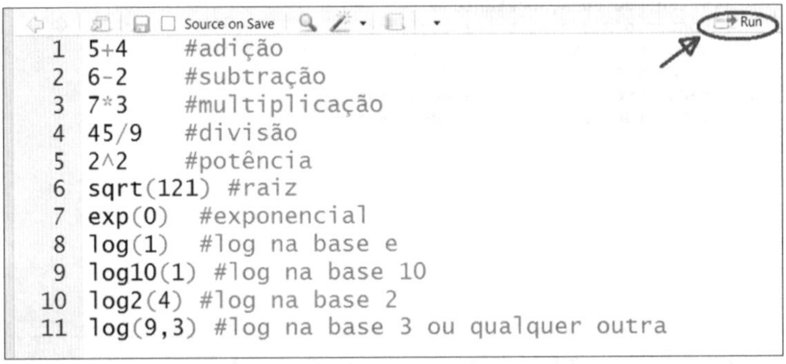

```
1   5+4          #adição
2   6-2          #subtração
3   7*3          #multiplicação
4   45/9         #divisão
5   2^2          #potência
6   sqrt(121)    #raiz
7   exp(0)       #exponencial
8   log(1)       #log na base e
9   log10(1)     #log na base 10
10  log2(4)      #log na base 2
11  log(9,3)     #log na base 3 ou qualquer outra
```

Figura 4: R Script com comandos

EXERCÍCIOS DE FIXAÇÃO PARA O APRENDIZADO

Responda as perguntas a seguir:

|1| O que é o R?

|2| Quais sistemas operacionais podem rodar o R?

|3| Qual o comando para solicitar ajuda no R?

|4| Qual o comando para citar o R?

|5| O que é a R Foundation?

|6| O que é o R Journal?

|7| O que é o R Studio?

|8| Como citar um pacote do R?

2

Aprenda o essencial do pacote base

> **OBJETIVO**
>
> Neste capítulo você será introduzido aos comandos do pacote básico do R e aprenderá a realizar desde operações básicas até a criação de tabela de dados e sua manipulação. Ao final, você estará apto a criar *scripts* para manipulação de vetores, matrizes e tabela de dados.

Quando você instala o R, alguns pacotes já se tornam disponíveis automaticamente, como por exemplo: *stats, graphics, grDevices, utils, datasets, methods e base.* Iremos explorar alguns comandos do pacote base. Tudo que você precisa fazer neste momento é copiar os comandos a seguir no seu arquivo de *script* e apertar o botão *Run* com o cursor posicionado na primeira linha. O resultado será mostrado na parte inferior (Console). Se tiver dúvida sobre como criar um arquivo *script*, veja a figura 3 no capítulo anterior.

Operações matemáticas

```
5+4 #adição
## [1] 9
6-2 #subtração
## [1] 4
7*3 #multiplicação
## [1] 21
45/9 #divisão
## [1] 5
2^2 #potência
## [1] 4
sqrt(121) #raiz
## [1] 11
```

```
exp(0) #exponencial
## [1] 1
log(1) #log na base e
## [1] 0
log10(1) #log na base 10
## [1] 0
log2(4) #log na base 2
## [1] 2
log(9,3) #log na base 3 ou qualquer outra
## [1] 2
```

Vetores

Para criar um objeto tipo vetor usamos a função *c( )*. Para usar uma função do R basta saber o nome e os argumentos que devem ser colocados entre parênteses, separados por vírgula. No caso do vetor, os argumentos são a sequência de números ou caracteres:

```
#cria um vetor com 3 números
c(7, 4, 1)

## [1] 7 4 1

#cria um vetor com 3 nomes (vetor de caractere)
c("sete", "quatro", "um")

## [1] "sete" "quatro" "um"
```

O comando *c(sete, quatro, um)* não funciona e dá retorno de erro, pois faltam as aspas nos nomes para que fique correto.

Em todos os vetores aparece [1] antes dos elementos do vetor — algo é comum no R — para indicar a posição do objeto que vem logo em seguida. Se tivermos um vetor com muitos valores é um bom recurso para ter ideia da posição dos elementos:

```
#cria uma sequência de números inteiros entre 5 e 35
5:35
## [1]  5  6  7  8  9 10 11 12 13 14 15 16 17 18 19 20 21 22 23 24 25 26 27
## [24] 28 29 30 31 32 33 34 35
```

Nesse exemplo fica mais claro a indicação das posições entre colchetes. Na segunda linha, o próximo valor aparece na posição 24.

Os vetores devem ser armazenados em um objeto com um nome apropriado:

```
#nota de 3 avaliações do aluno 1
#armazenada no objeto Nota.aluno1
Nota.aluno1 = c(8, 8.6, 8.8)

#nota de 3 avaliações do aluno 2
#armazenada no objeto Nota.aluno2
Nota.aluno2 = c(7.3, 6.7, 7)

#consultando o conteúdo do objeto Nota.aluno1
Nota.aluno1
## [1] 8.0 8.6 8.8


#consultando o conteúdo do objeto Nota.aluno2
Nota.aluno2
## [1] 7.3 6.7 7.0
```

Atente-se que *nota.aluno1* é diferente de *Nota.aluno1*, pois inicia com *n minúsculo* e portanto não existe para o R uma vez que criamos um objeto com nome iniciando por *N maiúsculo*. As letras maiúsculas e minúsculas produzem objetos distintos para a linguagem R e isso pode ser um fator de erro para quem está iniciando.

Tabela de dados

Trata-se de uma tabela com dados organizados por colunas onde cada coluna é um vetor que pode ser numérico ou de caractere.

```
#criamos uma tabela de nome notas contendo
#as notas dos dois alunos em cada coluna
notas = data.frame(Nota.aluno1, Nota.aluno2)

#consultando o conteúdo do objeto
notas

##   Nota.aluno1 Nota.aluno2
## 1         8.0         7.3
## 2         8.6         6.7
## 3         8.8         7.0
```

Podemos também visualizar o conteúdo do objeto com o comando:

```
View(notas)
```

Nesse caso, abrirá uma janela com a tabela de dados como a que se apresenta na figura 5:

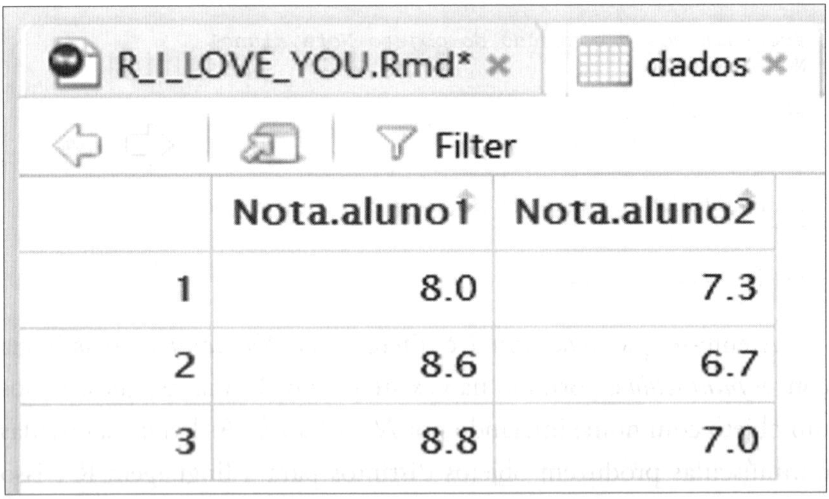

Figura 5: visualizando o *dataframe*

Podemos ainda acrescentar uma coluna que identifique a que se refere cada linha:

```
#criamos o vetor Tipo com as referências das linhas
Tipo = c("Prova A", "Prova B", "Prova C")

#acrescenta o vetor Tipo ao objeto notas

notas = data.frame(notas, Tipo)
notas

## Nota.aluno1 Nota.aluno2 Tipo
## 1        8.0          7.3 Prova A
## 2        8.6          6.7 Prova B
## 3        8.8          7.0 Prova C
```

A coluna Tipo agora identifica a que se refere cada nota dos alunos 1 e 2.

Matrizes

A diferença entre a matriz e a tabela de dados é que no primeiro caso as linhas ou colunas são formadas por vetores exclusivamente numéricos ou exclusivamente de caracteres. Já na tabela de dados, podemos ter os dois tipos misturados, ou seja, podemos ter uma coluna de caracteres e outra numérica.

```
#cria uma matriz por colunas
Mc = cbind(Nota.aluno1, Nota.aluno2)
Mc

## Nota.aluno1 Nota.aluno2
## [1,]        8.0          7.3
## [2,]        8.6          6.7
## [3,]        8.8          7.0

#cria uma matriz por linhas
Ml = rbind(Nota.aluno1, Nota.aluno2)
Ml

##             [,1] [,2] [,3]
## Nota.aluno1 8.0  8.6  8.8
## Nota.aluno2 7.3  6.7  7.0
```

Não se pode misturar na matriz elementos de natureza distinta. Por exemplo: as notas são de natureza numérica, enquanto que tipo é de natureza não numérica. Ao misturar esses objetos em uma matriz, o resultado é uma matriz *não numérica*. O correto, então, é armazenar como *data.frame*!

```
#cria uma matriz por colunas misturando vetor numérico com
caractere
M = cbind(Nota.aluno1, Nota.aluno2, Tipo)
M

##      Nota.aluno1 Nota.aluno2 Tipo
## [1,] "8"         "7.3"       "Prova A"
## [2,] "8.6"       "6.7"       "Prova B"
## [3,] "8.8"       "7"         "Prova C"

#analisando a estrutura do objeto M
str(M)


##  chr [1:3, 1:3] "8" "8.6" "8.8" "7.3" "6.7" "7" "Prova
A" "Prova B" ...
##  - attr(*, "dimnames")=List of 2
##   ..$ : NULL
##   ..$ : chr [1:3] "Nota.aluno1" "Nota.aluno2" "Tipo"
```

Nesse caso, a matriz M foi interpretada como caractere em todas as colunas. Percebemos isso, pois os números aparecem entre aspas.

Acessando valores de posições específicas dos objetos

Para acessar uma posição de um objeto tipo vetor ou matriz, devemos informar a posição desejada entre *colchetes*. No caso de um *dataframe*, adicionalmente é possível informar o nome da coluna desejada, precedida do símbolo $ através do comando **nomedodataframe$nomedacoluna**.

```
#nota do aluno 1 na posição 2 do vetor
Nota.aluno1[2]

## [1] 8.6

#valor armazenado na posição 2 do objeto Tipo
Tipo[2]

## [1] "Prova B"

#valor da linha 1 e coluna 2 da matriz Mc
Mc[1, 2]

## Nota.aluno2
##          7.3

#valor da linha 2 e coluna 3 da matriz Mc
Ml[2, 3]

## Nota.aluno2
##          7

#todos os valores da coluna 2
notas[ , 2]

## [1] 7.3 6.7 7.0

#todos os valores da linha 2
notas[2, ]

## Nota.aluno1 Nota.aluno2 Tipo
## 2             8.6           6.7 Prova B

#valores do vetor Nota.aluno2 contido no objeto notas
notas$Nota.aluno2

## [1] 7.3 6.7 7.0
```

Funções estatísticas básicas

Todas as funções no R apresentam a seguinte estrutura:
nomedafunção(argumentos separados por vírgula)

Existem muitas funções disponíveis, neste momento iremos listar uma pequena seleção de funções para realizar tarefas simples com números, vetores e matrizes:

- *apply(D, i, f)*, retorna os valores resultantes da aplicação da função f ao objeto D, considerando a aplicação da função nas linhas i=1 ou nas colunas i=2;
- *c(valor1, valor2, ..., valor n)*, concatena uma sequência de valores seja numérico ou de caractere. Neste último caso os valores devem estar entre aspas;
- *cbind(x1, x2,..., xn)*, cria uma matriz com n colunas formada pelos vetores x1, x2, ..., xn;
- *ceiling(x)*, retorna o menor inteiro maior ou igual ao valor x;
- *cor(x, y)*, calcula o coeficiente de correlação;
- *cumsum(x), cumprod(x), cummin(x) ou cummax(x)*, retorna um vetor com valores acumulados em soma, produto, mínimo ou máximo sobre os elementos de x;
- *data.frame(x1, x2, ..., xn)*, cria um dataframe com os vetores x1, x2, ..., xn;
- *det(M)*, calcula o determinante da matriz quadrada M;
- *dim(M)*, retorna as dimensões do objeto M;
- *diff(x)*, retorna um vetor com a diferença entre os valores de x;
- *eigen(M)*, retorna os autovalores e autovetores da matriz quadrada M;
- *floor(x)*, retorna o maior inteiro menor ou igual a x;
- *identical(x, y)*, verifica se os vetores são idênticos;
- *intersect(x, y)*, realiza a interseção de dois conjuntos;
- *head(D)*, mostra o cabeçalho do objeto D;
- *length(x)*, calcula o comprimento do vetor x;
- *mean(x)*, calcula a média do vetor x;
- *median(x)*, calcula a mediana do vetor x;
- *min(x) ou max(x)*, calcula o mínimo ou o máximo de x;

- *ncol(M)* ou *nrow(M)*, retorna o número de colunas ou linhas da matriz M;
- *polyroot(x)*, encontra as raízes do polinômio de ordem n cujos coeficientes são representados no vetor x em ordem decrescente;
- *prod(x)*, multiplica os valores de *x*;
- *quantile(x, k)*, calcula o percentil de ordem $0 \leq k \leq 1$ dos valores de *x*;
- *Re(x)*, retorna a parte real de um vetor *x*;
- *rep(x, k)*, cria um vetor repetindo a sequência *x* k vezes;
- *round(x, k)*, arredonda o valor *x* com k casas decimais;
- *sd(x)*, calcula o desvio-padrão do vetor *x*;
- *seq(i, j, k)*, cria uma sequência de i até j com tamanho de passo k;
- *setdiff(x, y)*, retorna um vetor contendo os elementos do conjunto diferença entre *x* e *y*;
- *setequal(x, y)*, verifica se os elementos dos vetores *x* e *y* são iguais, independentemente da frequência em que aparecem no vetor;
- *solve(A, b)*, resolve A*x* = b, retornando *x*;
- *sort(x)*, ordena os valores do vetor *x* em ordem crescente;
- *sort(x, decreasing = T)*, ordena os valores de *x* em ordem decrescente;
- *str(D)*, retorna a estrutura do objeto D;
- *sum(x)*, soma os valores de *x*;
- *union(x, y)*, retorna os elementos da união entre *x* e *y*;
- *var(x)* ou *var(x, y)*, calcula a variância do vetor *x* ou a covariância entre *x* e *y*;
- *View(D)*, mostra o dataframe em janela separada.

EXERCÍCIOS DE FIXAÇÃO PARA O APRENDIZADO

Realize este exercício e veja como é simples utilizar as funções que selecionamos anteriormente:

|1| Crie três vetores x, y e z e uma matriz quadrada com esses vetores em colunas, sendo:

$$x = [1,2,2] \quad y = [\frac{1}{2}, 1, 1] \quad z = [\frac{1}{2}, 1, 1]$$

$$M = \begin{pmatrix} 1 & \frac{1}{2} & \frac{1}{2} \\ 2 & 1 & 1 \\ 2 & 1 & 1 \end{pmatrix}$$

|2| Calcule a média e a mediana de x.

|3| Calcule a correlação entre x e seu vetor de soma acumulada.

|4| Obtenha as dimensões da matriz M.

|5| Obtenha os autovalores e autovetores da matriz M.

|6| Obtenha o piso e o teto do valor 8.799.

|7| Arredonde o valor 8.799 para uma casa decimal.

|8| Encontre as raízes do polinômio $x^2 - 9$, retornado as raízes reais.

|9| Retorne as diferenças entre os elementos consecutivos do vetor *x*.

|10| Obtenha o vetor de somas acumuladas do vetor *z*, o vetor do produto acumulado do vetor *y* e o vetor do valor máximo acumulado do vetor *x*.

|11| Obtenha o desvio-padrão e a variância de *x*.

|12| Crie a matriz *H* e obtenha a média dos elementos de cada linha usando a função *apply(H, i=2, mean)*.

$$H = \begin{pmatrix} 0 & 8 & 3 \\ 4 & 1 & 0 \\ 3 & 5 & 1 \end{pmatrix}$$

|13| Crie os seguintes vetores:

```
X=c(3, 8, 1, 2.5)
Y=c(8, 0, 2)
```

Obtenha o resultado da união e da intersecção entre *X* e *Y*.

3

Pacotes que facilitam sua vida

> ▶ **OBJETIVO**
>
> Neste capítulo você aprenderá a instalar e carregar pacotes do R, incluindo os principais pacotes para análise de dados. Ao final, você estará apto a instalar pacotes do R, ter acesso a documentação de ajuda deles e carregá-los para acessar suas funções.

Pacotes do R armazenam um conjunto de funções, criado por um ou mais colaboradores e disponibilizados para acesso público no repositório CRAN, conforme já mencionado no capítulo 1. Os pacotes estão divididos em três categorias: a *base* que contém a principais funções quando iniciamos o programa R; as *recommended* que são instaladas com o R, mas não são carregadas quando iniciamos o programa, sendo necessário utilizar o comando *library* ou *require*, essas duas categorias formam o conjunto de pacotes oficiais; a terceira categoria é formada por pacotes *contributed* que não são instalados automaticamente e sim por decisão do usuário através do comando *install.package*.

Além dos pacotes oficiais, alguns pacotes *contributed* são fundamentais na sua R-Vida! Nosso propósito é apresentar a seguir os principais pacotes que te auxiliarão na análise de dados.

Vamos instalar os seguintes pacotes:

- *R Markdown* – produção de relatórios (*html*, *pdf* e *doc*);
- *knitr* – interpretação e compilação do documento *Rmd;*
- *data.table* – exploração de dataframes;
- *janitor* – limpeza de dados;
- *DescTools* – análise descritiva dos dados;
- *tidyverse* – conjunto de pacotes composto por:
    - *readr* – importação e leitura de arquivos de dados;
    - *dplyr* – manipulação de dataframes;
    - *tidyr* – organização de dataframes;
    - *ggplot2* – visualização de dados, produção de gráficos;
    - *tibble* – estruturação de dataframe;
    - *purrr* – manipulação de vetores e listas.

Pode ocorrer de que em algum momento você queira utilizar algum pacote que não esteja no CRAN, assim precisará instalar o pacote *devtools* através do comando *install.packages("devtools")*.

Pacotes fora do CRAN são aqueles desenvolvidos e disponibilizados por sites como GitHub, e BitBucket. Muitos desenvolvedores iniciam o projeto de seus pacotes nesses sites devido à sua grande facilidade de colaboração e gerenciamento dos pacotes. Também é comum encontrar versões em desenvolvimento, disponibilizadas mais rapidamente no GitHub do que no CRAN.

Dito isso, utilize o comando abaixo para instalar os pacotes listados anteriormente:

```
install.packages(c("Rmarkdown", "knitr", "data.table",
            "tidyverse"), dependencies = TRUE)
```

O R possui uma quantidade enorme de pacotes com uma diversidade de funcionalidades. Lembre-se sempre que:

Para instalar pacotes do CRAN use *install.packages("x")*.

Para carregar o pacote *x* use *library(x)* ou *require(x)*. Isso te dará acesso a todas as funções do pacote. Outra opção é através da especificação do pacote na linha de comando da função, isto é, toda vez que for usar uma função você deverá escrever *x::função*.

Para conseguir ajuda use *package?x* ou *help(package = "x")*.

Para procurar ajuda sobre um assunto use *RSiteSearch("assunto")*.

Para ajuda em geral use os endereços http://search.r-project.org/, http://rseek.org/ ou http://www.dangoldstein.com/search_r.html.

Na Wikipédia, acesse https://en.wikipedia.org/wiki/R_(programming _language).

Por que devo carregar um pacote?

Os pacotes formam um conjunto de funções que foram desenvolvidas por uma equipe de programadores com o objetivo de facilitar e ampliar a aplicabilidade da linguagem. Diversas tarefas no R são facilitadas pelo uso de pacotes apropriados.

Desse modo, há um grande interesse para o usuário em utilizar pacotes que facilitem sua tarefa de análise, poupando-lhe tempo e proporcionando resultados melhores.

Por exemplo, ao carregar o pacote *dplyr*, abre-se o acesso a um conjunto de funções (*select, filter, arrange, mutate, summarise, group_by*, etc) que foram desenvolvidas para facilitar a manipulação de um conjunto de dados. Você pode utilizar as funções do pacote básico, entretanto o pacote *dplyr* possibilita desenvolver tarefas mais complexas de uma forma mais padronizada e intuitiva. As funções do pacote *dplyr* serão abordadas no capítulo 5 e podem ser consultadas através da documentação acessada pelo comando *help(package = "dplyr")*

Outro exemplo é o caso do pacote *R Markdown* que possibilita escrever relatórios dinâmicos, não havendo funcionalidade equivalente com o pacote básico. O pacote *R Markdown* será abordado no capítulo 4 e sua documentação pode ser acessada pelo comando *help(package = "R markdown")*.

Uso remoto do R

Há disponíveis alguns sites que possibilitam usar o R básico sem que o programa esteja instalado em seu computador. É um recurso muito útil para ser usado em computadores públicos como os de laboratórios de informática, *lan houses*, hotéis, casa de amigos, etc.

Listamos a seguir as opções disponíveis atualmente:

- https://rstudio.cloud/
- https://jupyter.org/try
- https://www.tutorialspoint.com/execute_r_online.php
- https://github.com/datacamp/datacamp-light
- https://rdrr.io/snippets
- https://www.jdoodle.com/execute-r-online
- https://rextester.com/l/r_online_compiler
- https://rnotebook.io/

▶ EXERCÍCIOS DE FIXAÇÃO PARA O APRENDIZADO

|1| Realize a instalação dos pacotes do sistema *tidyverse*.

|2| Realize a instalação do pacote *janitor*.

|3| Realize a instalação do pacote *R Markdown*.

|4| Instale o pacote *devtools* e utilize-o em seguida para instalar o pacote *readr* diretamente do github. Dica: *devtools:: install_github("tidyverse/readr")*.

|5| Carregue o pacote *ggplot2* utilizando as duas possibilidades de comandos disponíveis no R.

|6| Carregue todos os pacotes *tidyverse*.

|7| Procure por ajuda do pacote *dplyr* sobre as funções *summarize* e *summarise*. Há diferença entre elas?

|8| Consulte a documentação do pacote base.

|9| Consulte um dos modos de executar o R online e realize o comando: *matriz=cbind(x=1:5, x2=(1:5)^2, x3=(1:5)^3); matriz*.

4

Produzindo relatórios com o R Markdown

> **OBJETIVO**
>
> Neste capítulo, você aprenderá sobre o pacote *R Markdown*. Ao final, estará apto a gerar documentos com extensão html, pdf ou doc a partir do mesmo documento inicial .rmd, incluindo neles figuras, hiperlinks, seções, códigos do R, tabelas, expressões matemáticas, dentre outros elementos.

R Markdown possibilita a produção de relatórios de ótima qualidade e com a garantia de que seu código do R funcionará corretamente, pois se houver algum erro você não consegue compilar o documento até que o problema seja resolvido.

Markdown é um estilo de formatação de documentos fácil de aprender. Foi criado em 2004 pelo desenvolvedor e autor John Gruber e que preserva a legibilidade, gera arquivos bem estruturados e formatados, e pode ser usado com o R através do pacote *R Markdown*.

Atenção! Os arquivos que você abrirá no R Studio são do tipo *.rmd* para produção de documentos dinâmicos e *.R* para produção de *scripts*.

É possível a partir do mesmo arquivo *rmd*, gerar saída *html*, *pdf* ou *doc*, entretanto, cada saída tem suas especificidades: a saída mais amigável é a *html*, a saída *pdf* depende de se ter instalado o programa *Miktex* e a saída *doc* guarda algumas limitações que podem ser sanadas diretamente no editor Word, inclusive gerar o arquivo *pdf* a partir do Word é uma opção para o usuário.

Neste momento você deverá já ter instalado o *R Markdown* e o *knitr* que são pacotes do R e adicionalmente deverá instalar o software *Miktex* através do site https://miktex.org/ que é requerido para gerar documentos *pdf* diretamente do R Studio.

Esse pacote lhe permite iniciar um trabalho de graduação, a produção de um artigo ou um texto curto, em que se fará uso de comandos do R. Basta abrir no R Studio um arquivo com extensão *rmd* (selecionar na aba *File* a opção *New File > R Markdown* e seguir as instruções!).

Nesse ambiente, torna-se possível o entrelace entre títulos, parágrafos e códigos de R, todos no mesmo lugar e com acesso a visualização rápida dos resultados do código do R através do botão *Run*.

Ao abrir seu primeiro arquivo, um exemplo que te auxiliará a dar os primeiros passos sozinho aparece na tela, basta explorar o pequeno exemplo e ir progressivamente realizando as modificações necessárias para produzir o que você de fato deseja.

Observe a figura 6: o documento exemplo tem 31 linhas, o início é o preâmbulo do documento com o título, o nome do autor, a data e o tipo de documento que será gerado após a compilação (nesse caso *html*) mas isso facilmente pode ser modificado através do botão *knit* localizado na aba de opções logo acima da janela que contém a primeira linha do seu documento.

```
 1  ---
 2  title: "Untitled"
 3  author: "Profa. Luciane"
 4  date: "xx de xxxxx de 20xx"
 5  output: html_document
 6  ---
 7
 8  ```{r setup, include=FALSE}
 9  knitr::opts_chunk$set(echo = TRUE)
10  ```
11
12  ## R Markdown
13
14  This is an R Markdown document. Markdown is a simple formatting syntax for authoring HTML, PDF, and MS
    Word documents. For more details on using R Markdown see <http://rmarkdown.rstudio.com>.
15
16  when you click the **Knit** button a document will be generated that includes both content as well as
    the output of any embedded R code chunks within the document. You can embed an R code chunk like this:
17
18  ```{r cars}
19  summary(cars)
20  ```
21
22  ## Including Plots
23
24  You can also embed plots, for example:
25
26  ```{r pressure, echo=FALSE}
27  plot(pressure)
28  ```
29
30  Note that the `echo = FALSE` parameter was added to the code chunk to prevent printing of the R code
    that generated the plot.
31
```

Figura 6: arquivo *rmd*

Os códigos de R devem vir sempre numa janela que se destaca com fundo cinza claro (veja as linhas de oito a dez da figura 6), iniciando com três sinais de acento grave depois entre chaves inicia com a letra r minúscula, podendo ter alguns argumentos, depois os comandos do R e finaliza novamente como no início com três sinais de acento grave.

Essas janelas de comando são chamadas de *chunks* e podem ser inseridas através do botão *Insert* toda vez que você deseja inserir comandos do R para serem processados no seu documento.

Exemplo

Abra um novo arquivo *rmd*, visualize o resultado através da aplicação do comando *knit* (ou CTRL+SHIFT+K) e experimente o formato *html*, *pdf* e *doc*. O formato *html* pode ser visto na figura 7.

Figura 7: resultado da compilação do arquivo *rmd*

Possivelmente haverá algumas solicitações do R Studio para gerar o arquivo *pdf*. É necessário instalar o compilador *Miktex*, sem o qual não é possível obter a saída *pdf*. Siga as instruções que aparecerão na sua tela e tente novamente.

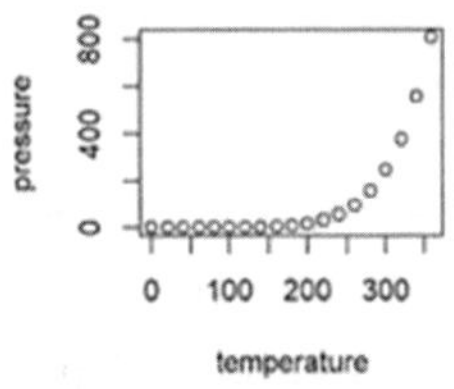

Preparando o documento de saída — preâmbulo

O que vai gerenciar seu documento de saída ou o documento final após apertar o botão *Knitr* é o preâmbulo do seu arquivo *rmd*, ou seja, os parâmetros que aparecem nas primeiras linhas e que terminam na linha com ---.

Você tem como preâmbulo os seguintes parâmetros básicos:

- *title*: "Título Desejado", que pode ser omitido;
- *author*: "Nome dos autores", que também pode ser omitido;
- *date*: "2019-10-06". Desse modo a data será atualizada para o dia em que o documento for compilado; pode ser omitida e pode ser formatada para o padrão brasileiro dd/mm/aa com "06/outubro/2019";
- *output*: o tipo de saída que pode ser *pdf_document* ou *html_document* ou *Word_document*; não pode ser omitido.

O *R Studio* fornece algumas opções (barra de botões logo abaixo do nome do documento *.rmd*), para que você modifique alguns parâmetros automaticamente. Acesse o botão de ferramentas e selecione a opção *Output Options...* A opção abrirá uma janela que te possibilita escolher o tipo de saída (*html*, *pdf*, *word*) cujas opções dividem-se em gerais, figuras e avançadas.

Por exemplo, optamos por um documento *html* incluindo um sumário em três níveis (marque *Include a table of contents com Depth 3). O preâmbulo ficará:

```
---
title: "Meu primeiro documento"
date: "`r Sys.Date()`"
author: Seu nome
output:
  html_document:
    toc: yes
---
```

Para saída *doc* é recomendável que você salve na mesma pasta do seu documento *.rmd* um documento com a formatação desejada. Abra no seu editor Word um documento em branco e salve-o com o nome *estilo.doc*. Esse arquivo deverá conter a formatação geral para seu documento de saída como tipo de fonte, tamanho, espaços, margens, etc. Após tomar essas providências, seu preâmbulo deverá conter na linha abaixo do termo *Word_document*, iniciando exatamente embaixo da letra r o argumento *reference_docx: estilo.docx*; caso o arquivo esteja em outra pasta informe o caminho.

```
---
title: "My document"
date: "`r Sys.Date()`"
author: Seu nome
output:
  word_document:
    reference_docx: C:\...\estilo.docx
---
```

Para obter uma cópia do arquivo estilo.docx acesse: http://bit.ly/estilodoc. Ele já está configurado para produzir uma formatação para a saída *doc*.

No caso de optar por saída *pdf* diretamente do R Studio, providencie a instalação de um tradutor *Tex*:

- Linux – instale o *TeXLive*;
- Windows – instale o *Miktex*;
- Mac OS – instale o *MacTeX*.

Outra opção é gerar o *doc* e a partir dele o *pdf*.

Veja um exemplo de preâmbulo para um artigo científico com saída *doc*, considerando dois autores e o arquivo com as referências bibliográficas em *bibliartigo.bib*. As formatações quanto ao estilo do documento devem estar contempladas no arquivo *estilo.docx* como fonte, tamanho da página, margens, espaço entre linhas, dentre outros.

```
---
title: "Título do artigo científico"
author:
- Autor Um^[UFF]
- Autor Dois^[UFF]
abstract: "Seu texto de abstract."
output:
  word_document:
    reference_docx: C:\...\estilo.docx
bibliography: bibliartigo.bib
---
```

Criando títulos e subtítulos

Para criar títulos e subtítulos basta usar o símbolo # em até seis níveis como segue no arquivo *rmd*:

```
# Título 1
## Título 2
### Título 3
#### Título 4
##### Título 5
###### Título 6
```

Após a compilação o resultado será títulos com tamanhos distintos no documento final. No caso de incluir sumário, ele será baseado nesses itens e o preâmbulo deverá conter *toc: yes* e *toc_depth*: 1, 2 ou 3, de acordo com o número de níveis considerado no sumário.

```
---
title: "Título do artigo científico"
author:
- Autor Um^[UFF]
- Autor Dois^[UFF]
abstract: "Seu texto de abstract."
output:
  word_document:
    reference_docx: C:\...\estilo.docx
    toc: yes
    toc_depth: 3
bibliography: bibliartigo.bib
---
```

Sempre pule uma linha entre o título e o texto do parágrafo que vem em seguida.

Inserindo listas e blocos de citação

```
* Marcador 1 (não se esqueça do espaço após o asterisco)
* Marcador 2
```

Resulta em:

- Marcador 1
- Marcador 2

```
1. Marcador A (não se esqueça do espaço após o ponto)
2. Marcador B
```

Resulta em:

1. Marcador A
2. Marcador B

```
* Nível 1.
  * Nível 2
  * Nível 3
```

Resulta em:

- Nível 1.
    - Nível 2
    - Nível 3

Observe que cada novo nível inicia com dois espaços em relação ao início do nível anterior. Veja que o * do nível dois inicia abaixo da letra v, dois espaços após a letra N. Se esse espaço não for respeitado, o encadeamento dos níveis não produzirá o resultado esperado.

Códigos embutidos

Podemos embutir códigos ao longo de texto, inserindo o sinal de crase antes e depois do código a ser embutido. Esse procedimento funciona para saída *html* e *pdf*.

```
`Um código embutido`
```

Resulta em:

```
Um código embutido
```

Para obter o mesmo efeito de código embutido em saída *doc*, poderá usar um *chunk* do R da seguinte forma:

```
```{r echo=FALSE, comment=NA}
writeLines('Um código embutido')
```
```

Uma operação com comandos do R pode ser utilizada em uma linha de texto, basta colocar antes do comando o sinal de crase seguido da letra r e após o comando fechar com crase e continuar o texto normalmente. Isso pode ser muito útil para reproduzir documentos quando mudamos os valores de alguns parâmetros.

```
O resultado do comando 1:3 é criar uma sequência com os
valores `r 1:3`. A soma destes valores é `r sum(1:3)`. Este
documento foi escrito na data Sys.Date().
```

Que resultará em:

```
O resultado do comando 1:3 é criar uma sequência com os
valores 1, 2, 3. A soma destes valores é 6. Este documento
foi escrito na data xxxx-xx-xx.
```

Um bloco de comandos ou texto pode ser inserido no documento usando três sinais de crases antes e depois do bloco.

```
```
Aqui colocamos um bloco de comandos ou texto.
Pode ter várias linhas.
```
```

O resultado é:

```
Aqui colocamos um bloco de comandos ou texto.
Pode ter várias linhas.
```

Para inserir uma linha horizontal use três traços seguidos, pulando uma linha antes e depois dos traços.

```
---
```

O resultado é uma linha horizontal como esta:

Chunks

Os *chunks* são janelas de comandos do R (veja figura 6) que irão processar os *scripts* contidos nelas. No início do documento poderá ser inserido o *chunk global* que ditará regras gerais para todos os *chunks* abrangidos no documento.

No exemplo abaixo, entre chaves, define-se a opção quanto à linguagem R (iniciando portanto com a letra r) depois os parâmetros do *chunk*, no caso *echo=F* indica que os comandos deste *chunk* não serão exibidos no documento final, caso tivéssemos *echo=T* o código seria exibido assim como seu resultado. Fazendo *message e warning = F* forçamos que mensagens e aviso do R não sejam exibidas no documento final. Na linha de baixo, ajustam-se as opções que serão aplicadas em todos os *chunks* do documento, portanto, ao fazer *echo=T* estamos dizendo que todos os códigos dos *chunks* serão exibidos no documento final.

```
```{r echo=FALSE, message=F, warning=F}
knitr::opts_chunk$set(echo = T)
```
```

Veja a seguir os principais parâmetros que podem ser controlados em cada *chunk*, seja local ou global:

- *include* = F omite o código e resultado no arquivo final;
- *Results* = "hide" mostra o código e omite o resultado;
- *echo* = F omite o código e mostra o resultado;
- *message* = F omite mensagens que são geradas pelo código no arquivo final;
- *warning* = F omite avisos que são gerados pelo código no arquivo final;

- *fig.width* = largura da figura em cm para a janela gráfica usando plot, deve ser um número;
- *fig.height* = altura da figura em cm para a janela gráfica usando plot, deve ser um número;
- *fig.align* = "left", "right" ou "center": alinha a figura no arquivo final;
- *fig.cap* = "texto para legenda" adiciona uma legenda ao gráfico ou imagem;
- *dpi* = valor, refere-se a qualidade da imagem, o padrão é 72;
- *out.width ou out.height* = "porcentagem do tamanho original da imagem" para a saída do documento.

Quando você insere um *chunk*, essas opções podem ser acessadas diretamente no botão de configurações que fica no lado direito da janela *chunk* (veja figura 8)

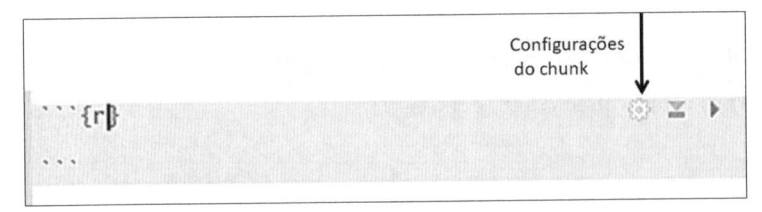

Figura 8: botão para configuração do *chunk*

Inserindo tabelas

Uma tabela pode ser inserida digitando-a com separadores de células do tipo |. O alinhamento do conteúdo de cada coluna obedece ao indicador : (dois pontos), que aparece logo abaixo da primeira linha, seja à esquerda, centralizado ou direita. Veja o exemplo e seu resultado na tabela 1:

```
---
|II SER| Palestras| Minicursos|
|:---   |:---:     |---:       |
|Dia 23| 4         | 0         |
|Dia 24| 6         | 7         |
---
```

Tabela 1: elaborada com a marcação Markdown

II SER	Palestras	Minicursos
Dia 23	4	0
Dia 24	6	7

Fonte: elaboração própria

Um recurso importante para construir tabelas em R Markdown é o gerador de tabelas que permite montar a tabela e criar o código para você colocar no seu documento .*rmd*. É possível encontrar esse gerador no link http://www.tablesgenerator.com/markdown_tables.

Outra maneira é usar o próprio R, produzir a tabela usando a função *kable()* do pacote *knitr* ou *xtable()* do pacote *xtable* ou ainda *pandoc.table()* do pacote *pander* dentro de um *chunk* (veja tabela 2).

Exemplo com *kable()*:

```
writeLines("```{r }")
## ```{r }
tab = data.frame(y = c(4, 6),
                 z = c(0, 7)
                 )
rownames(tab) = c("Dia 23", "Dia 24")
colnames(tab) = c("Palestras", "Minicursos")
knitr::kable(tab)
```

	Palestras	Minicursos
Dia 23	4	0
Dia 24	6	7

```
writeLines("```")]
## ```
```

Tabela 2: elaborada com a função *kable*()

	Palestras	Minicursos
Dia 23	4	0
Dia 24	6	7

Fonte: elaboração própria

Exemplo com *xtable()* para documentos no formato *pdf* ou *html*:

```
writeLines("```{r }")
xtable::xtable(tab,type="html")
writeLines("```")
```

Exemplo com *pandoc.table* para gerar tabelas ou códigos de tabelas:

```
writeLines("```{r }")

## ```{r }

pander::pandoc.table(tab)

## 
## -------------------------------------
##            Palestras   Minicursos
## -------------- ----------- ------------
##   **Dia 23**        4           0
## 
##   **Dia 24**        6           7
## -------------------------------------
```

```
pander::pandoc.table(tab,style="rmarkdown")
##
##
##  |        | Palestras | Minicursos |
##  |:-----------:|:---------:|:----------:|
##  |  **Dia 23** |     4     |     0      |
##  |  **Dia 24** |     6     |     7      |
writeLines("```")
##  ```
```

Se seu objetivo for criar várias tabelas numeradas em seu documento, crie o seguinte *chunk* antes de iniciar seu texto:

```
# Função para criar número sequencial em tabelas
Tabelan = local({
  i = 0
  function(x) {
    i <<- i + 1
    paste('Tabela ', i, '. ', x, sep = '')
  }
})
```

Para realizar a numeração da tabela, utilize o código embutido, antes da tabela:

```
Use `r Tabelan("Exemplo de tabela com a função kable()")`
antes do chunk que contenha o comando gerador da tabela.
```

Fonte

```
---
**negrito**
*itálico*
~~tachado~~
sobrescrito^2^
subscrito$_{2}$
---
```

Resulta em:

negrito

itálico

~~tachado~~

sobrescrito^2

subscrito$_2$

Hiperlink e imagens

Coloque o endereço web entre < > para gerar o hiperlink exibindo o próprio endereço ou utilize uma máscara de texto entre colchetes e o endereço web entre parênteses, assim aparecerá o endereço do link ao passarmos o mouse sobre o rótulo.

```
<http://www.uff.br>
[Texto a ser exibido](www.uff.br)
```

Resulta no próprio endereço web (primeiro caso) ou numa máscara de texto (o texto entre colchetes) que leva ao endereço (segundo caso):

http://www.uff.br

Texto a ser exibido

Poderá, ainda, direcionar para uma seção do seu documento. O nome da seção deve ser sem acentos, em letras minúsculas e os espaços devem ser substituídos por hífen como no exemplo em que o nome da seção é *Criando títulos e subtítulos*

```
[Vá para a seção ](#criando-titulos-e-subtitulos)
```

Vá para a seção

Para inserir figuras ou imagens siga o mesmo princípio do link, acrescentando o sinal de exclamação antes do colchete.

Vamos criar um link para o endereço da imagem do logo do R:

```
[Link para o logo do R ](http://r-project.org/logo/Rlogo.png)
```

Resulta no texto entre colchetes, direcionando para o link entre parênteses.

Link para o logo do R

Agora vamos acrescentar o sinal de exclamação:

```
![ ](http://r-project.org/logo/Rlogo.png)
```

A diferença agora é que vemos a imagem conforme figura 9:

Figura 9: logo do R © 2016 The R Foundation

Podemos, também, manipular a largura e a altura da imagem, acrescentando ao final o valor para a largura (*width=valor*) ou para a altura (*height=valor*) entre chaves. Se desejar uma legenda na imagem coloque um texto entre colchetes. Caso não obtenha o resultado desejado com relação ao tamanho da imagem, poderá optar pelo método de manipular a imagem dentro do *chunk*, como nos exemplos abaixo ou ainda utilizar um editor de imagem para dimensioná-la para o tamanho desejado. Manipular imagens em documentos nem sempre é uma tarefa trivial e pode dar um pouco de trabalho, mas não desanime.

```
![Logo do R com 10 cm de largura](http://r-project.org/
logo/Rlogo.png){width=10cm}

![Logo do R com 5cm de altura](http://r-project.org/logo/
Rlogo.png){height=5cm}
```

Outra opção é usar a função *image_read* do pacote *magick* dentro de um *chunk* como no *script* abaixo, de tal forma que nas configurações do *chunk* você poderá definir o tamanho da figura e o seu alinhamento de forma simples, usando *fig.asp = 1, fig.width = 6, fig.align = 'center'*. Lembre-se de que é necessário instalar o pacote antes!

```
```{r echo=FALSE, message=FALSE, warning=FALSE, fig.asp =
1, fig.width = 6, fig.align = 'center'}
img=magick::image_read('http://r-project.org/logo/Rlogo.png')
plot(img)
```
```

Ou ainda utilizar a função *image_quantize* para inserir a imagem no seu documento.

```
```{r echo=FALSE, message=FALSE, warning=FALSE, fig.asp =
1, fig.width = 6, fig.align = 'center'}
magick::image_quantize(img, max = 1000, colorspace =
'gray')
```
```

No caso de um vídeo do YouTube, por exemplo, poderá ser incorporado pelo código fornecido no próprio site através da opção compartilhar/incorporar. Observe que este código funcionará para a saída html:

```
<iframe width="560" height="315"
src="https://www.youtube.com/embed/dvkFWm6Th54"
frameborder="0" allow="accelerometer; autoplay; encrypted-
media; gyroscope; picture-in-picture" allowfullscreen></
iframe>
```

Outro exemplo incorporando vídeo do site Vimeo. No próprio canal é possível obter o código de incorporação:

```
<iframe src="https://player.vimeo.com/video/168679983"
width="640" height="360" frameborder="0" allow="autoplay;
fullscreen" allowfullscreen></iframe>
```

Letras gregas

Expressões matemáticas ou letras gregas devem vir entre o símbolo $. Para gerar uma letra grega deverá colocar $\nome$; caso deseje colocar espaço entre os símbolos use \;. Veja alguns exemplos:

```
---
$\alpha; \; \beta; \; \gamma; \; \delta; \; \epsilon; \;$
$\varepsilon; \; \zeta; \; \eta; \; \theta; \; \vartheta;
\;$
$\iota; \; \kappa; \; \lambda; \; \mu; \; \nu; \; \xi;$
$\pi; \; \varpi; \; \rho; \; \varrho; \; \sigma; \;$
$\varsigma; \; \tau; \; \upsilon; \; \phi; \; \varphi; \;$
$\chi; \; \psi; \; \omega$
---
```

$\alpha; \beta; \gamma; \delta; \epsilon;$
$\varepsilon; \zeta; \eta; \theta; \vartheta;$
$\iota; \kappa; \lambda; \mu; \nu; \xi;$
$\pi; \varpi; \rho; \varrho; \sigma;$
$\varsigma; \tau; \upsilon; \phi; \varphi;$
$\chi; \psi; \omega.$

Para letra maiúscula inicie com letra maiúscula, como por exemplo Δ resulta em Δ.

Espaço entre letras use as variantes de acordo com o tamanho do espaço desejado:

$a\qquad b$ = a!   !   b;
ou $a\quad b$ = a!   b;
ou $a\; b$ = a b;
ou $a\, b$ = a b.

Subscritos, superescrito

Superescrito a^2 = a^2
Subscrito a_2 = a_2
Agrupando a^{2+2} = a^{2+2}
Subscrito dois índices $a\_{i,j}$ = $a_{i,j}$
Combinando super e subscrito x_2^3 = x_2^3
Derivadas x' = x'

Sublinhados, sobrelinhas, vetores

$\hat a$ = $\hat{a}$

$\bar b$ = $\bar{b}$

$\overrightarrow{a b}$ = $\overrightarrow{ab}$

$\overleftarrow{c d}$ = $\overleftarrow{cd}$

$\widehat{d e f}$ = $\widehat{def}$

$\overline{g h i}$ = $\overline{ghi}$

$\underline{j k l}$ = $\underline{jkl}$

Frações, matrizes e chavetas

$\frac{1}{2}$ = $\frac{1}{2}$

```
---
$\begin{pmatrix}
x & y \\
z & v \\
\end{pmatrix}$
---
```

Resulta em $\begin{pmatrix} x & y \\ z & v \end{pmatrix}$

```
---
$\begin{bmatrix}
0 & \cdots & 0 \\
\vdots & \ddots & \vdots \\
0 & \cdots & 0 \\
\end{bmatrix}$
---
```

Resulta em $\begin{bmatrix} 0 & \cdots & 0 \\ \vdots & \ddots & \vdots \\ 0 & \cdots & 0 \end{bmatrix}$

```
---
$\begin{Bmatrix}
x & y \\
z & v \\
\end{Bmatrix}$
---
```

Resulta em $\begin{Bmatrix} x & y \\ z & v \end{Bmatrix}$

```
---
$\begin{vmatrix}
x & y \\
z & v \\
\end{vmatrix}$
---
```

Resulta em $\begin{vmatrix} x & y \\ z & v \end{vmatrix}$

```
---
$\begin{Vmatrix}
  x & y \\
  z & v \\
  \end{Vmatrix}$
---
```

Resulta em $\begin{Vmatrix} x & y \\ z & v \end{Vmatrix}$

```
---
$\begin{matrix}
  x & y \\
  z & v \\
  \end{matrix}$
---
```

Resulta em $\begin{matrix} x & y \\ z & v \end{matrix}$

Expressões

Combinação $${n \choose k}$$ = $\binom{n}{k}$

Função piso $\lfloor x \rfloor$ = $\lfloor x \rfloor$

Função teto $\lceil x \rceil$ = $\lceil x \rceil$

Sobrechaves $\begin{matrix} 5050 \\ \overbrace{ 1+2+\cdots+100 } \ end{matrix}$ =

$$\dfrac{5050}{1+2+\cdots+100}$$

Sobchaves $\begin{matrix} \underbrace{ 1+2+\cdots+100} \\ 5050 \ end{matrix}$ =

$$\underbrace{1+2+\cdots+100}_{5050}$$

Função por partes $f(n) = \Bigg \{ \begin{matrix} n/2, & \mbox{se } n\mbox{ é par} \\ 3n+1, & \mbox{se }n\mbox{ é ímpar}\end{matrix}$ resulta em

$$f(n) = \begin{cases} n/2, & \text{se } n \text{ é par} \\ 3n + 1, & \text{se } n \text{ é ímpar} \end{cases}$$

Limite: $\lim_{n \to \infty}x_n$ = $\lim_{n\to\infty}x_n$

Integral: $\int_{-N}^{N} e^x\, dx$ = $\int_{-N}^{N} e^x dx$

Integral Linear: $\oint_{C} x^3\, dx + 4y^2\, dy$ = $\oint_C x^3 dx + 4y^2 dy$

Integral múltipla: $\iiint_V \mu(u,v,w) \,du\,dv\,dw$ = $\iiint_V \mu(u,v,w) du\,dv\,dw$

Somatório: $\sum_{k=1}^{N} k^2$ = $\sum_{k=1}^{N} k^2$

Somatório com dois índices: $\sum_{\overset{0<i<m}{0<j<n}}k_{i,j}$ = $\sum_{\substack{0<i<m \\ 0<j<n}} k_{i,j}$

Produtório: $\prod_{i=1}^{N} x_{i}$ = $\prod_{i=1}^{N} x_i$

Raiz n-ésima: $f(x)\approx\sqrt[n]{x}$ = $f(x) \approx \sqrt[n]{x}$

Sinais e setas

$\sim$ = ∼

$\simeq$ = ≃

$\cong$ = ≅

$\le$ = ≤

$\ge$ = ≥

$\equiv$ = ≡

$\approx$ = ≈

$\ne$ = ≠

$\leftarrow$ = ←

$\rightarrow$ = →

$\leftrightarrow$ = ↔

$\longleftarrow$ = ←

$\longrightarrow$ = →

$\mapsto$ = ↦

$\longmapsto$ = ↦

$\nearrow$ = ↗

$\searrow$ = ↘

$\swarrow$ = ↙

$\nwarrow$ = ↖

$\uparrow$ = ↑

$\downarrow$ = ↓

$\updownarrow$ = ↕

Para ver outras situações consulte um guia de fórmulas, como por exemplo http://pt.wikipedia.org/wiki/Ajuda:Guia_de_edição/Fórmulas_TeX.

O R Studio, criador e mantenedor do pacote *R Markdown*, disponibiliza uma ficha de resumo com diversos comandos do pacote. Essa ficha pode ser obtida em https://github.com/rstudio/cheatsheets/blob/master/rmarkdown-2.0.pdf.

Finalmente, encerro este capítulo esclarecendo que aqui estamos longe de esgotar todas as possibilidades de uso do pacote *R Markdown*. O propósito aqui é dar uma introdução de forma a contemplar ao máximo situações em que se produza saídas para os três formatos *html*, *doc* e *pdf*, deixando claro que nem todos os recursos funcionam da mesma forma para as três saídas.

Existem outros pacotes que funcionam em conjunto com o *R Markdown*, produzindo documentos com formatações personalizadas, como é o caso do pacote *prettydoc*, porém seus detalhes fogem ao escopo desta obra e podem facilmente ser utilizados por você após a aquisição do conhecimento deste capítulo.

Outras possibilidades se estendem a esse conhecimento adquirido, como por exemplo criação de slides para apresentação, blogs, sites dentre outras através de pacotes adicionais como *Xaringan* para slides, *blogdown* para sites ou blog, *flexdashboard* para painéis visuais.

Finalmente, recomendo consultar o pacote *remedy* que poderá te auxiliar na formatação do seu documento de forma muito prática.

▶ EXERCÍCIOS DE FIXAÇÃO PARA O APRENDIZADO

|1| Crie um documento *rmd*, utilizando-se do código abaixo e gere a visualização em *html*, utilizando-se do botão *Knit*. Preste atenção aos espaços e linhas em branco, o *html_document* deve iniciar exatamente abaixo da letra t da palavra output. Após os três traços, deve-se obrigatoriamente pular uma linha e entre os títulos e o parágrafo também é necessário pular uma linha. A fórmula matemática deve sempre estar entre cifrão.

```
---
title: "Exemplo de documento - Formula de Bhaskara"
output:
    html_document:
    toc: yes
---

# A fórmula de Bhaskara
É um método resolutivo para equações do segundo grau
cujo nome homenageia o grande matemático indiano que a
demonstrou. Essa fórmula nada mais é do que um método para
encontrar as raízes reais de uma equação do segundo grau
fazendo uso apenas de seus coeficientes.

## A equação do segundo grau

Uma equação do segundo grau é representada matematicamente por:

$ax^2+bx+c$, sendo $a\ne 0$

## A fórmula de Bhaskara

$\Delta$ = $b^2-4ac$

$x_1=\frac{-b-\sqrt{\Delta}}{2a}$

$x_2=\frac{-b+\sqrt{\Delta}}{2a}$
```

|2| Crie a mesma versão anterior agora com saída *doc*.

|3| Coloque o texto do primeiro parágrafo do documento sobre a fórmula de Bhaskara em negrito.

|4| Para inserir uma imagem no documento utilize: . Execute um documento que contenha a imagem do logo do R.

|5| Crie um documento para seu currículo, utilizando-se do modelo sugerido. Abra um arquivo *rmd* no seu R Studio e copie exatamente o modelo sugerido a seguir:

```
---
output:
    html_document: default
---
#Curriculum Vitae

**Seu nome**

**Seu telefone e seu e-mail**

![](Foto_curriculo.jpg){width=3cm}

## Dados Pessoais

---

**Natural de**: Cidade

**RG**: 0000000

**CPF**: 000.000.000-00

**Endereço**: Rua XXXXXX, n. 000, CEP, CIDADE, ESTADO

## Formação Acadêmica

---

* Bacharelado em XXXX pela Universidade XXXX no ano de XXXX.

* Mestrado em XXXX pela Universidade XXXX no ano de XXXX.

## Experiência

---

* Descrição 1

* Descrição 2

---
```

|6| Crie um documento *html* incorporando três vídeos de sua escolha.

5

O sistema tidyverse

> ▶ **OBJETIVO**
>
> Neste capítulo você será introduzido aos principais pacotes do sistema tidyverse realizando leitura e manipulação de dados. Aprenderá a identificar e converter os tipos de variáveis e manipular a base de dados. Ao final, você estará apto a criar *scripts* para manipulação de uma base de dados.

O pacote *tidyverse* versão 1.1.1 foi publicado no repositório CRAN em janeiro de 2017, com a proposta de ser uma coleção de pacotes voltados para a ciência de dados. Os pacotes realizam a tarefa de manipulação de dados, exploração e visualização e compartilham uma filosofia de design comum concebida pelo renomado Hadley Wickham, conhecido na comunidade científica como o estatístico que revolucionou a ciência de dados. Os pacotes *tidyverse* desenvolvidos por ele são destinados a tornar a tarefa dos analistas de dados mais eficiente, guiando-os através de fluxos de trabalho que facilitam a comunicação e resultam em trabalhos reprodutíveis.

Para instalar o conjunto completo de pacotes do sistema *tidyverse* use o comando *install.packages("tidyverse")*. Esse sistema é composto por um conjunto de pacotes (https://www.tidyverse.org/packages/) dos quais destacamos: *ggplot2* (visualização de dados), *tibble* (dataframe), *tidyr* (organização de dados), *readr* (leitura de dados), *purrr* (programação funcional) e *dplyr* (manipulação de dados). Para atualizar todos os pacotes do sistema, rode frequentemente o comando *library(tidyverse)*; *tidyverse_update()*, garantindo assim que todos os pacotes estejam sempre atualizados.

De posse de um conjunto de dados, o analista deseja explorar o maior número de relações possíveis entre as variáveis. As técnicas exploratórias da estatística descritiva cumprem esse papel, dado um conjunto de dados, que relações se pode obter a partir da exploração dessas variáveis. É um trabalho de garimpagem, através de filtros, limpeza dos dados, cálculo de medidas descritivas como média, mediana, percentis, amplitude, desvio-padrão, tabulação, produção de gráficos, tudo isso para tirar o melhor proveito possível das informações que se encontram latentes no conjunto de dados.

Lendo arquivo de dados

O R Studio inclui recursos para importar dados de arquivos *csv*, *xls*, *xlsx*, *sav*, *dta*, *por*, *sas* e *stata*. Utilize a opção *Environment - Import Dataset* localizado na janela direita do R Studio. Há disponíveis opções para extensão CSV, EXCEL, SPSS, SAS e Stata. Ao optar por *From Text (readr)...* abrirá a seguinte janela, conforme figura 10.

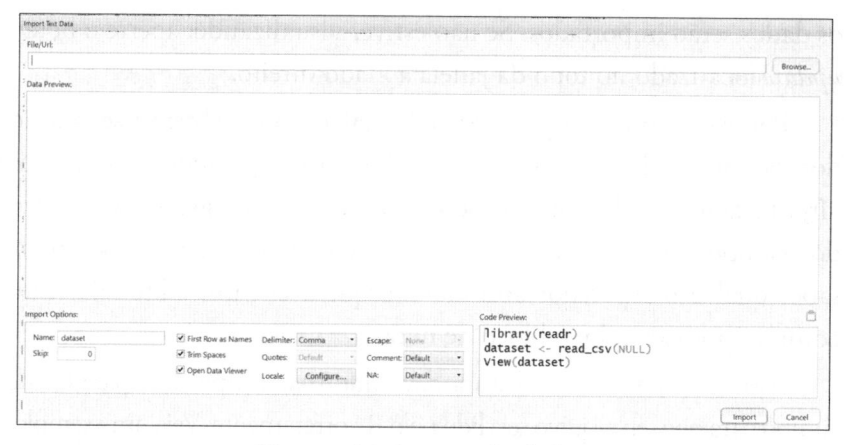

Figura 10: leitura de dados

A opção *From Text (readr)...* permite ler arquivo do tipo csv separado por vírgula que esteja armazenado no seu próprio computador como também pode estar em uma URL. Observe a figura 11.

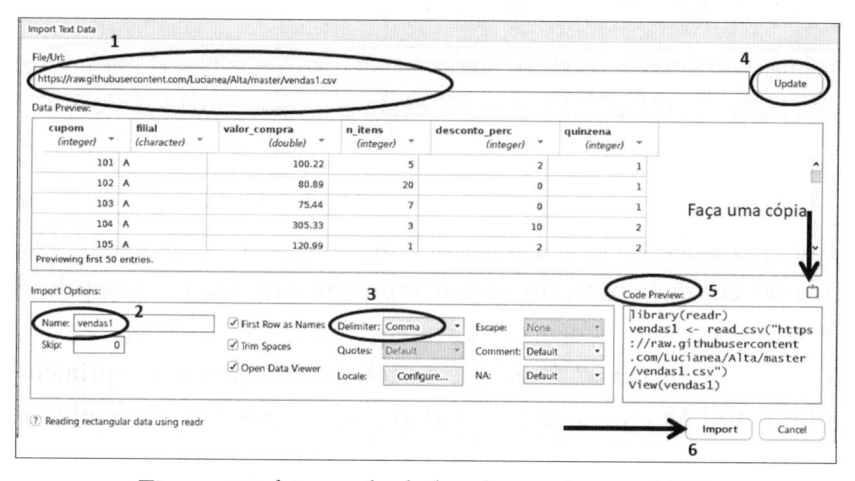

Figura 11: leitura de dados de arquivo em URL

Utilizando essa opção você poderá selecionar o arquivo e observar o comando que fica disponível no canto inferior direito da janela (Code Preview). Deve ter atenção especial às opções de importação. Fique atento à janela de visualização que deverá mostrar o modo como os dados serão importados. Se não estiver visualizando, aperte o botão *update* localizado no topo da janela ao lado direito.

Por exemplo um arquivo *csv* se for salvo no Excel terá a separação dos campos (colunas) por ponto e vírgula e separador decimal por vírgula, já se for salvo no *Calc* ou na planilha do Google terá separação dos campos por vírgula e separador decimal por ponto. Você pode saber qual é o separador abrindo o arquivo em um editor de texto comum, por exemplo, o bloco de notas.

Assim, o comando de leitura deve informar o tipo de separador de campo para que seu arquivo seja lido pelo R corretamente. Veja um exemplo:

Acesse os links (https://raw.githubusercontent.com/Lucianea/Alta/master/vendas.csv) e (https://raw.githubusercontent.com/Lucianea/Alta/master/vendas1.csv). Ambos exibem o mesmo banco de dados sobre vendas.

No primeiro link você verá os dados no modo texto separados por ponto e vírgula e o separador decimal é a vírgula:

```
cupom; filial; valor_compra; n_itens; desconto_perc; quinzena
101; A; 100,22; 5; 2; 1
...
```

Ao realizar a leitura, o R identificará seis colunas (1-*cupom*, 2-*filial*, 3-*valor_compra*, 4-*n_itens*, 5-*desconto_perc* e 6-*quinzena*). Nas colunas em que apareçam apenas números será interpretada pelo R como numérica e nas demais será interpretada como caractere, como é o caso da coluna *filial*. Note que na coluna *valor_compra*, o primeiro valor é 100,22 que deverá ser interpretado como 100.22 (lembre-se que no R o separador decimal padrão é o ponto).

Já no segundo caso, os dados estão separados por vírgula e o separador decimal é o ponto:

```
cupom, filial, valor_compra, n_itens, desconto_perc, quinzena
101, A, 100.22, 5, 2, 1
...
```

O modo como o arquivo de dados foi salvo definirá como deve ser feita a leitura no R. Veja a seguir como devemos ler cada um dos arquivos descritos utilizando linha de comando.

O comando *read.csv* ou *read.csv2* são funções nativas do R, portanto não precisam de nenhum pacote para serem executadas. Já no sistema *tidyverse* os comandos são *read_csv* ou *read_csv2* do pacote *readr*, desse modo devemos acrescentar *readr::* seguido do nome da função para que o R busque a função no pacote *readr*.

A diferença de uso das funções está no separador de campo do arquivo csv. Assim para o arquivo com separador ponto e vírgula (vendas.csv) usamos o comando *read.csv2* ou *readr::read_csv2*. Já para o arquivo com separador vírgula (vendas1.csv) usamos o comando *read.csv* ou *readr::read_csv*.

```
dados = read.csv2(file =
               "https://raw.githubusercontent.com/
Lucianea/Alta/master/vendas.csv")
head(dados) #visualiza as 6 primeiras linhas do objeto

##   cupom filial valor_compra n_itens desconto_perc
quinzena
## 1   101      A       100.22       5             2
1
## 2   102      A        80.89      20             0
1
## 3   103      A        75.44       7             0
1
## 4   104      A       305.33       3            10
2
## 5   105      A       120.99       1             2
2
## 6   106      A        27.89       1             0
2

dados1 = readr::read_csv2(file =
               "https://raw.githubusercontent.com/
Lucianea/Alta/master/vendas.csv")
head(dados1) #visualiza as 6 primeiras linhas do objeto

## # A tibble: 6 x 6
##   cupom filial valor_compra n_itens desconto_perc quinzena
##   <dbl> <chr>         <dbl>   <dbl>         <dbl>    <dbl>
## 1   101 A             100.        5             2        1
## 2   102 A              80.9      20             0        1
## 3   103 A              75.4       7             0        1
## 4   104 A             305.        3            10        2
## 5   105 A             121.        1             2        2
## 6   106 A              27.9       1             0        2
```

(Continua)

(Continuação)

```
dados2 = read.csv(file =
                  "https://raw.githubusercontent.com/
Lucianea/Alta/master/vendas1.csv")
head(dados2) #visualiza as 6 primeiras linhas do objeto

##   cupom filial valor_compra n_itens desconto_perc
quinzena
## 1   101      A       100.22       5             2
1
## 2   102      A        80.89      20             0
1
## 3   103      A        75.44       7             0
1
## 4   104      A       305.33       3            10
2
## 5   105      A       120.99       1             2
2
## 6   106      A        27.89       1             0
2


dados3 = readr::read_csv(file =
                  "https://raw.githubusercontent.com/
Lucianea/Alta/master/vendas1.csv")
head(dados3) #visualiza as 6 primeiras linhas do objeto

## # A tibble: 6 x 6
##   cupom filial valor_compra n_itens desconto_perc
quinzena
##   <dbl> <chr>         <dbl>   <dbl>         <dbl>    <dbl>
## 1   101 A             100.        5             2        1
## 2   102 A              80.9      20             0        1
## 3   103 A              75.4       7             0        1
## 4   104 A             305.        3            10        2
## 5   105 A             121.        1             2        2
## 6   106 A              27.9       1             0        2
```

Observe que *dados*, *dados1*, *dados2* e *dados3* são essencialmente iguais. Note que as variáveis podem ser qualitativas (*filial*) ou quantitativas (*cupom, valor_compra, n_itens, desconto_per, quinzena*). Note também que *dados1* e *dados3* foram lidos com o pacote *readr* e apresentam o formato chamado *tibble*. Na próxima seção você entenderá o que é um *tibble*.

O tibble

No sistema *tidyverse* as tabelas de dados são chamadas de *tibble*. Trata-se de um tipo especial de tabela que equivale ao *data.frame* no modo tradicional do R. A vantagem da tabela no formato *tibble* é sua aparência mais compacta e mais informativa.

Por exemplo, o *tibble* exibe informações quanto ao tipo de cada variável: factor (fct), character (chr), integer (int), double (dbl) e também omite linhas e colunas quando estas são numerosas, melhorando desse modo a visualização das tabelas em documentos. Em geral o *tibble* exibirá até a décima linha da tabela, a menos que se solicite outra quantidade.

```
#Exibindo o dados1 que está no formato tibble
dados1
## # A tibble: 23 x 6
##    cupom filial valor_compra n_itens desconto_perc
quinzena
##    <dbl> <chr>        <dbl>   <dbl>         <dbl> <dbl>
##  1   101 A            100.        5             2     1
##  2   102 A             80.9      20             0     1
##  3   103 A             75.4       7             0     1
##  4   104 A            305.        3            10     2
##  5   105 A            121.        1             2     2
##  6   106 A             27.9       1             0     2
##  7   201 B             30.5      20             0     2
##  8   202 B            501.       30            12     2
##  9   203 B            248.       17            10     2
## 10   204 B             70        14             0     1
## # ... with 13 more rows

print(dados1, n=15)

## # A tibble: 23 x 6
##    cupom filial valor_compra n_itens desconto_perc
quinzena
##    <dbl> <chr>        <dbl>   <dbl>         <dbl> <dbl>
##  1   101 A            100.        5             2     1
##  2   102 A             80.9      20             0     1
##  3   103 A             75.4       7             0     1
##  4   104 A            305.        3            10     2
##  5   105 A            121.        1             2     2
```

(Continua)

```
(Continuação)
##  6   106 A              27.9    1           0    2
##  7   201 B              30.5   20           0    2
##  8   202 B             501.    30          12    2
##  9   203 B             248.    17          10    2
## 10   204 B              70     14           0    1
## 11   205 B              97.5   13           0    1
## 12   206 B             856     20          15    2
## 13   207 B              93.2   40           0    1
## 14   208 B             271.    22          10    2
## 15   209 B             500      2          12    1
## # ... with 8 more rows
```

É possível também controlar o número de colunas a serem exibidas. O *tibble* ajusta essas informações de forma a ocuparem a largura da página.

```
#Ajustando o número de colunas a serem exibidas de acordo
com a largura estabelecida

#consulte a largura do documento

getOption("width")

## [1] 75

#Ajuste a largura a ser impressa
print(dados1, width = 35)

## # A tibble: 23 x 6
##    cupom filial valor_compra
##    <dbl> <chr>         <dbl>
##  1   101 A             100.
##  2   102 A              80.9
##  3   103 A              75.4
##  4   104 A             305.
##  5   105 A             121.
##  6   106 A              27.9
##  7   201 B              30.5
##  8   202 B             501.
##  9   203 B             248.
## 10   204 B              70
## # ... with 13 more rows, and 3
## #   more variables: n_itens <dbl>,
## #   desconto_perc <dbl>,
## #   quinzena <dbl>
```

Para criar uma tabela de dados com o comando *tibble*, o procedimento é semelhante ao comando *data.frame* do pacote básico.

```
library(tibble)

#Criando uma tabela com tibble

x1 =tibble(x = 1:3, y = 10:12, z = c("A1", "A2", "A3"))
x1

## # A tibble: 3 x 3
##       x     y z
##   <int> <int> <chr>
## 1     1    10 A1
## 2     2    11 A2
## 3     3    12 A3


#Criando uma tabela com data.frame

x2 = data.frame(x = 1:3, y = 10:12, z = c("A1", "A2", "A3"))
x2

##   x  y  z
## 1 1 10 A1
## 2 2 11 A2
## 3 3 12 A3

#Transformando x2 em tibble

x2 = as_tibble(x2)
is_tibble(x2)

## [1] TRUE
```

Identificando e modificando o tipo da variável

É possível verificar e transformar o tipo de uma variável de caractere para fator e vice-versa; de numérica para caractere e de fator para numérica. Para verificar o tipo, usamos o comando *is.numeric* ou *is.factor* ou *is.character* e para transformar usamos *as.numeric*, *as.factor* ou *as.character*.

```
is.numeric(dados$valor_compra)
## [1] TRUE
is.numeric(dados1$valor_compra)
## [1] TRUE
is.factor(dados$filial)
## [1] TRUE
is.character(dados$filial)
## [1] FALSE
is.factor(dados1$filial)
## [1] FALSE
is.character(dados1$filial)
## [1] TRUE
```

Observamos que *valor_compra* é uma variável numérica tanto em *dados* como em *dados1*. A variável *filial* é do tipo fator em *dados* e do tipo caractere em *dados1*. Isso ocorre devido ao método de interpretação implementado em cada uma dessas funções. O pacote *readr* interpreta variáveis não numéricas como caractere. Há comandos para fazer a conversão de um tipo em outro de acordo com a necessidade do pesquisador. Veja alguns exemplos:

```
#Transformando a variável filial de dados1 de tipo
caractere para tipo fator.
is.character(dados1$filial)

## [1] TRUE

is.factor(dados1$filial)

## [1] FALSE

dados1$filial = as.factor(dados1$filial)
is.character(dados1$filial)

## [1] FALSE

is.factor(dados1$filial)

## [1] TRUE
```

Não é possível transformar uma variável de caractere diretamente em numérica. Primeiro ela deve ser convertida para fator para em seguida, transformá-la em numérica. O contrário pode ser feito, isto é, sempre é possível transformar numérica em caractere.

```
#Transformando variável caractere em numérica
is.character(dados3$filial)
## [1] TRUE
#Deve-se transformar de caractere para fator primeiro
filial=as.factor(dados3$filial)
filial
## [1] A A A A A A B B B B B B B B B B B C C C C C
## Levels: A B C
is.factor(filial)
## [1] TRUE

#Agora os fatores são transformados em números inteiros de
acordo com os níveis dos fatores
filial=as.numeric(filial)
is.numeric(filial)
## [1] TRUE
filial
##  [1] 1 1 1 1 1 1 2 2 2 2 2 2 2 2 2 2 2 3 3 3 3 3
#Transformando variável numérica em caractere
filial=as.character(filial)
is.character(filial)
## [1] TRUE
filial
##  [1] "1" "1" "1" "1" "1" "1" "2" "2" "2" "2" "2" "2" "2"
"2" "2" "2" "2"
## [18] "2" "3" "3" "3" "3" "3"
```

Após a leitura dos dados, inicia-se a exploração das variáveis individualmente e depois o seu processo de cruzamento, procurando estabelecer padrões de comportamento das variáveis correlacionadas e iniciar com as modelagens possíveis para cada caso. Essas etapas serão realizadas com o auxílio dos demais pacotes que iremos abordar nas próximas seções e capítulos deste livro.

Para ler os outros formatos de arquivo de dados será necessário a instalação de pacotes auxiliares, pois cada formato dependerá de um pacote específico, por exemplo o *foreign* permite a leitura de arquivos do SPSS, SAS, Minitab, Octave, Stata, dentre outros.

O operador pipe

O operador foi introduzido por Stefan Milton Bache no pacote *magrittr*, funciona como uma função composta, tornando a leitura da linha de comando mais lógica e natural.

Trata-se de um operador cuja notação é dada por **%>%**. Com ele, é possível encadear a linha de comando na ordem de execução. A tecla de atalho para o operador é *ctrl+shift+M*.

Imagine que você já fez a leitura dos seus dados. Agora deseja obter um resumo estatístico desses dados. Para isso fará uso da função *summary*.

```
#Modo tradicional sem uso do pipe
summary(dados1)

#Modo pipe
library(magrittr)
dados1 %>% summary()

##     cupom         filial   valor_compra      n_itens       desconto_perc
##  Min.   :101.0   A: 6    Min.   : 12.25   Min.   :  1.00   Min.   : 0.000
##  1st Qu.:153.5   B:12    1st Qu.: 78.17   1st Qu.:  4.00   1st Qu.: 0.000
##  Median :206.0   C: 5    Median :117.60   Median : 17.00   Median : 2.000
##  Mean   :200.6           Mean   :224.44   Mean   : 24.39   Mean   : 4.391
##  3rd Qu.:211.5           3rd Qu.:288.30   3rd Qu.: 30.50   3rd Qu.:10.000
##  Max.   :305.0           Max.   :856.00   Max.   :100.00   Max.   :15.000
##     quinzena
##  Min.   :1.000
##  1st Qu.:1.000
##  Median :2.000
##  Mean   :1.522
##  3rd Qu.:2.000
##  Max.   :2.000
```

Neste simples exemplo não se observa a vantagem de uso do pipe que fica mais clara quando temos um encadeamento de comandos ou operações.

Imagine que em dados1 queremos selecionar a coluna *filial* e *quinzena* e depois visualizar apenas os resultados da quinzena 1.

```
#Carregamos o pacote no início do script
library(magrittr)

#Agora aplicamos o procedimento com o pipe
dados1 %>%
  dplyr::select(filial, quinzena) %>%
  dplyr::filter(quinzena == 1)
## # A tibble: 11 x 2
##    filial quinzena
##    <fct>     <dbl>
##  1 A             1
##  2 A             1
##  3 A             1
##  4 B             1
##  5 B             1
##  6 B             1
##  7 B             1
##  8 B             1
##  9 B             1
## 10 C             1
## 11 C             1
```

Fazendo o mesmo procedimento sem o uso do pipe, a linha de comando mostrará um encadeamento de maior dificuldade de interpretação humana conforme pode ser visto a seguir:

```
#Comando encadeado sem o uso do pipe
dplyr::filter(dplyr::select(dados1, filial, quinzena),
quinzena== 1)
```

A grande vantagem do uso do *pipe* é quando temos um encadeamento de operações. O código fica mais limpo e mais fácil de ser interpretado.

Manipulando dados com o dplyr

Neste pacote temos disponíveis as seguintes funções:

select()— extrai colunas de uma tabela de dados na forma de tabela

pull()— extrai uma coluna de uma tabela de dados na forma de um vetor

filter()— filtra linhas

distinct()— remove as linhas com valores repetidos

arrange()— reordena ou combina linhas

mutate() e *transmute()*— cria novas colunas

summarise()— sumariza valores

group_by()— permite operações por grupo

add_column() e *add_row()*— adiciona novas colunas ou linhas

rename()— renomeia uma coluna

Vamos explorar o arquivo *vendas.csv*, cuja leitura foi detalhada na seção anterior, armazenando os dados no objeto denominado *dados1*.

```
dados1 = readr::read_csv2(file =
"https://raw.githubusercontent.com/Lucianea/Alta/master/
vendas.csv")
head(dados1) #visualiza as 6 primeiras linhas do objeto

## # A tibble: 6 x 6
##    cupom filial valor_compra n_itens desconto_perc quinzena
##    <dbl> <chr>         <dbl>   <dbl>         <dbl>    <dbl>
## 1    101 A             100.        5             2        1
## 2    102 A              80.9      20             0        1
## 3    103 A              75.4       7             0        1
## 4    104 A             305.        3            10        2
## 5    105 A             121.        1             2        2
## 6    106 A              27.9       1             0        2
```

O comando select

Selecionando as colunas desejadas, *filial*, *quinzena* e por último *valor_compra*.

```
library(magrittr)
library(dplyr)

dados1 %>%
  dplyr::select(filial, quinzena, valor_compra)
## # A tibble: 23 x 3
##    filial quinzena valor_compra
##    <chr>     <dbl>        <dbl>
##  1 A             1        100.
##  2 A             1         80.9
##  3 A             1         75.4
##  4 A             2        305.
##  5 A             2        121.
##  6 A             2         27.9
##  7 B             2         30.5
##  8 B             2        501.
##  9 B             2        248.
## 10 B             1         70
## # ... with 13 more rows
```

Selecionando as colunas desejadas, *quinzena*, *filial*, e por último *valor_compra*.

```
library(magrittr)
library(dplyr)

dados1 %>%
  dplyr::select(quinzena, filial, valor_compra)
## # A tibble: 23 x 3
##    quinzena filial valor_compra
##       <dbl> <chr>         <dbl>
##  1        1 A            100.
##  2        1 A             80.9
##  3        1 A             75.4
##  4        2 A            305.
##  5        2 A            121.
##  6        2 A             27.9
##  7        2 B             30.5
##  8        2 B            501.
##  9        2 B            248.
## 10        1 B             70
## # ... with 13 more rows
```

O comando pull

Extrai uma coluna de uma tabela de dados na forma de um vetor. Podemos identificar a coluna a ser extraída pelo nome ou pela posição.

```
library(magrittr)
library(dplyr)

#Extraindo a coluna filial de dados1

vetor = dados1 %>% pull(filial)
vetor

#A mesma extração agora usando a posição da coluna filial
da esquerda para a direita

vetor = dados1 %>% pull(2)
vetor

#A mesma extração agora usando a posição da coluna filial
da direita para a esquerda.

vetor = dados1 %>% pull(-5)
vetor

#O resultado em todas as situações é o vetor filial:
##  [1] "A" "A" "A" "A" "A" "A" "B" "B" "B" "B" "B" "B" "B"
"B" "B" "B" "B"
## [18] "B" "C" "C" "C" "C" "C"
```

A diferença entre usar *pull* e *select* é que no segundo caso o objeto terá a forma de um *tibble* (uma tabela de dados). Além disso com *select* podemos selecionar mais de uma coluna enquanto que no *pull* isso não será possível.

```
dados1 %>% pull(filial)
##  [1] "A" "A" "A" "A" "A" "A" "B" "B" "B" "B" "B" "B" "B"
"B" "B" "B" "B"
## [18] "B" "C" "C" "C" "C" "C"

dados1 %>% select(filial)
## # A tibble: 23 x 1
```

```
##      filial
##      <chr>
##  1   A
##  2   A
##  3   A
##  4   A
##  5   A
##  6   A
##  7   B
##  8   B
##  9   B
## 10   B
## # ... with 13 more rows
```

O comando filter

Para filtrar dados é necessário conhecer alguns comandos lógicos:

– Comparando igualdade: ==

– Comparando diferença: !=

– Comparando desigualdades: >; <; >=; <=

– Condições Lógicas: & (e); | (ou); ! (negação)

Observe a aplicação dos filtros para *filial* e *n_itens*:

```
library(magrittr)
library(dplyr)

#Somente a filial A

dados1 %>%
  filter(filial == "A")
## # A tibble: 6 x 6
##    cupom filial valor_compra n_itens desconto_perc quinzena
##    <dbl> <chr>         <dbl>   <dbl>         <dbl>    <dbl>
## 1    101 A             100.        5             2        1
## 2    102 A              80.9      20             0        1
## 3    103 A              75.4       7             0        1
## 4    104 A             305.        3            10        2
## 5    105 A             121.        1             2        2
```

(Continua)

(Continuação)
```
## 6     106 A                           27.9           1                    0           2


#Filial A ou n_itens igual a 1

dados1 %>%
  filter(filial == "A" | n_itens == 1)



## # A tibble: 8 x 6
##   cupom filial valor_compra n_itens desconto_perc quinzena
##   <dbl> <chr>         <dbl>   <dbl>         <dbl>    <dbl>
## 1   101 A             100.        5             2        1
## 2   102 A              80.9      20             0        1
## 3   103 A              75.4       7             0        1
## 4   104 A             305.        3            10        2
## 5   105 A             121.        1             2        2
## 6   106 A              27.9       1             0        2
## 7   211 B              99         1             0        1
## 8   301 C              12.2       1             0        1

#Filial B e quinzena 2

dados1 %>%
  filter(filial =="B" & quinzena == 2)

## # A tibble: 6 x 6
##   cupom filial valor_compra n_itens desconto_perc quinzena
##   <dbl> <chr>         <dbl>   <dbl>         <dbl>    <dbl>
## 1   201 B              30.5      20             0        2
## 2   202 B             501.       30            12        2
## 3   203 B             248.       17            10        2
## 4   206 B             856        20            15        2
## 5   208 B             271.       22            10        2
## 6   212 B             220       100             2        2
```

O comando distinct

Para extrair as observações distintas de uma tabela de dados usamos *distinct*. Numa base de dados pode ocorrer que uma ou mais linhas apresentem a mesma informação. Esse comando eliminará essas linhas, resultando numa tabela contendo apenas linhas de dados que sejam distintas entre si.

```
library(magrittr)
library(dplyr)

#Extraindo as linhas distintas para filial

dados1 %>%
  distinct(filial)

## # A tibble: 3 x 1
##    filial
##    <chr>


## 1 A
## 2 B
## 3 C

#Extraindo as linhas distintas para a coluna n_itens

dados1 %>%
  distinct(n_itens)

## # A tibble: 17 x 1
##    n_itens
##      <dbl>
## 1        5
## 2       20
## 3        7
## 4        3
## 5        1
## 6       30
## 7       17
## 8       14
## 9       13
## 10      40
## 11      22
## 12       2
## 13      31
## 14     100
## 15      45
## 16       8
## 17      60

#Extraindo as linhas distintas para as colunas filial,
quinzena e desconto_perc

dados1 %>%
  distinct(filial, quinzena, desconto_perc)

## # A tibble: 16 x 3
##    filial quinzena desconto_perc
##    <chr>     <dbl>         <dbl>
```

(Continua)

```
(Continuação)
##  1  A    1     2
##  2  A    1     0
##  3  A    2    10
##  4  A    2     2
##  5  A    2     0
##  6  B    2     0
##  7  B    2    12
##  8  B    2    10
##  9  B    1     0
## 10  B    2    15
## 11  B    1    12
## 12  B    2     2
## 13  C    1     0
## 14  C    2     2
## 15  C    2    10
## 16  C    1    12
```

Se quiséssemos extrair todas as linhas distintas do banco de dados deveríamos fazer:

```
dados1 %>%
  distinct()
```

Que resultaria no banco de dados completo, pois todas as linhas são distintas entre si.

O comando arrange

Organiza os dados de acordo com a ordem de uma variável escolhida para determinado fim.

```
library(magrittr)
library(dplyr)

#Organiza os dados pela ordem crescente de n_itens

dados1 %>%
  arrange(n_itens)

## # A tibble: 23 x 6
##    cupom filial valor_compra n_itens desconto_perc
```

```
          quinzena
##           <dbl> <chr>        <dbl>   <dbl>         <dbl> <dbl>
##   1         105 A            121.       1             2     2
##   2         106 A             27.9      1             0     2
##   3         211 B             99        1             0     1
##   4         301 C             12.2      1             0     1
##   5         209 B            500        2            12     1
##   6         104 A            305.       3            10     2
##   7         101 A            100.       5             2     1
##   8         103 A             75.4      7             0     1
##   9         303 C            118.       8             2     2
##  10         205 B             97.5     13             0     1
## # ... with 13 more rows
```

Considerando um ordenamento decrescente:

```
#Organiza os dados pela ordem decrescente de n_itens
#pode-se usar sinal de - antes de n_itens

dados1 %>%
  arrange(-n_itens)

#ou usar desc(n_itens)
dados1 %>%
  arrange(desc(n_itens))


## # A tibble: 23 x 6
##    cupom filial valor_compra n_itens desconto_perc quinzena
##    <dbl> <chr>         <dbl>   <dbl>         <dbl>    <dbl>
##  1   212 B             220     100             2        2
##  2   304 C             354     100            10        2
##  3   305 C             732      60            12        1
##  4   302 C             188      45             2        2
##  5   207 B              93.2    40             0        1
##  6   210 B              61.7    31             0        1
##  7   202 B             501.     30            12        2
##  8   208 B             271.     22            10        2
##  9   102 A              80.9    20             0        1
## 10   201 B              30.5    20             0        2
## # ... with 13 more rows
```

Podemos ainda rearranjar nossos dados:

```
#Ordenado pela ordem decrescente de n_itens e depois pela
ordem alfabética de filial

dados1 %>%
  arrange(-n_itens) %>%
  arrange(filial)

## # A tibble: 23 x 6
##    cupom filial valor_compra n_itens desconto_perc
quinzena
##    <dbl> <chr>         <dbl>   <dbl>         <dbl> <dbl>
## 1    102 A              80.9      20             0     1
## 2    103 A              75.4       7             0     1
## 3    101 A             100.        5             2     1
## 4    104 A             305.        3            10     2
## 5    105 A             121.        1             2     2
## 6    106 A              27.9       1             0     2
## 7    212 B             220       100             2     2
## 8    207 B              93.2      40             0     1
## 9    210 B              61.7      31             0     1
## 10   202 B             501.       30            12     2
## # ... with 13 more rows

#Ordenado pela ordem decrescente de n_itens e ao mesmo
tempo pela ordem alfabética de filial

dados1 %>%
  arrange(-n_itens,filial)

## # A tibble: 23 x 6
##    cupom filial valor_compra n_itens desconto_perc
quinzena
##    <dbl> <chr>         <dbl>   <dbl>         <dbl> <dbl>
## 1    212 B             220       100             2     2
## 2    304 C             354       100            10     2
## 3    305 C             732        60            12     1
## 4    302 C             188        45             2     2
## 5    207 B              93.2      40             0     1
## 6    210 B              61.7      31             0     1
## 7    202 B             501.       30            12     2
## 8    208 B             271.       22            10     2
## 9    102 A              80.9      20             0     1
## 10   201 B              30.5      20             0     2
## # ... with 13 more rows
```

Podemos, ainda, filtrar os dados considerando algumas colunas de interesse:

```
#Ordenando os dados pelo n_itens e valor_compra, filtrando
valor_compra maior que 100 e exibindo a seleção dessas
colunas juntamente com a coluna filial no início.

dados1 %>%
  arrange(n_itens, valor_compra) %>%
  filter(valor_compra > 100) %>%
  select(filial, n_itens, valor_compra)
## # A tibble: 13 x 3
##    filial n_itens valor_compra
##    <chr>    <dbl>        <dbl>
##  1 A            1         121.
##  2 B            2         500
##  3 A            3         305.
##  4 A            5         100.
##  5 C            8         118.
##  6 B           17         248.
##  7 B           20         856
##  8 B           22         271.
##  9 B           30         501.
## 10 C           45         188
## 11 C           60         732
## 12 B          100         220
## 13 C          100         354
```

Os comandos mutate e transmute

Através do *mutate* é possível criar novas colunas na base de dados. Vamos incluir em dados1 uma coluna denominada *vmci* que contenha o valor médio de compra por item, isto é,

$$vmci = \frac{valor\_compra}{n\_itens}.$$

```
#Carregue sempre o pacote no início do seu script
library(magrittr)
library(dplyr)

#Criando uma nova coluna vmci

dados1 %>%
    mutate(vmci = valor_compra/n_itens)


## # A tibble: 23 x 7
##    cupom filial valor_compra n_itens desconto_perc quinzena  vmci
##    <dbl> <chr>         <dbl>   <dbl>         <dbl>    <dbl> <dbl>
## 1    101 A             100.        5             2        1  20.0
## 2    102 A              80.9      20             0        1   4.04
## 3    103 A              75.4       7             0        1  10.8
## 4    104 A             305.        3            10        2 102.
## 5    105 A             121.        1             2        2 121.
## 6    106 A              27.9       1             0        2  27.9
## 7    201 B              30.5      20             0        2   1.52
## 8    202 B             501.       30            12        2  16.7
## 9    203 B             248.       17            10        2  14.6
## 10   204 B              70        14             0        1   5
## # ... with 13 more rows
```

Aplicando um arredondamento na nova coluna *vmci* de *dados1* e ordenando por ela.

```
dados1 %>%
    mutate(vmci = round(valor_compra/n_itens,2)) %>%
    select(filial, valor_compra, n_itens, vmci) %>%
    arrange(vmci)

## # A tibble: 23 x 4
##    filial valor_compra n_itens  vmci
##    <chr>         <dbl>   <dbl> <dbl>
## 1  B              30.5      20  1.52
## 2  B              61.7      31  1.99
## 3  B             220       100  2.2
## 4  B              93.2      40  2.33
## 5  C             354       100  3.54
## 6  A              80.9      20  4.04
## 7  C             188        45  4.18
## 8  B              70        14  5
## 9  B              97.5      13  7.5
## 10 A              75.4       7 10.8
## # ... with 13 more rows
```

O comando *transmute* realiza o mesmo que o *mutate*, porém não adiciona a nova variável às colunas originais.

```
#Criando uma nova coluna vmci

dados1 %>%
    transmute(vmci = valor_compra/n_itens)

## # A tibble: 23 x 1
##       vmci
##      <dbl>
##  1  20.0
##  2   4.04
##  3  10.8
##  4 102.
##  5 121.
##  6  27.9
##  7   1.52
##  8  16.7
##  9  14.6
## 10   5
## # ... with 13 more rows

#Selecionando algumas colunas para visualização

dados1 %>%
    transmute(filial, valor_compra, n_itens, vmci =
    round(valor_compra/n_itens,2))

## # A tibble: 23 x 4
##    filial valor_compra n_itens   vmci
##    <chr>        <dbl>   <dbl>  <dbl>
##  1 A            100.        5   20.0
##  2 A             80.9      20    4.04
##  3 A             75.4       7   10.8
##  4 A            305.        3  102.
##  5 A            121.        1  121.
##  6 A             27.9       1   27.9
##  7 B             30.5      20    1.52
##  8 B            501.       30   16.7
##  9 B            248.       17   14.6
## 10 B             70        14    5
## # ... with 13 more rows
```

Com *mutate* podemos acrescentar novas colunas aos dados originais, já com o *transmute* criamos novas colunas a partir dos dados originais.

Os comandos summarise e group_by

O *summarise* ou *summarize* nos permite responder perguntas sobre nossos dados através da aplicação de funções que resumem as variáveis, possibilitando-nos produzir tabelas resumidas do banco de dados.

Essa função reduzirá um vetor em um número: podemos obter o comprimento do vetor, o número de observações distintas do vetor, sua média, desvio-padrão e muito mais.

```r
library(magrittr)
library(dplyr)

#Observando o número de observações da base de dados

dados1 %>%
  summarise(contagem=n())
## # A tibble: 1 x 1
##   contagem
##      <int>
## 1       23

#Observando o número de filiais distintas
dados1 %>%
  select(filial) %>%
  summarise(filiais_distintas = n_distinct(filial))
## # A tibble: 1 x 1
##   filiais_distintas
##               <int>
## 1                 3

#Observando o número de cupons distintos na filial B

dados1 %>%
  select(filial, cupom) %>%
  filter(filial == "B") %>%
  summarise(cupons_distintos = n_distinct(cupom))
## # A tibble: 1 x 1
##   cupons_distintos
##              <int>
## 1               12
```

Podemos agrupar os dados de acordo com uma coluna e obter resumo para os grupos da mesma forma que obtemos para o vetor.

Para agruparmos os dados usamos o comando *group_by* do pacote *dplyr*.

```
#Observando o número de cupons distintos por cada filial

dados1 %>%
  group_by(filial) %>%
  summarize(cupons_distintos = n_distinct(cupom))

## # A tibble: 3 x 2
##   filial cupons_distintos
##   <chr>             <int>
## 1 A                     6
## 2 B                    12
## 3 C                     5

#Observando o total de compras por cada filial

dados1 %>%
  group_by(filial) %>%
  summarize(compra_total = sum(valor_compra))

## # A tibble: 3 x 2
##   filial compra_total
##   <chr>         <dbl>
## 1 A              711.
## 2 B             3048.
## 3 C             1404.

#Observando o total de itens vendidos por cada filial

dados1 %>%
  group_by(filial) %>%
  summarize(item_total = sum(n_itens))

## # A tibble: 3 x 2
##   filial item_total
##   <chr>       <dbl>
## 1 A              37
## 2 B             310
## 3 C             214
```

Podemos sumarizar as informações de um grupo em mais de uma coluna.

```
#Observando o número de cupons vendidos, o total de itens
vendidos e o total do valor de compras em cada filial.

dados1 %>%
  group_by(filial) %>%
  summarise(
    cupons_distintos = n_distinct(cupom),
    item_total = sum(n_itens),
    compra_total = sum(valor_compra)
  )
## # A tibble: 3 x 4
##   filial cupons_distintos item_total compra_total
##   <chr>             <int>      <dbl>        <dbl>
## 1 A                     6         37         711.
## 2 B                    12        310        3048.
## 3 C                     5        214        1404.
```

Podemos ainda obter a média e o desvio-padrão da coluna *valor_compra* agrupado por quinzena.

```
dados1 %>%
  group_by(quinzena) %>%
  summarise(media = mean(valor_compra))

## # A tibble: 2 x 2
##   quinzena media
##      <dbl> <dbl>
## 1        1  175.
## 2        2  270.
```

Suponha que também desejamos obter a média com arredondamento de 2 casas decimais:

```
dados %>%
  group_by(quinzena) %>%
  summarise(media = mean(valor_compra) %>%
              round(2)
            )
## # A tibble: 2 x 2
##   quinzena media
##      <int> <dbl>
## 1        1  175.
## 2        2  270
```

Agora, acrescente mais uma coluna com o desvio-padrão da idade de cada grupo.

```
dados %>%
  group_by(quinzena) %>%
  summarise(media = mean(valor_compra) %>%
              round(2),
            desv_pad = sd(valor_compra) %>%
              round(2)
            )
## # A tibble: 2 x 3
##   quinzena  media desv_pad
##      <int>  <dbl>    <dbl>
## 1        1   175.     226.
## 2        2   270.     229.
```

Funções que se aplicam a vetores e retornam um único número podem ser utilizadas em conjunto com *summarise*, destacamos aqui as principais: *mean()*, *median()*, *quantile()*, *sd()*, *var()*, *min()*, *max()*, *sum()*, *prod()*.

Os comandos add_column, add_row e rename

Suponha que você precise adicionar uma coluna em *dados1* com o número da linha na tabela.

```
library(magrittr)
library(dplyr)
#Adicionando uma nova coluna com números de 1 a 23

dados1 %>%
  tibble::add_column(adicionada=1:23)

## # A tibble: 23 x 7
##    cupom filial valor_compra n_itens desconto_perc quinzena adicionada
##    <dbl> <chr>         <dbl>   <dbl>         <dbl>    <dbl><int>
                                                              (Continua)
```

(Continuação)
```
## 1    101 A       100.     5     2    1   1
## 2    102 A        80.9   20     0    1   2
## 3    103 A        75.4    7     0    1   3
## 4    104 A       305.     3    10    2   4
## 5    105 A       121.     1     2    2   5
## 6    106 A        27.9    1     0    2   6
## 7    201 B        30.5   20     0    2   7
## 8    202 B       501.    30    12    2   8
## 9    203 B       248.    17    10    2   9
## 10   204 B        70     14     0    1  10
## # ... with 13 more rows
```

#Adicionando antes da coluna 1. Pode também informar o nome da coluna no lugar do número (.before="cupom")

```
dados1 %>%
  tibble::add_column(adicionada=1:23, .before=1)

## # A tibble: 23 x 7
##    adicionada cupom filial valor_compra n_itens desconto_perc quinzena
##         <int> <dbl> <chr>         <dbl>   <dbl>         <dbl>    <dbl>
## 1           1   101 A            100.         5             2        1
## 2           2   102 A             80.9       20             0        1
## 3           3   103 A             75.4        7             0        1
## 4           4   104 A            305.         3            10        2
## 5           5   105 A            121.         1             2        2
## 6           6   106 A             27.9        1             0        2
## 7           7   201 B             30.5       20             0        2
## 8           8   202 B            501.        30            12        2
## 9           9   203 B            248.        17            10        2
## 10         10   204 B             70         14             0        1
## # ... with 13 more rows
```

#Adicionando depois da coluna 2
```
dados1 %>%
  tibble::add_column(adicionada=1:23, .after=2)

## # A tibble: 23 x 7

##    cupom filial adicionada valor_compra n_itens desconto_perc quinzena
##    <dbl> <chr>       <int>        <dbl>   <dbl>         <dbl>    <dbl>
## 1    101 A               1       100.         5             2        1
## 2    102 A               2        80.9       20             0        1
## 3    103 A               3        75.4        7             0        1
## 4    104 A               4       305.         3            10        2
## 5    105 A               5       121.         1             2        2
## 6    106 A               6        27.9        1             0        2
## 7    201 B               7        30.5       20             0        2
## 8    202 B               8       501.        30            12        2
## 9    203 B               9       248.        17            10        2
## 10   204 B              10        70         14             0        1
## # ... with 13 more rows
```

Suponha que você precise adicionar uma linha em *dados1* referente a outro cupom de número 100 da filial A na primeira linha.

```
dados1 %>%
  tibble::add_row(cupom = 100, filial = "A",
                  valor_compra = 10, n_itens = 1,
                  desconto_perc = 0, quinzena = 1,
                  .before = 1)
## # A tibble: 24 x 6
##    cupom filial valor_compra n_itens desconto_perc quinzena
##    <dbl> <chr>         <dbl>   <dbl>         <dbl>    <dbl>
##  1   100 A              10         1             0        1
##  2   101 A             100.        5             2        1
##  3   102 A              80.9      20             0        1
##  4   103 A              75.4       7             0        1
##  5   104 A             305.        3            10        2
##  6   105 A             121.        1             2        2
##  7   106 A              27.9       1             0        2
##  8   201 B              30.5      20             0        2
##  9   202 B             501.       30            12        2
## 10   203 B             248.       17            10        2
## # ... with 14 more rows
```

E finalmente, se deseja renomear uma coluna use *rename*, informando o novo nome e qual coluna será nomeada.

```
#Renomeando a coluna valor_compra para venda
dados %>%
  rename(venda = valor_compra)
##    cupom filial   venda n_itens desconto_perc quinzena
## 1    101      A  100.22       5             2        1
## 2    102      A   80.89      20             0        1
## 3    103      A   75.44       7             0        1
## 4    104      A  305.33       3            10        2
## 5    105      A  120.99       1             2        2
## 6    106      A   27.89       1             0        2
## 7    201      B   30.50      20             0        2
## 8    202      B  500.80      30            12        2
## 9    203      B  247.67      17            10        2
## 10   204      B   70.00      14             0        1
## 11   205      B   97.50      13             0        1
## 12   206      B  856.00      20            15        2
## 13   207      B   93.20      40             0        1
## 14   208      B  271.26      22            10        2
```

(Continua)

(Continuação)

```
## 15    209    B 500.00      2       12       1
## 16    210    B  61.69     31        0       1
## 17    211    B  99.00      1        0       1
## 18    212    B 220.00    100        2       2
## 19    301    C  12.25      1        0       1
## 20    302    C 188.00     45        2       2
## 21    303    C 117.60      8        2       2
## 22    304    C 354.00    100       10       2
## 23    305    C 732.00     60       12       1


#Renomeando várias colunas

dados %>%
  rename(x1 = cupom, x2 = filial, x3 = valor_compra)


##      x1 x2      x3 n_itens desconto_perc quinzena
## 1   101  A 100.22       5             2        1
## 2   102  A  80.89      20             0        1
## 3   103  A  75.44       7             0        1
## 4   104  A 305.33       3            10        2
## 5   105  A 120.99       1             2        2
## 6   106  A  27.89       1             0        2
## 7   201  B  30.50      20             0        2
## 8   202  B 500.80      30            12        2
## 9   203  B 247.67      17            10        2
## 10  204  B  70.00      14             0        1
## 11  205  B  97.50      13             0        1
## 12  206  B 856.00      20            15        2
## 13  207  B  93.20      40             0        1
## 14  208  B 271.26      22            10        2
## 15  209  B 500.00       2            12        1
## 16  210  B  61.69      31             0        1
## 17  211  B  99.00       1             0        1
## 18  212  B 220.00     100             2        2
## 19  301  C  12.25       1             0        1
## 20  302  C 188.00      45             2        2
## 21  303  C 117.60       8             2        2
## 22  304  C 354.00     100            10        2
## 23  305  C 732.00      60            12        1
```

Combinando tabelas de dados

Tabelas de dados podem ser combinadas gerando outras tabelas. Suponha duas tabelas x e y com o mesmo número de linhas ou colunas. Podemos juntar x e y lado a lado ou uma sobre a outra formando uma nova tabela.

As combinações também podem ser feitas através de *matchings* entre tabelas x e y com dimensões distintas tanto para linhas como para colunas, desde que possuam uma coluna chave comum. Isso permite unir variáveis de tabelas distintas que possuam correspondência entre si. Os comandos do tipo *join* fazem a combinação no nível das colunas e os comandos do tipo *interception*, *union* e *setdiff* fazem a combinação no nível das linhas.

Para verificar a igualdade entre duas bases utilize *setequal*. Mesmo que as linhas estejam em ordem distintas em cada tabela, a função verificará se são iguais apesar do ordenamento.

Os comandos utilizados para fazer essas operações são:

bind_cols() ou *bind_rows()*– une duas tabelas lado a lado ou sobrepostas

inner_join()– une colunas com base na interseção, tudo que coincide nas duas bases x e y

left_join()– une colunas à esquerda, tudo de x que coincide com y

right_join()– une colunas à direita, tudo de y que coincide com x

full_join()– une colunas com base na união, tudo de x ou y

intersect()– retorna as linhas que aparecem em x e y ao mesmo tempo

union()– retorna as linhas que aparecem em x ou y

setdiff()– retorna as linhas de x que não aparecem em y

setequal()– verifica se x e y possuem linhas iguais independentemente da ordem.

O comando bind_cols ou bind_rows

Vamos utilizar *dados1* relativo à base de dados vendas.csv para explorar os comandos.

```
library(magrittr)
library(dplyr)

#Criando duas tabelas x e y a partir de dados1

x = dados1 %>% select(cupom, filial, valor_compra)
x

## # A tibble: 23 x 3
##    cupom filial valor_compra
##    <dbl> <chr>         <dbl>
##  1   101 A             100.
##  2   102 A              80.9
##  3   103 A              75.4
##  4   104 A             305.
##  5   105 A             121.
##  6   106 A              27.9
##  7   201 B              30.5
##  8   202 B             501.
##  9   203 B             248.
## 10   204 B              70
## # ... with 13 more rows

y = dados1 %>% select(cupom, n_itens)
y

## # A tibble: 23 x 2
##    cupom n_itens
##    <dbl>   <dbl>
##  1   101       5
##  2   102      20
##  3   103       7
##  4   104       3
##  5   105       1
##  6   106       1
##  7   201      20
##  8   202      30
##  9   203      17
## 10   204      14
## # ... with 13 more rows

#Unindo x e y pelas colunas
```

```
bind_cols(x,y)
## # A tibble: 23 x 5
##     cupom filial valor_compra cupom1 n_itens
##     <dbl> <chr>         <dbl>  <dbl>   <dbl>
##  1    101 A             100.     101       5
##  2    102 A              80.9    102      20
##  3    103 A              75.4    103       7
##  4    104 A             305.     104       3
##  5    105 A             121.     105       1
##  6    106 A              27.9    106       1
##  7    201 B              30.5    201      20
##  8    202 B             501.     202      30
##  9    203 B             248.     203      17
## 10    204 B              70      204      14
## # ... with 13 more rows
```

Observe que as tabelas *x* e *y* foram coladas lado a lado, como a coluna *cupom* apresenta o mesmo nome em *x* e *y*, foi acrescentado o valor 1 ao seu nome na tabela final. Observe também que a tabela final contém 5 colunas que são a soma do número de colunas de *x* e *y* e 23 linhas, que é o mesmo número de linhas de *x* e *y*. Para fazer essa combinação é necessário que o número de linhas seja igual em *x* e *y*, caso contrário retornará uma mensagem de erro.

```
library(magrittr)
library(dplyr)

#Criando duas tabelas x e y a partir de dados1

x = dados1 %>% select(cupom, filial, valor_compra) %>%
filter(filial == "A")
x

## # A tibble: 6 x 3
##    cupom filial valor_compra
##    <dbl> <chr>         <dbl>
## 1    101 A             100.
## 2    102 A              80.9
## 3    103 A              75.4
## 4    104 A             305.
## 5    105 A             121.
## 6    106 A              27.9
```

(Continua)

(Continuação)

```
y = dados1 %>% select(cupom, n_itens) %>% filter(n_itens ==
1)
y


## # A tibble: 4 x 2
##    cupom n_itens
##    <dbl>   <dbl>
## 1    105       1
## 2    106       1
## 3    211       1
## 4    301       1


#Unindo x e y pelas linhas

bind_rows(x,y)

## # A tibble: 10 x 4
##    cupom filial valor_compra n_itens
##    <dbl> <chr>         <dbl>   <dbl>
## 1    101 A             100.       NA
## 2    102 A              80.9      NA
## 3    103 A              75.4      NA
## 4    104 A             305.       NA
## 5    105 A             121.       NA
## 6    106 A              27.9      NA
## 7    105 <NA>           NA         1
## 8    106 <NA>           NA         1
## 9    211 <NA>           NA         1
## 10   301 <NA>           NA         1
```

    Observe que as tabelas *x* e *y* foram coladas uma sobre a outra: a tabela final apresentará as colunas tanto de *x* como de *y*. Note que a tabela final contém 4 colunas que são a soma do número de colunas de *x* e *y* menos o número de colunas comuns, no caso uma coluna. Para fazer essa combinação não é necessário que o número de linhas ou colunas seja igual em *x* e *y*. Observe que quando não há correspondência o comando retorna NA.

O comando inner_join

A tabela final será o resultado da intersecção das colunas de *x* e *y* que possuam pelo menos uma coluna em comum, a coluna *chave*.

```
library(magrittr)

library(dplyr)

#Criando duas tabelas x e y a partir de dados1

x = dados1 %>% select(cupom, filial, valor_compra)
x

## # A tibble: 23 x 3
##    cupom filial valor_compra
##    <dbl> <chr>         <dbl>
##  1   101 A             100.
##  2   102 A              80.9
##  3   103 A              75.4
##  4   104 A             305.
##  5   105 A             121.
##  6   106 A              27.9
##  7   201 B              30.5
##  8   202 B             501.
##  9   203 B             248.
## 10   204 B              70
## # ... with 13 more rows

y = dados1 %>% select(cupom, filial, n_itens)
y

## # A tibble: 23 x 3
##    cupom filial n_itens
##    <dbl> <chr>    <dbl>
##  1   101 A            5
##  2   102 A           20
##  3   103 A            7
##  4   104 A            3
##  5   105 A            1
##  6   106 A            1
##  7   201 B           20
##  8   202 B           30
##  9   203 B           17
## 10   204 B           14
## # ... with 13 more rows

#Unindo x e y pela intersecção da coluna chave
```

(Continua)

(Continuação)
```
inner_join(x,y)

## # A tibble: 23 x 4
##    cupom filial valor_compra n_itens
##    <dbl> <chr>         <dbl>   <dbl>
## 1    101 A             100.        5
## 2    102 A              80.9      20
## 3    103 A              75.4       7
## 4    104 A             305.        3
## 5    105 A             121.        1
## 6    106 A              27.9       1
## 7    201 B              30.5      20
## 8    202 B             501.       30
## 9    203 B             248.       17
## 10   204 B              70        14
## # ... with 13 more rows
```

Observe que a coluna *chave* para juntar as tabelas por intersecção são as colunas *cupom* e *filial*. Esse comando une *x* e *y* através da interseção dessas colunas.

```
library(magrittr)
library(dplyr)

#Criando duas tabelas x e y a partir de dados1
x = dados1 %>% select(cupom, filial, valor_compra) %>%
  filter(valor_compra > 500)
x
## # A tibble: 3 x 3
##    cupom filial valor_compra
##    <dbl> <chr>         <dbl>
## 1    202 B             501.
## 2    206 B             856
## 3    305 C             732

y = dados1 %>% select(filial, n_itens) %>% filter(n_itens < 8)
y

## # A tibble: 8 x 2
##    filial n_itens
##    <chr>    <dbl>
## 1  A            5
## 2  A            7
## 3  A            3
## 4  A            1
## 5  A            1
## 6  B            2
## 7  B            1
## 8  C            1
```

```
#Unindo x e y pela interseção da coluna chave
inner_join(x,y)

## # A tibble: 5 x 4
##   cupom filial valor_compra n_itens
##   <dbl> <chr>         <dbl>   <dbl>
## 1   202 B              501.       2
## 2   202 B              501.       1
## 3   206 B              856        2
## 4   206 B              856        1
## 5   305 C              732        1
```

Observe que a coluna *filial* é a coluna *chave* para a interseção entre *x* e *y*. Em *x* temos *filial* B e C e em *y* temos A, B e C, portanto B e C formam a interseção na tabela final. As demais colunas se combinam a partir deste cruzamento: em B temos dois valores distintos para *valor_compra* que se combinam com dois valores distintos para *n_itens* resultando em quatro combinações; em C temos apenas um valor em cada coluna, resultando em uma combinação.

Os comandos left_join e right_join

A tabela final será o resultado de todas as colunas da tabela à esquerda ou à direita, que tenham correspondente na outra tabela e que possuam pelo menos uma coluna em comum, a coluna *chave*.

```
library(magrittr)
library(dplyr)

library(magrittr)
library(dplyr)
#Criando duas tabelas x e y a partir de dados1

x = dados1 %>% select(cupom, filial, valor_compra) %>%
filter(valor_compra > 500)
x
```

(Continua)

(Continuação)
```
## # A tibble: 3 x 3
##   cupom filial valor_compra
##   <dbl> <chr>         <dbl>
## 1   202 B              501.
## 2   206 B              856
## 3   305 C              732

y = dados1 %>% select(filial, n_itens) %>% filter(n_itens < 8)
y

## # A tibble: 8 x 2
##   filial n_itens
##   <chr>    <dbl>
## 1 A            5
## 2 A            7
## 3 A            3
## 4 A            1
## 5 A            1
## 6 B            2
## 7 B            1
## 8 C            1
```

#Unindo x e y pelas colunas de x (x à esquerda)

`left_join(x,y)`

```
## # A tibble: 5 x 4
##   cupom filial valor_compra n_itens
##   <dbl> <chr>         <dbl>   <dbl>
## 1   202 B              501.       2
## 2   202 B              501.       1
## 3   206 B              856        2
## 4   206 B              856        1
## 5   305 C              732        1
```

#Unindo x e y pelas colunas de y (y à direita)

`right_join(x,y)`

```
## # A tibble: 10 x 4
##    cupom filial valor_compra n_itens
##    <dbl> <chr>         <dbl>   <dbl>
##  1    NA A               NA        5
##  2    NA A               NA        7
##  3    NA A               NA        3
##  4    NA A               NA        1
##  5    NA A               NA        1
##  6   202 B              501.       2
##  7   206 B              856        2
##  8   202 B              501.       1
##  9   206 B              856        1
## 10   305 C              732        1
```

Observe que *filial* é a coluna *chave*. Ao juntar *x* e *y* pela esquerda, a tabela final resultou nas colunas de *x* que possuem correspondente em *y*: quatro combinações para filial B e uma para filial C. Ao juntar *x* e *y* pela direita, a tabela final resultou nas colunas de *y* que possuem correspondente em *x*: cinco combinações para filial A, quatro combinações para filial B e uma combinação para filial C. Observe que filial A só possui esse resultado em *y*, portanto não há correspondente em *x* para as colunas *cupom* e *valor_compra* quando *filial* é igual a A e portanto a tabela final nessa situação é preenchida com NA.

O comando full_join

A tabela final será o resultado da união de todas as colunas de *x* e *y*, e que possuam pelo menos uma coluna em comum, a coluna *chave*.

```
library(magrittr)
library(dplyr)

#Criando duas tabelas x e y a partir de dados1

x = dados1 %>% select(cupom, filial, valor_compra) %>%
filter(valor_compra > 500)
x

## # A tibble: 3 x 3
##   cupom filial valor_compra
##   <dbl> <chr>         <dbl>
## 1   202 B               501.
## 2   206 B               856
## 3   305 C               732

y = dados1 %>% select(filial, n_itens) %>% filter(n_itens < 8)
y

## # A tibble: 8 x 2
##   filial n_itens
##   <chr>    <dbl>
## 1 A            5
## 2 A            7
## 3 A            3
## 4 A            1
## 5 A            1
```

(Continua)

```
(Continuação)
## 6 B            2
## 7 B            1
## 8 C            1

#Unindo x e y pela união da coluna chave

full_join(x,y)

## # A tibble: 10 x 4
##    cupom filial valor_compra n_itens
##    <dbl> <chr>         <dbl>   <dbl>
## 1    202 B              501.       2
## 2    202 B              501.       1
## 3    206 B              856        2
## 4    206 B              856        1
## 5    305 C              732        1
## 6     NA A               NA        5
## 7     NA A               NA        7
## 8     NA A               NA        3
## 9     NA A               NA        1
## 10    NA A               NA        1
```

Observe que a coluna *filial* é a coluna *chave* para a união entre *x* e *y*. Em *x* temos *filial* B e C e em *y* temos A, B e C; portanto A, B e C formam a união na tabela final. As demais colunas se combinam a partir desta união: em B temos dois valores distintos para *valor_compra* que se combinam com dois valores distintos para *n_itens*, resultando em quatro combinações; em C temos apenas um valor em cada coluna, resultando em uma combinação e em A não temos correspondente para as colunas de *x* que são *cupom* e *valor_compra* que são preenchidas com NA e, portanto, resultam em cinco linhas que correspondem aos valores em *y* da coluna *n_itens*.

Os comandos intersect, union e setdiff

Esses comandos servem para realizar operações de intersecção, união e diferença nas linhas de duas tabelas.

```
library(magrittr)
library(dplyr)

#Criando duas tabelas x e y a partir de dados1

x = dados1 %>% select(cupom, filial, valor_compra) %>%
filter(valor_compra > 500)
x

## # A tibble: 3 x 3
##   cupom filial valor_compra
##   <dbl> <chr>         <dbl>
## 1   202 B               501.
## 2   206 B               856
## 3   305 C               732

y = dados1 %>% select(cupom, filial, valor_compra) %>%
filter(valor_compra < 700)
y

## # A tibble: 21 x 3
##    cupom filial valor_compra
##    <dbl> <chr>         <dbl>
##  1   101 A              100.
##  2   102 A               80.9
##  3   103 A               75.4
##  4   104 A              305.
##  5   105 A              121.
##  6   106 A               27.9
##  7   201 B               30.5
##  8   202 B              501.
##  9   203 B              248.
## 10   204 B               70
## # ... with 11 more rows

#Obtendo a intersecção
intersect(x,y)
```

(Continua)

(Continuação)

```
## # A tibble: 1 x 3
##   cupom filial valor_compra
##   <dbl> <chr>         <dbl>
## 1   202 B             501.
```

#Obtendo a união

union(x,y)

```
## # A tibble: 23 x 3
##    cupom filial valor_compra
##    <dbl> <chr>         <dbl>
##  1   202 B             501.
##  2   206 B             856
##  3   305 C             732
##  4   101 A             100.
##  5   102 A              80.9
##  6   103 A              75.4
##  7   104 A             305.
##  8   105 A             121.
##  9   106 A              27.9
## 10   201 B              30.5
## # ... with 13 more rows
```

#Obtendo a diferença, tudo que está em x e não está em y

setdiff(x,y)

```
## # A tibble: 2 x 3
##   cupom filial valor_compra
##   <dbl> <chr>         <dbl>
## 1   206 B             856
## 2   305 C             732
```

#Obtendo a diferença, tudo que está em y e não está em x

setdiff(y,x)

```
## # A tibble: 20 x 3
##    cupom filial valor_compra
##    <dbl> <chr>         <dbl>
##  1   101 A             100.
##  2   102 A              80.9
##  3   103 A              75.4
##  4   104 A             305.
##  5   105 A             121.
##  6   106 A              27.9
##  7   201 B              30.5
##  8   203 B             248.
```

```
##  9   204 B            70
## 10   205 B            97.5
## 11   207 B            93.2
## 12   208 B           271.
## 13   209 B           500
## 14   210 B            61.7
## 15   211 B            99
## 16   212 B           220
## 17   301 C            12.2
## 18   302 C           188
## 19   303 C           118.
## 20   304 C           354
```

Observe que em *x* temos três linhas, em *y* temos 21 linhas. Ao fazer a intersecção vemos que apenas uma linha se repete em *x* e *y*. Ao fazer a união temos 23 linhas, ou seja, a soma das linhas de *x* e *y* (24) menos a quantidade que se repete (1). Ao fazer a diferença temos duas linhas que só se observam em *x* e 20 linhas que só se observam em *y*.

O comando setequal

Esse comando nos auxilia a verificar se duas tabelas de dados possuem linhas com os mesmos valores independentemente da ordem em que tais valores se apresentam.

```
library(magrittr)
library(dplyr)
#Criando x essencialmente igual a dados1 e y diferente de dados1
x = dados1 %>% filter(valor_compra > 0)
y = dados1 %>% filter(valor_compra > 500)
#Testando se as tabelas são iguais
setequal(x, dados1)
## [1] TRUE
```

(Continua)

(Continuação)

```
setequal(y, dados1)

## [1] FALSE

#Unindo as colunas de y e x
z = full_join(y,x)
z

## # A tibble: 23 x 6
##     cupom filial valor_compra n_itens desconto_perc quinzena
##     <dbl> <chr>         <dbl>   <dbl>         <dbl>    <dbl>
## 1     202 B             501.       30            12        2
## 2     206 B             856        20            15        2
## 3     305 C             732        60            12        1
## 4     101 A             100.        5             2        1
## 5     102 A              80.9      20             0        1
## 6     103 A              75.4       7             0        1
## 7     104 A             305.        3            10        2
## 8     105 A             121.        1             2        2
## 9     106 A              27.9       1             0        2
## 10    201 B              30.5      20             0        2
## # ... with 13 more rows

setequal(z,dados1)

## [1] TRUE
```

Observe que a forma como *x* e *y* foram construídas produziu *x* exatamente igual a *dados1* enquanto *z* foi construído de forma que a ordem nas linhas não são as mesmas de *dados1*, mas os valores são os mesmos, portanto, é o mesmo conjunto de dados em outra ordem.

Organizando os dados com o tidyr

Esse pacote auxiliará a organização dos dados que levam em conta as seguintes propriedades:

- Cada coluna é uma variável;
- Cada linha é uma observação.

O *tidyr* fornece grupos de funções que permitem organizar os seus dados de forma muito prática. Algumas funções aqui abordadas desse pacote podem não estar disponíveis na versão do CRAN, pois foram implementadas recentemente, então sugerimos que seja instalada a versão mais recente do Github.

```
#Comando para instalar a versão do CRAN
install.packages("tidyr")
#Comando para instalar a versão do github
devtools::install_github("tidyverse/tidyr")
```

pivot_longer() e *pivot_wider()*– converte os dados em tabelas longas ou tabelas largas. Essas funções foram implementadas no ano de 2019 em substituição às funções *gather()* e *spread()*

separate() e *unite()*– divide e combina colunas de caracteres

complete(), *drop_na()* e *replace_na()*– lida com valores ausentes

É possível converter várias colunas do *dataframe* original em duas colunas — uma recebe os nomes das variáveis em colunas e a outra recebe os valores dessas variáveis — ao final o número de linhas do *dataframe* é ampliado. Essas colunas originais devem ter em comum a mesma variável. É como organizar amostras pareadas em que cada nível de medição será organizado por linhas e não por colunas.

Nos exemplos a seguir, os dados são sobre o número de chegadas de turistas em três Estados quanto ao tipo de meio de transporte.

Suponha que os dados estão organizados conforme tabela 3:

Tabela 3: dados organizados como uma tabela larga

Estado	Terrestre	Aéreo
SP	3900	4200
RS	2800	3800
RJ	2600	3950

Fonte: elaboração própria

Vamos reorganizá-los para que fiquem conforme a tabela 4:

Tabela 4: dados organizados como uma tabela longa

Estado	Meio	Chegada
SP	terrestre	3900
SP	aéreo	4200
RS	terrestre	2800
RS	aéreo	3800
RJ	terrestre	2600
RJ	aéreo	3950

Fonte: elaboração própria

Os comandos pivot_longer e pivot_wider

Para transformar uma tabela de dados para o formato longo são necessárias pelo menos duas colunas contendo os nomes das categorias de uma variável separados por colunas.

Vamos reorganizar os dados sobre o número de chegadas de turistas em três Estados, criando uma coluna "meio" que especificará o meio de transporte e uma coluna "chegadas" que especificará o número de chegadas de turistas.

Considere dois tipos de meio de transporte, aéreo ou terrestre, em que se observa o número de chegadas de turistas em cada meio. Se há uma coluna armazenando as chegadas para o meio aéreo e outra armazenando as chegadas para o meio terrestre, podemos reorganizar nossa tabela de dados em duas colunas, uma coluna para o meio de transporte e outra para o número de chegadas.

```
library(magrittr)
library(tidyr)

#A tabela inicial de dados

dadostur = data.frame(
  estado = c("SP", "RS", "RJ"),
  terrestre = c(3900, 2800, 2600),
  aereo = c(4200, 3800, 3950))

dadostur

#Reorganizando a tabela para o formato longo

dadostur %>%
  pivot_longer( cols=c(terrestre,aereo), names_to = "meio",
values_to = "chegada")

#O mesmo procedimento utilizando a função gather
dadostur %>%
  gather(meio, chegadas, terrestre:aereo)
```

(Continua)

```
(Continuação)
## # A tibble: 6 x 3
##   estado meio       chegada
##   <fct>  <chr>        <dbl>
## 1 SP     terrestre     3900
## 2 SP     aereo         4200
## 3 RS     terrestre     2800
## 4 RS     aereo         3800
## 5 RJ     terrestre     2600
## 6 RJ     aereo         3950
```

Observamos nesse exemplo que a variável *meio* recebeu as categorias *terrestre* e *aéreo*, que eram variáveis da tabela original e a variável *chegada* recebeu os valores das variáveis iniciais *terrestre* e *aéreo*.

Veja que o *dataframe* original possui três linhas e o novo ficou com seis linhas. Neste caso particular o número de colunas não se alterou.

No próximo exemplo uma dieta foi aplicada em amostra de cinco pessoas. O peso das pessoas foi armazenado em dois vetores: *antes* e *depois*.

```
#A tabela inicial de dados

dadosdieta = data.frame(
  paciente = 1:5,
  antes = c(150, 160, 90, 95, 110),
  depois = c(140, 110, 80, 80, 82),
  tempo = c(4, 4, 3, 3, 6),
  sexo = c("homem", "homem", "mulher", "mulher", "mulher")
)

dadosdieta

##   paciente antes depois tempo   sexo
## 1        1   150    140     4  homem
## 2        2   160    110     4  homem
## 3        3    90     80     3 mulher
## 4        4    95     80     3 mulher
## 5        5   110     82     6 mulher
```

Reorganizando os dados de forma que *dieta* receba as categorias *antes* e *depois* e os valores dessas categorias sejam atribuídos ao vetor *peso* na nova tabela de dados.

```
library(magrittr)
library(tidyr)

#Reorganizando a tabela para o formato longo

dadosdieta %>%
  pivot_longer( cols=c(antes, depois), names_to = "dieta",
  values_to = "peso")

#O mesmo procedimento utilizando a função gather
dadosdieta %>%
  gather(dieta, peso, antes:depois)
##    paciente tempo   sexo  dieta peso
## 1         1     1      4  homem antes  150
## 2         2     2      4  homem antes  160
## 3         3     3      3 mulher antes   90
## 4         4     4      3 mulher antes   95
## 5         5     5      6 mulher antes  110
## 6         6     1      4  homem depois 140
## 7         7     2      4  homem depois 110
## 8         8     3      3 mulher depois  80
## 9         9     4      3 mulher depois  80
## 10       10     5      6 mulher depois  82
```

A função *pivot_wider* ou *spread* faz o inverso de *pivot_longer* ou *gather*, ou seja, espalha os dados das linhas por colunas.

Considere os dados organizados do seguinte modo:

```
dados_longo =
  dadosdieta %>%
  pivot_longer( cols=c(antes, depois), names_to = "dieta",
  values_to = "peso")

dados_longo

## # A tibble: 10 x 5
##    paciente tempo sexo   dieta   peso
##       <int> <dbl> <fct>  <chr>  <dbl>
## 1         1     1 4      homem  antes   150
## 2         2     1 4      homem  depois  140
## 3         3     2 4      homem  antes   160
## 4         4     2 4      homem  depois  110
## 5         5     3 3      mulher antes    90
## 6         6     3 3      mulher depois   80
## 7         7     4 3      mulher antes    95
## 8         8     4 3      mulher depois   80
## 9         9     5 6      mulher antes   110
## 10       10     5 6      mulher depois   82
```

Partindo da tabela *dados_longo*, aplicamos a função *pivot_wider* ou *spread* para distribuir as categorias da variável *dieta* em colunas cujos valores recebem os dados do vetor *peso* correspondente.

```
#Reorganizando a tabela para o formato largo

dados_longo %>% pivot_wider(names_from = "dieta", values_from = "peso")
#O mesmo procedimento utilizando a função spread

dados_longo %>% spread(dieta, peso)
## # A tibble: 5 x 5
##    paciente tempo sexo   antes depois
##       <int> <dbl> <fct>  <dbl>  <dbl>
## 1         1     4 homem    150    140
## 2         2     4 homem    160    110
## 3         3     3 mulher    90     80
## 4         4     3 mulher    95     80
## 5         5     6 mulher   110     82
```

Os comandos separate e unite

Suponha que você aplicou um questionário e que uma determinada pergunta tinha mais de uma opção como resposta. Você precisa organizar a tabela de modo a separar as respostas que estão em uma única coluna para diversas colunas.

```
#A tabela inicial de dados

respostas = data.frame(ordem=1:6,
                       cor=c("azul, amarelo", "verde, cinza", "azul, verde", "azul, cinza", "branco, preto", "verde, cinza")
                       )

respostas

##   ordem             cor
```

```
## 1    1 azul, amarelo
## 2    2 verde, cinza
## 3    3  azul, verde
## 4    4  azul, cinza
## 5    5 branco, preto
## 6    6 verde, cinza
```

Vamos separar as respostas da coluna *cor* em duas colunas que denominaremos de *cor1* e *cor2*. Note que o separador para a resposta *cor* é a vírgula.

```
#Separando as respostas de cor

respostas %>% separate(cor, c("cor1", "cor2"), sep = ",")

##   ordem  cor1    cor2
## 1     1  azul  amarelo
## 2     2 verde   cinza
## 3     3  azul   verde
## 4     4  azul   cinza
## 5     5 branco  preto
## 6     6 verde   cinza
```

O comando *unite* é utilizado para unir duas ou mais colunas.

Unindo cor1 e cor2 em uma coluna *cor*.

```
#A tabela inicial de dados

resposta_sep =
  respostas %>% separate(cor, c("cor1", "cor2"), sep = ",")

#Unindo as respostas sobre cores

resposta_sep %>% unite("cor", c("cor1", "cor2"), sep = ",")

##   ordem           cor
## 1     1 azul, amarelo
## 2     2  verde, cinza
## 3     3   azul, verde
## 4     4   azul, cinza
## 5     5 branco, preto
## 6     6  verde, cinza
```

Os comandos complete, drop_na e replace_na

Podemos completar valores faltantes da nossa tabela de dados em diversas situações em que haja falta de combinações de casos na tabela.

Suponha que nos dados da dieta queremos todas as combinações que envolvam tempo e sexo.

```
#A tabela inicial de dados
dadosdieta = data.frame(
  paciente = 1:5,

  antes = c(150, 160, 90, 95, 110),
  depois = c(140, 110, 80, 80, 82),
  tempo = c(4, 4, 3, 3, 6),
  sexo = c("homem", "homem", "mulher", "mulher", "mulher")
)

dadosdieta

##   paciente antes depois tempo   sexo
## 1        1   150    140     4  homem
## 2        2   160    110     4  homem
## 3        3    90     80     3 mulher
## 4        4    95     80     3 mulher
## 5        5   110     82     6 mulher

#completando as combinações de tempo e sexo

dadosdieta %>% complete(sexo, nesting(tempo))

## # A tibble: 8 x 5
##   sexo   tempo paciente antes depois
##   <fct>  <dbl>    <int> <dbl>  <dbl>
## 1 homem      3       NA    NA     NA
## 2 homem      4        1   150    140
## 3 homem      4        2   160    110
## 4 homem      6       NA    NA     NA
## 5 mulher     3        3    90     80
## 6 mulher     3        4    95     80
## 7 mulher     4       NA    NA     NA
## 8 mulher     6        5   110     82
```

Observe que ao completar os casos para tempo e sexo identificamos a ausência de pacientes homem com tempo 3 e 6, e mulher com tempo 4.

Para eliminar as linhas que contenham valores ausentes (NA), usamos a função *drop_na* ou podemos substituir os NA's por valores com a função *replace_na*.

```
#A tabela inicial

dados = dadosdieta %>% complete(sexo, nesting(tempo))

dados

## # A tibble: 8 x 5
##   sexo   tempo paciente antes depois
##   <fct>  <dbl>    <int> <dbl>  <dbl>
## 1 homem      3       NA    NA     NA
## 2 homem      4        1   150    140
## 3 homem      4        2   160    110
## 4 homem      6       NA    NA     NA
## 5 mulher     3        3    90     80
## 6 mulher     3        4    95     80
## 7 mulher     4       NA    NA     NA
## 8 mulher     6        5   110     82

#Eliminando as linhas com NA com base em todas as colunas
ou considerando algumas colunas

dados %>% drop_na()

## # A tibble: 5 x 5
##   sexo   tempo paciente antes depois
##   <fct>  <dbl>    <int> <dbl>  <dbl>
## 1 homem      4        1   150    140
## 2 homem      4        2   160    110
## 3 mulher     3        3    90     80
## 4 mulher     3        4    95     80
## 5 mulher     6        5   110     82

dados %>% drop_na(c(sexo,tempo))

## # A tibble: 8 x 5
##   sexo   tempo paciente antes depois
##   <fct>  <dbl>    <int> <dbl>  <dbl>
## 1 homem      3       NA    NA     NA
## 2 homem      4        1   150    140
## 3 homem      4        2   160    110
## 4 homem      6       NA    NA     NA
## 5 mulher     3        3    90     80
## 6 mulher     3        4    95     80
## 7 mulher     4       NA    NA     NA
## 8 mulher     6        5   110     82

#Substituindo NA nas colunas especificadas
```

```
dados %>% replace_na(list(paciente = "ausente", antes = 0,
depois = 0))

## # A tibble: 8 x 5
##   sexo  tempo paciente antes depois
##   <fct> <dbl> <chr>    <dbl>  <dbl>
## 1 homem     3 ausente      0      0
## 2 homem     4 1          150    140
## 3 homem     4 2          160    110
## 4 homem     6 ausente      0      0
## 5 mulher    3 3           90     80
## 6 mulher    3 4           95     80
## 7 mulher    4 ausente      0      0
## 8 mulher    6 5          110     82

#Substituindo NA das colunas antes e depois

dados %>% replace_na(list(antes = 0, depois = 0))

## # A tibble: 8 x 5
##   sexo  tempo paciente antes depois
##   <fct> <dbl>    <int> <dbl>  <dbl>
## 1 homem     3       NA     0      0
## 2 homem     4        1   150    140
## 3 homem     4        2   160    110
## 4 homem     6       NA     0      0
## 5 mulher    3        3    90     80
## 6 mulher    3        4    95     80
## 7 mulher    4       NA     0      0
## 8 mulher    6        5   110     82
```

Observe que quando aplicamos a função *drop_na()* foram eliminadas todas as linhas que apresentavam algum NA. Ao especificar as colunas *sexo* e *tempo* nenhum NA foi eliminado, pois essas colunas não apresentam valor ausente.

Ao aplicar a função *replace_na()*, podemos escolher tanto a coluna a ser aplicada como também definir o valor da substituição. Note que quando definimos em *paciente* com NA o valor ausente, modificou-se a natureza da variável de inteira para caractere.

EXERCÍCIOS DE FIXAÇÃO PARA O APRENDIZADO

|1| Acesse o portal (http://www.estatisticacomr.uff.br/?page_id =172) e realize a leitura dos arquivos disponíveis utilizando a opção Import Dataset do R Studio, conforme figura 10. É recomendável que você baixe os arquivos para uma pasta no seu computador.

|2| O *script* abaixo gera um banco de dados simulando o acerto ou não de 20 alunos que realizaram uma prova com 50 questões identificadas por qi, i=1,...,50. Se o aluno acertou é atribuído valor 1, caso contrário valor 0. Reproduza o *script* abaixo para obter a tabela de dados denominada *prova*.

```
n = 20; k = 50

for(i in 1:k){set.seed(2*i); assign(paste0("q", i),
rbinom(n, 1, p=0.6))}
q = paste0("q", 1:50)
prova = data.frame(aluno = 1:20, q1, q2, q3, q4, q5, q6,
q7, q8, q9, q10, q11, q12, q13,
            q14, q15, q16, q17, q18, q19, q20, q21, q22,
q23, q24, q25, q26, q27,
            q28, q29, q30, q31, q32, q33, q34, q35, q36,
q37, q38, q39, q40, q41,
            q42, q43, q44, q45, q46, q47, q48, q49, q50)
prova[1:6, 1:10]

##   aluno q1 q2 q3 q4 q5 q6 q7 q8 q9
## 1     1  1  1  1  0  1  1  1  1  0  0
## 2     2  2  0  1  0  1  1  0  0  1  0
## 3     3  3  1  1  1  0  1  0  0  1  0
## 4     4  4  1  1  1  0  0  1  1  1  1
## 5     5  5  0  0  0  1  1  1  0  0  1
## 6     6  6  0  1  0  0  1  1  1  1  1
```

|3| Organize os dados de *prova* em duas colunas, uma com os alunos e outra com as questões.

| 4 | Organize as questões em dois blocos, o primeiro com questões de 1 a 25 e o segundo com questões de 26 a 50.

| 5 | Ordene a tabela *nota* de acordo com a ordem crescente do número de acertos da questão um.

| 6 | Quais questões o aluno um acertou?

| 7 | Quais questões o aluno cinco acertou?

| 8 | Quais questões o aluno dez errou?

| 9 | Quais alunos acertaram a questão cinco?

| 10 | Quais alunos erraram a questão cinco?

| 11 | Visualize o número de acertos em cada questão.

| 12 | Visualize o número de acertos por cada aluno.

| 13 | Visualize o número de acertos por cada aluno na forma de ranking, do primeiro colocado ao último.

| 14 | Visualize o ranking das questões de acordo com o número de acertos, no topo do ranking as questões com menos acertos.

| 15 | Crie uma tabela com três colunas: a primeira *aluno*, a segunda *numero_acertos* e a terceira a *nota*, sendo *nota* = *numero_acertos*/5.

| 16 | Selecione da tabela *prova* as colunas *aluno* e as colunas de *q1* a *q5*. Crie uma nova tabela que una as questões de um a cinco cujos valores ficarão separados por espaço em branco.

| 17 | Execute o *script* para criar dois objetos *x* e *y*:

```
library(tidyverse)

#Criando a tabela x
set.seed(1)
x = tibble( a1 = 1:10, a2 = letters[1:10], a3 =
ceiling(runif(10,1,5)))
x
## # A tibble: 10 x 3
##       a1 a2      a3
##    <int> <chr> <dbl>
##  1     1 a        3
##  2     2 b        3
##  3     3 c        4
##  4     4 d        5
##  5     5 e        2
##  6     6 f        5
##  7     7 g        5
##  8     8 h        4
##  9     9 i        4
## 10    10 j        2

#Criando a tabela y
set.seed(1)
y = tibble( a1 = rep(2:3,5), a2 = rep(letters[2:3],5), a3 =
ceiling(runif(10,2,4)))

y

## # A tibble: 10 x 3
##       a1 a2      a3
##    <int> <chr> <dbl>
##  1     2 b        3
##  2     3 c        3
##  3     2 b        4
##  4     3 c        4
##  5     2 b        3
##  6     3 c        4
##  7     2 b        4
##  8     3 c        4
##  9     2 b        4
## 10     3 c        3
```

Combine as tabelas *x* e *y* formando uma nova tabela de tal forma que:

a) *x* e *y* se sobreponham;

b) *x* e *y* se juntem com base nas colunas de *y* à direita;

c) Se obtenha a intersecção entre *x* e *y*;

d) Se obtenha a união entre *x* e *y*;

e) Verifique se *bind_rows(x,y)* e *full_join(x,y)* produzem os mesmos dados;

f) Verifique quais linhas que estão em *left_join(x,y)* e não estão em *right_join(x,y)*.

|18| Três entrevistados listaram 5 marcas de chocolate de sua preferência dentre dez marcas disponíveis. O primeiro mencionou M1, M5, M7, M8 e M2, o segundo mencionou M1, M3, M5, M8 e M7 e o terceiro mencionou apenas 4 marcas M5, M4, M6 e M1. Crie um *script* para responder as seguintes perguntas:

a) Crie uma tabela de dados para representar as respostas na versão longa;

b) Crie uma tabela de dados para representar as respostas na versão larga;

c) Quantas e quais marcas distintas foram mencionadas pelos entrevistados?

d) Quantas menções cada marca recebeu, em ordem decrescente de menções?

6

O pacote data.table

> ### ▶ OBJETIVO
>
> Neste capítulo você será introduzido ao pacote *data.table* e aprenderá a manipular uma base de dados com funções desse pacote. Ao final, você estará apto a criar *scripts* para manipulação de uma base de dados, utilizando-se da filosofia do pacote *data.table*.

No capítulo 5 vimos muitas funções para manipulação da base de dados através do sistema *tidyverse*. Neste capítulo você fará operações semelhantes com funções completamente diferentes. O pacote *data.table* segue outra filosofia, apesar de nos levar ao mesmo objetivo final que é a manipulação dos dados.

É um pacote que apresenta excelente desempenho no tempo de execução das funções, com a vantagem adicional de apresentar pouca dependência de outros pacotes, diferente do que vimos no sistema de pacotes *tidyverse* em que cada pacote tem a sua especialidade e para manipular dados necessitamos carregar mais de um pacote.

Vamos iniciar nossos estudos entendendo a lógica desse pacote. Nele, parte-se do princípio que a consulta ao banco de dados levará em conta a seguinte estrutura, em que *DT* corresponde ao nome do Data Frame, *i* corresponde à linha, *j* à coluna e *by* ao agrupamento dos dados:

DT[i, j, by]

```
---

DT[ i,  j,  by ]  # + argumentos extras
    |   |   |
    |   |   -------> como agrupar?
    |   -------> o que fazer?
    ---> em quais linhas?
```

Selecione "j" (colunas ou uma operação em algumas colunas) onde elas satisfazem algumas condições especificadas nas linhas "i". Se o índice "by" é fornecido, indicará como agrupar o resultado.

Utilize inicialmente a função *data.table()* para transformar o *dataframe* tradicional num objeto tipo *dataframe* manipulável por esse pacote. Vamos utilizar o banco de dados já visto anteriormente, apenas acrescido da transformação ora mencionada. Veja:

```
#Lendo os dados iniciais
dados = read.csv2(file =
                  "https://raw.githubusercontent.com/
Lucianea/Alta/master/vendas.csv")

#visualizando as 6 primeiras linhas da tabela
head(dados)

##   cupom filial valor_compra n_itens desconto_perc
quinzena
## 1   101      A       100.22       5             2
1
## 2   102      A        80.89      20             0
1
## 3   103      A        75.44       7             0
1
## 4   104      A       305.33       3            10
2
## 5   105      A       120.99       1             2
2
## 6   106      A        27.89       1             0
2

library(data.table)

#Transformando dados num data.table

dt = data.table::data.table(dados)
```

Vamos agrupar os dados em *dt* por *filial* e realizar a contagem em cada grupo utilizando o argumento *.N*.

```
library(data.table)
dt[ , .N, by = filial]
##    filial  N
## 1:      A  6
## 2:      B 12
## 3:      C  5
```

Para visualizar as três primeiras linhas de *dt*, utilize:

```
dt[1:3]
##    cupom filial valor_compra n_itens desconto_perc quinzena
## 1:   101      A       100.22       5             2        1
## 2:   102      A        80.89      20             0        1
## 3:   103      A        75.44       7             0        1
```

Manipulando linhas

Veja na tabela 5 as possibilidades de como selecionar linhas de um *DT*.

Tabela 5: selecionando linhas em um data.table denominado genericamente de DT

Comando	O que faz
DT[condições sobre as colunas]	Seleciona as linhas de DT que satisfazem as condições.
DT[1:k]	Seleciona as linhas de 1 a k.

DT[order(j1, j2)]	Ordena os dados em ordem ascendente do vetor 1, seguido por vetor 2. Para ordem descendente use sinal de menos antes do nome do vetor. Ex: DT[order(-j)]
unique(DT) ou unique(DT, by = colunas selecionadas)	Seleciona as linhas distintas (elimina as repetidas) considerando as colunas selecionadas
na.omit(DT, cols = colunas selecionadas)	Elimina as linhas com valores faltantes, considerando as colunas selecionadas

Fonte: elaboração própria, 2019

Podemos encadear as operações usando *dt[...][...][...]*. Pense nesse procedimento de encadeamento como algo semelhante ao que fizemos com o operador *pipe* visto no capítulo anterior.

```
library(data.table)

#Exibindo as linhas da filial A
dt[filial == "A"]

##      cupom filial valor_compra n_itens desconto_perc quinzena
## 1:    101     A       100.22       5           2         1
## 2:    102     A        80.89      20           0         1
## 3:    103     A        75.44       7           0         1
## 4:    104     A       305.33       3          10         2
## 5:    105     A       120.99       1           2         2
## 6:    106     A        27.89       1           0         2

#Exibindo as linhas de 5 a 8
dt[5:8]

##      cupom filial valor_compra n_itens desconto_perc quinzena
## 1:    105     A       120.99       1           2         2
## 2:    106     A        27.89       1           0         2
## 3:    201     B        30.50      20           0         2
## 4:    202     B       500.80      30          12         2

#Exibindo as linhas 1, 7 e 10
dt[c(1,7,10)]

##      cupom filial valor_compra n_itens desconto_perc quinzena
## 1:    101     A       100.22       5           2         1
```

```
## 2:    201      B          30.50       20            0        2
## 3:    204      B          70.00       14            0        1
```

#Exibindo as 3 primeiras linhas em ordem ascendente do
valor_compra

```
dt[order(valor_compra)][1:3]

##     cupom filial valor_compra n_itens desconto_perc
quinzena
## 1:    301      C          12.25        1            0        1
## 2:    106      A          27.89        1            0        2
## 3:    201      B          30.50       20            0        2
```

#Exibindo as 3 primeiras linhas em ordem descendente do
valor_compra

```
dt[order(-valor_compra)][1:3]

##     cupom filial valor_compra n_itens desconto_perc quinzena
## 1:    206      B         856.0      20           15        2
## 2:    305      C         732.0      60           12        1
## 3:    202      B         500.8      30           12        2
```

#Exibindo as 4 primeiras linhas em ordem descendente da
filial e quinzena

```
dt[order(-filial, -quinzena)][1:4]

##     cupom filial valor_compra n_itens desconto_perc quinzena
## 1:    302      C         188.00      45            2        2
## 2:    303      C         117.60       8            2        2
## 3:    304      C         354.00     100           10        2
## 4:    301      C          12.25       1            0        1
```

#Exibindo as linhas distintas considerando as colunas
filial e quinzena

```
unique(dt, by=c("filial","quinzena"))
##     cupom filial valor_compra n_itens desconto_perc quinzena
## 1:    101      A         100.22       5            2        1
## 2:    104      A         305.33       3           10        2
## 3:    201      B          30.50      20            0        2
## 4:    204      B          70.00      14            0        1
## 5:    301      C          12.25       1            0        1
## 6:    302      C         188.00      45            2        2
```

Manipulando colunas

Veja as opções de como selecionar as colunas de um *DT* na tabela 6.

Tabela 6: selecionando colunas de um DT

Comando	O que faz
DT[, j] ou DT[[j]]	Seleciona a coluna j e retorna um vetor
DT[, list(j)] ou DT[, .(j)]	Seleciona a coluna j e retorna um data.table
DT[, -c(j1, j2, ..., jn)]	Exclui as colunas listadas j1, j2, ..., jn
DT[, .(j1, j2, ..., jn)]	Retorna as colunas listadas j1, j2, ..., jn
DT[, .(nome_escolhido = função(j))]	Aplica a função especificada à coluna j e retorna um data.table
DT[, .(nome1 = f(j1), nome2 = f(j2), ..., nomen = f(jn))]	Aplica várias funções a várias colunas e retorna um data.table
DT[, novacol := vetor]	Adiciona uma nova coluna
DT[, c("Col1","Col2", ..."Coln") := c(vetor1, vetor2, ..., vetorn)]	Adiciona várias novas colunas

Fonte: elaboração própria

```r
library(data.table)

#Exibindo as 2 primeiras linhas da coluna 3

dt[1:2 , 3]

##      valor_compra
## 1:       100.22
## 2:        80.89

#Exibindo as duas primeiras linhas das colunas de 1 a 3

dt[1:2 , 1:3]
##    cupom filial valor_compra
## 1:   101    A       100.22
## 2:   102    A        80.89

#Exibindo as duas primeiras linhas das colunas 1, 2 e 6

dt[ 1:2 , c(1,2,6)]


##    cupom filial quinzena
## 1:   101    A      1
## 2:   102    A      1

#Excluindo a coluna quinzena (exibindo as 2 primeiras linhas)

dt[1:2, -"quinzena"]
##    cupom filial valor_compra n_itens desconto_perc
## 1:   101    A       100.22       5         2
## 2:   102    A        80.89      20         0

#Excluindo a coluna quinzena e desconto_perc (exibindo as 2
primeiras linhas)

dt[1:2, -c("quinzena", "desconto_perc")]
##    cupom filial valor_compra n_itens
## 1:   101    A       100.22       5
## 2:   102    A        80.89      20

#Criando uma nova coluna com valor repetido em todas as
linhas e exibindo as linhas 1 e 2 e colunas 6 e 7
dt[ , novacol := 1][1:2, 6:7]

##    quinzena novacol
## 1:     1       1
## 2:     1       1

#removendo uma coluna
```

(Continua)

(Continuação)

```
dt[, novacol := NULL][1,2]

##     filial
## 1:      A

#Obtendo a média e o desvio padrão de valor_compra

dt[ , .(media = mean(valor_compra),
      desv_pad = sd(valor_compra))]

##        media   desv_pad
## 1: 224.4448   227.3601

#Obtendo a soma de valor_compra, n_itens e desconto_perc

dt[ , .(s1=sum(valor_compra), s2=sum(n_itens), s3=sum(desconto_perc))]
##        s1    s2   s3
## 1: 5162.23  561  101
```

Sumarizando dados

Veja na tabela 7 como realizar operações de apuração de valores sobre as linhas de um *DT*.

Tabela 7: argumentos para operações em um DT, aplicados a uma ou mais colunas

Comando	O que faz
.N	Conta o número de linhas
DT[, .N, by = c(j1, ..., jn)]	Conta o número de linhas de acordo com os agrupamentos das colunas j1, ..., jn
DT[, .(f1(j), ..., fn(j)), by = j)]	Aplica diversas funções nas colunas especificadas, de acordo com o agrupamento da coluna j em by
DT[, .(f1(j), ..., fn(j)), keyby = .(j1, ..., jn)]	Aplica diversas funções nas colunas especificadas, de acordo com o agrupamento das colunas listadas j1, j2, ..., jn em keyby

Fonte: elaboração própria

```
library(data.table)
#Contando o número de observações por filial

dt[ , .N, by = filial]

##      filial  N
## 1:      A    6
## 2:      B   12
## 3:      C    5

#Fornecendo um nome para a coluna de contagem

dt[ , .(contagem = .N), by = filial]

##      filial contagem
## 1:      A        6
## 2:      B       12
## 3:      C        5

#Contando o número de observações por filial, ordenando
pela contagem

dt[ , .N, by = filial][order(N)]

##      filial  N
## 1:      C    5
## 2:      A    6
## 3:      B   12

#Calcula a média da coluna valor_compra de acordo com os
grupos da coluna filial

dt[ , .(venda_media_por_cupom=mean(valor_compra)), by = filial]

##      filial venda_media_por_cupom
## 1:      A              118.4600
## 2:      B              253.9683
## 3:      C              280.7700

#Calcula a média da coluna valor_compra de acordo com os
grupos da coluna filial e quinzena

dt[ , .(venda_media_por_cupom=mean(valor_compra)), keyby =
.(filial, quinzena)]

##      filial quinzena venda_media_por_cupom
## 1:      A      1              85.51667
## 2:      A      2             151.40333
## 3:      B      1             153.56500
## 4:      B      2             354.37167
## 5:      C      1             372.12500
```

(Continua)

(Continuação)

```
## 6:        C      2           219.86667

#Calcula a média da coluna valor_compra de acordo com os
grupos da coluna filial e quinzena, considerando apenas a
quinzena 1.

dt[quinzena==1 , .(venda_media_por_cupom=mean(valor_
compra)), keyby = .(filial, quinzena)]

##    filial quinzena venda_media_por_cupom
## 1:      A        1              85.51667
## 2:      B        1             153.56500
## 3:      C        1             372.12500
```

Operando um subconjunto de dados

O pacote possui um símbolo especial denotado por *.SD* para realizar operações em um subconjunto de dados de *DT*, de acordo com o grupo definido em *by*. Portanto *DT[, .SD]* é o conjunto de dados completo, já *DT[, .SD, by = j]* é o subconjunto completo dos dados exceto pela coluna j, formando subconjuntos para cada grupo da coluna j. É possível ainda definir as colunas do conjunto completo que deverão ser consideradas em *.SD* através do operador *.SDcols*.

Para obter o valor médio das compras em cada grupo formado pelo par de colunas *filial* e *quinzena*, utilize *lapply(.SD, mean)* aplicada na coluna *valor_compra* fazendo *.SDcols = "valor_compra"*, considerando-se o subconjunto de dados definidos em *by = .(filial, quinzena)*.

```
library(data.table)

#Visualizando os subconjuntos da tabela por quinzena

dt[, print(.SD), by = quinzena]
```

```
##     cupom filial valor_compra n_itens desconto_perc
##  1:   101     A        100.22       5             2
##  2:   102     A         80.89      20             0
##  3:   103     A         75.44       7             0
##  4:   204     B         70.00      14             0
##  5:   205     B         97.50      13             0
##  6:   207     B         93.20      40             0
##  7:   209     B        500.00       2            12
##  8:   210     B         61.69      31             0
##  9:   211     B         99.00       1             0
## 10:   301     C         12.25       1             0
## 11:   305     C        732.00      60            12
##     cupom filial valor_compra n_itens desconto_perc
##  1:   104     A        305.33       3            10
##  2:   105     A        120.99       1             2
##  3:   106     A         27.89       1             0
##  4:   201     B         30.50      20             0
##  5:   202     B        500.80      30            12
##  6:   203     B        247.67      17            10
##  7:   206     B        856.00      20            15
##  8:   208     B        271.26      22            10
##  9:   212     B        220.00     100             2
## 10:   302     C        188.00      45             2
## 11:   303     C        117.60       8             2
## 12:   304     C        354.00     100            10
## Empty data.table (0 rows and 1 cols): quinzena
```

#Aplicando a média à coluna valor_compra por quinzena

```
dt[ , lapply(.SD, mean),
    .SDcols = "valor_compra",
    by = quinzena]

##    quinzena valor_compra
## 1:        1     174.7445
## 2:        2     270.0033
```

#Aplicando a média à coluna valor_compra por filial e quinzena

```
dt[ , lapply(.SD, mean),
    .SDcols = "valor_compra",
    by = .(filial, quinzena)]

##    filial quinzena valor_compra
## 1:      A        1     85.51667
## 2:      A        2    151.40333
## 3:      B        2    354.37167
## 4:      B        1    153.56500
## 5:      C        1    372.12500
## 6:      C        2    219.86667
```

#Aplicando a média às colunas valor_compra e n_itens por quinzena

(Continua)

(Continuação)
```
dt[ ,lapply(.SD, mean),
    .SDcols = c("valor_compra", "n_itens"),
    by = .(quinzena)][]

##    quinzena valor_compra  n_itens
## 1:        1     174.7445 17.63636
## 2:        2     270.0033 30.58333

#Aplicando a média às colunas valor_compra e n_itens por
filial e quinzena

dt[ ,lapply(.SD, mean),
    .SDcols = c("valor_compra", "n_itens"),
    by = .(filial, quinzena)][]

##    filial quinzena valor_compra   n_itens
## 1:      A        1     85.51667 10.666667
## 2:      A        2    151.40333  1.666667
## 3:      B        2    354.37167 34.833333
## 4:      B        1    153.56500 16.833333
## 5:      C        1    372.12500 30.500000
## 6:      C        2    219.86667 51.000000

#Aplicando duas funções  soma e média

dt[ ,
    c(lapply(.SD, sum),
      lapply(.SD, mean)),
    .SDcols= "valor_compra",
    by = .(quinzena)]

##    quinzena valor_compra valor_compra
## 1:        1      1922.19     174.7445
## 2:        2      3240.04     270.0033
```

Modifique com set

Modifique valores, nome de coluna, ordem das linhas ou colunas com os comandos *set, setnames, setorder, setcolorder*.

```
library(data.table)

#Modificando o valor da linha 1 e coluna 3
set(dt, i=1, j=3, value = 999)
```

```
dt[1,3]

##      valor_compra


## 1:          999

#Modificando o nome da coluna 3

setnames(dt, old ="valor_compra", new = "vendas")
dt[1,1:3]
##    cupom filial vendas
## 1:   101     A    999

#Reordenando linhas de forma decrescente

setorder(dt, -vendas, n_itens)
dt[1:3,1:4]

##    cupom filial vendas n_itens
## 1:   101     A    999       5
## 2:   206     B    856      20
## 3:   305     C    732      60

#Reordenando linhas de forma crescente

setorder(dt, cupom)
dt[1:3,1:4]

##    cupom filial vendas n_itens
## 1:   101     A 999.00       5
## 2:   102     A  80.89      20
## 3:   103     A  75.44       7

#Reordenando colunas

setcolorder(dt, c(1,3,2))
dt[1:3,1:4]

##    cupom vendas filial n_itens
## 1:   101 999.00      A       5
## 2:   102  80.89      A      20
## 3:   103  75.44      A       7
```

Data.table e dtplyr

Encontra-se em fase de desenvolvimento o pacote *dtplyr* seguindo o princípio do sistema tidyverse para traduzir o código para a linguagem de comandos do pacote data.table que é muito mais concisa e menos intuitiva do que o sistema tidy. A proposta do pacote *dtplyr* é manter a lógica do tidyverse (baseada em verbos) combinada com a eficiência do data.table para tratar grandes volumes de dados.

Para instalar a versão de desenvolvimento do pacote use *devtools::install_github("tidyverse/dtplyr")* ou consulte (https://github.com/tidyverse/dtplyr).

► EXERCÍCIOS DE FIXAÇÃO PARA O APRENDIZADO

Considere os dados de *vendas.csv*:

```
#Lendo os dados iniciais
dt = read.csv2(file =
               "https://raw.githubusercontent.com/
Lucianea/Alta/master/vendas.csv")

#Colocando dt no modo data.table
library(data.table)
dt=as.data.table(dt)
```

|1| Obtenha a média e o desvio-padrão da coluna *valor_compra* para cada *filial*.

|2| Ordene as linhas em ordem crescente de *n_itens*, seguido de ordem decrescente de *filial*.

|3| Quantos cupons tiveram *valor_compra* acima de 30?

|4| Qual a venda média dos cupons da filial "A" que tiveram mais de cinco itens adquiridos e quantos cupons apresentaram essa condição?

|5| Quais são os dois cupons da filial "A" que apresentam mais de cinco itens adquiridos? Utilize o comando *.SD* que fornece um subconjunto dos dados que atendem as condições especificadas.

|6| Obtenha o valor médio das compras em cada grupo formado pelo par de colunas *filial* e *quinzena*. Utilize a função *lapply()*.

|7| Obtenha a venda média agrupada pela *filial*.

|8| Obtenha a média do *valor_compra* agrupada pelo *desconto_perc*, atendendo a condição de que desconto deve ser maior que dez.

|9| Obtenha a média do *desconto_perc* agrupada pela *filial*, atendendo a condição de que filial deve ser igual a B.

|10| Crie um *data.table* de acordo com os comandos abaixo:

```
dt = data.table(
  V1 = 1:10,
  V2 = c(rep(5,6), rep(c(NA,1),2)),
  V3 = rep(c("S", "N"),5),
  V4 = c(1.1, 1.2, 1.1, 1.4, 1.5, 1.2, 1.3, 11.2, 1.4, 1.2),
  V5 = rep(c(1, 8 , NA), rep(c(2, 7, 1)))
)
```

|11| Modifique o nome da colunas um para "cod".

|12| Obtenha a média da coluna V4 de acordo com os grupos da coluna V3.

|13| Modifique o valor da linha oito, coluna quatro para o valor 1.1.

|14| Elimine as linhas com valores faltantes.

|15| Realize a contagem dos grupos em V3.

7

Visualizando dados

> **OBJETIVO**
>
> Neste capítulo você será conduzido ao universo da elaboração de gráficos e aprenderá a elaborar gráficos com o pacote básico como também com o pacote *ggplot2*. Ao final, você estará apto a elaborar gráficos de barra, circulares, linhas, dispersão, boxplot, histograma, dentre outros.

A visualização de dados é uma das etapas mais importantes de uma análise de dados. Ela fornece uma ampla visão sobre o comportamento e relações entre variáveis de uma base de dados, é uma tarefa fundamental tanto no início da exploração dos dados como também na etapa de comunicação dos resultados de uma pesquisa.

O primeiro passo que você deve executar é identificar quais variáveis são categóricas e quais são numéricas. Isso te ajudará a escolher a melhor forma de representar graficamente seus dados.

Os passos seguintes são o processo de construção, ajustes e refinamento até obter o gráfico ideal, tendo a certeza de que muitas tentativas são necessárias até se alcançar o resultado adequado. O trabalho de elaboração passa por ajustes na escala, nas cores, no tamanho da fonte, dentre outros.

Onde estão os dados?

Os dados podem estar no seu computador na forma de planilha (csv, xls, xlsx, etc), num site da internet que pode ser acessado diretamente do mesmo modo como acessaria se estivesse no seu computador ou ainda indiretamente através do auxílio de outros pacotes. Nem sempre encontramos o banco de dados organizado do jeito que gostaríamos!

Deste modo, uma das tarefas mais desafiadoras para um pesquisador é organizar os dados de forma adequada para aplicar as técnicas de análise. Nesta obra vamos assumir que os dados estão organizados em uma planilha no formato *csv*.

Recomendamos que o nome do arquivo não tenha espaços, ponto ou acentos, isto é, não nomeie nunca como "dados 1.csv" ou "dados.1.csv" ou "usuários.csv". A opção poderia ser "dados1.csv" ou "dados_1.csv" ou "usuarios.csv". Esse cuidado evita problemas na leitura dos arquivos.

Vamos explorar os dados de http://basededados.turismo.gov.br/ sobre o número de chegadas de turistas ao Brasil por unidade da Federação. É possível nessa base extrair os dados no formato "csv".

Para facilitar o procedimento, o leitor pode acessar a planilha *csv* contendo os dados extraídos desta base que está disponível em https://github.com/Lucianea/Alta/blob/master/turismo.csv.

Planilhas de dados no formato csv são muito fáceis para se ler no R, sem necessidade de instalar qualquer pacote especial. Confira aqui os dados da planilha:

```
dados=read.csv2("https://raw.githubusercontent.com/
Lucianea/Alta/master/turismo.csv", sep = ",")
head(dados)

##    Mes   Estado cheg_2012 cheg_2013 cheg_2014 cheg_2015 C_Estado
```

```
      Regiao
## 1  1 Amazonas  3717  4945   3581  4423  1  Norte
## 2  2 Amazonas  4048  3905   2915  3187  1  Norte
## 3  3 Amazonas  3581  2449   2797  3666  1  Norte
## 4  4 Amazonas  1914  1447   1474  3392  1  Norte
## 5  5 Amazonas  1567  2152   3225  3406  1  Norte
## 6  6 Amazonas  3237  2606  13309  4271  1  Norte
```

Utilizaremos essa base para produzir a maioria dos gráficos deste capítulo.

Alguns comandos auxiliares:

No sistema Windows pode ser útil utilizar os comandos abaixo para localizar seu arquivo de dados que esteja armazenado em um diretório no seu computador. Neste caso você precisa definir o caminho até o arquivo de dados para concretizar sua leitura no R.

- *getwd()*: mostra o diretório corrente
- *choose.files()*: funciona no sistema Windows, abre uma janela para que você escolha o arquivo, exibindo o seu caminho.

Gráficos com o pacote básico

Há muitas possibilidades de produção de gráficos com o pacote básico do R, entretanto mostraremos como realizar tais gráficos de forma rápida e simplificada. Para gráficos mais elaborados recomendamos a utilização do pacote *ggplot2* que será abordado na próxima seção.

A tabela 8 mostra as principais funções para criação dos gráficos.

Tabela 8: nome das principais funções para construção de gráficos do pacote base

Função	Tipo de Gráfico
barplot(x)	Produz um gráfico de colunas do vetor x
boxplot(x)	Produz o boxplot de x
coplot(y~x | z)	Produz um gráfico de dispersão entre x e y condicionado a z
curve(expressao)	Produz um gráfico a partir da expressão de certa função de x
dotplot(x)	Produz um gráfico de pontos
hist(x)	Produz um histograma do vetor x
mosaicplot	Produz um mosaico para tabelas de contingência
pairs(x)	Produz uma grade de gráficos de dispersão entre variáveis quantitativas de uma tabela
pie(x)	Produz um gráfico circular (pizza)
plot(x)	Produz um gráfico de dispersão entre x e y
qqnorm(x)	Plota os quantis de x usando como base a curva normal
stem(x)	Produz um ramo e folhas
stripchart	Produz um gráfico de dispersão unidimensional

Fonte: elaboração própria.

Para elaborar um gráfico com título, mudar o estilo e cor dos pontos, basta adicionar alguns argumentos dentro da própria função de criação do gráfico. Na tabela 9 são exibidos alguns argumentos de funções gráficas para esse tipo de formatação. A maioria dos efeitos que podem ser adicionados aos diversos tipos de gráficos são obtidos através desses argumentos.

Tabela 9: nome dos argumentos para adicionar efeito em gráficos

Função	Efeito no Gráfico
adj =	Controla a formatação do texto (0- formatação à esquerda; 0.5 centralizada; 1 à direita)
main = "	Adiciona título principal ao gráfico de acordo com texto entre aspas
col =	Comando para colorir diversos itens do gráfico, pode ser valores como 1, 2,..., ou por nome como 'red', 'blue', etc (consulte nomes com o comando colors() ou sistemas como rgb(), hsv(), gray() e rainbow()). Para cor das fontes use: col.axis, col.lab, col.main, col.sub
border =	Especifica a cor da borda de uma coluna no gráfico
font =	Controla o estilo da fonte de: 0-normal, 1-itálico, 2-negrito, 3-itálico e negrito
cex =	Controla o tamanho da fonte de textos, o valor padrão é 1. (cex.axis, cex.lab, cex.main, cex.sub)
lty =	Especifica o tipo de linha (1-sólida, 2-tracejadas; etc)
lwd =	Especifica a espessura da linha (1, 2, ...)

pch =	Controla o tipo de símbolo (1 a 25 ou especificado entre aspas)
type =	Especifica o tipo de plotagem: 'p' (pontos); 'l' (linhas), 'b' (pontos conectados por linhas); 'o' (idem a b com pontos sobrepostos à linha); 'h' (linhas verticais); 's' (degrau no qual o dado é representado no topo da linha vertical); 'S' (idem ao s porém o dado é representado na base da linha vertical)
xlim = (inicio, fim)	Controla os limites do eixo X
ylim = (inicio, fim)	Controla os limites do eixo Y
xlab = "	Adiciona rótulo para o eixo X de acordo com texto entre aspas
ylab = "	Adiciona rótulo para o eixo Y de acordo com texto entre aspas
las = "	Controla a orientação dos rótulos dos eixos. 0-paralelo ao eixo, 1-horizontal, 2-perpendicular, 3-vertical
xaxt ou yaxt = "	Se xaxt = 'n', o eixo x é definido porém não é desenhado, se yaxt = 'n', o eixo y é definido porém não é desenhado
text(x, y, 'texto', cex, col)	Adiciona texto ao gráfico na coordenada (x,y) podendo ser diminuído o tamanho da fonte na proporção desejada em relação ao tamanho padrão 1 e com a cor especificada
legend(x, y, legenda)	Adiciona uma legenda no ponto (x,y) com os símbolos dados no campo legenda

locator(n, type = 'n', ...)	Retorna as coordenadas correspondentes pedidas pelo usuário ao clicar (n vezes) no gráfico. Também desenha símbolos (type = 'p') ou linhas (type = '1') respeitando os parâmetros do gráfico. Por padrão type = 'n'
segments(x0,y0,x1,y1)	Desenha segmentos de linha a partir do ponto (x0,y0) até (x1,y1)

Fonte: elaboração própria.

Use o comando *par(mfrow = c(i,j))* que prepara uma janela gráfica pronta para receber gráfico em *i* linhas e em *j* colunas. Assim se desejamos criar:

- Dois gráficos lado a lado devemos fazer *par(mfrow=c(1,2))*;
- Dois gráficos um abaixo do outro devemos fazer *par(mfrow=c(2,1))*;
- Quatro gráficos sendo dois em cada linha fazemos *par(mfrow=c(2,2))*;
- Se omitimos esse comando será criado um único gráfico na janela gráfica;
- Outros parâmetros podem ser definidos em *par()*. Consulte a documentação de ajuda do R para ajustar algum parâmetro além dos indicados aqui;
- *par(mar = c(5, 4, 4, 2))* é o padrão do R para definir o número de linhas a partir das margens da janela gráfica na ordem: abaixo, esquerda, acima e direta. Isto impacta no espaço dos títulos do gráfico. Mude esses valores para o melhor ajuste de seu gráfico;

- *par(mai = c(x1, x2, x3, x4))* define a medida das margens: abaixo, esquerda, acima e direita em polegadas (1 pol = 2.54 cm) a partir das margens da janela gráfica;
- Utilize *dev.off()* para fechar a janela de *devices*, isto é, os dispositivos gráficos estabelecidos e retornar para o padrão.

Gráfico de barras

Utilizado para visualizar a frequência de uma variável categórica em forma de barras, colocando no eixo *x* as categorias da variável e no eixo *y* as frequência das categorias.

É recomendável ordenar as categorias pela frequência produzindo uma visualização mais funcional, permitindo que se observe rapidamente qual a categoria que possui maior frequência.

Vamos utilizar a base de dados de chegadas de turistas, conforme dito anteriormente.

É importante ter em mente que os dados devem estar organizados no formato tabulado, isto é, deve-se partir de uma tabela com pelo menos duas colunas: a das categorias (sem repetição) e a das frequências correspondentes.

Portanto, você pode partir de uma tabela já consolidada e a partir dela criar os vetores correspondentes, formando uma tabela de dados ou partir de um arquivo de dados e organizá-lo no formato tabulado.

```
#Lembre-se de carregar a base
#dados=read.csv2("https://raw.githubusercontent.com/
Lucianea/Alta/master/turismo.csv", sep = ",")

#Partindo do arquivo de dados
#Tabulando o número de chegada em cada Estado

tabula_Estado = aggregate(cheg_2012 ~Estado, data= dados,
sum)

tabula_Estado
```

Tabela 10: dados consolidados — Estado e número de chegadas de turistas ao Brasil em 2012.

Estado	cheg_2012
Amazonas	34720
Bahia	142803
Ceara	91648
DF	68540
MatoGrossoSul	43891
MinasGerais	54480
Outras	40749
Para	16877
Parana	791396
Pernambuco	70259
RioGrandeNorte	40488
RioGrandeSul	810670
RioJaneiro	1164187
SantaCatarina	195708
SaoPaulo	2110427

Fonte: elaboração própria

A tabela 10 exibe o resumo dos dados que serão utilizados para gerar o gráfico de barras da figura 12. Supondo que os dados foram apresentados consolidados como na tabela, criam-se os objetos necessários para elaboração do gráfico de barras.

```
#Script para criar um gráfico de barras

#Partindo dos dados tabulados
#As categorias devem estar ordenadas

x = tabula_Estado$Estado[order(tabula_Estado$cheg_2012)]
y = sort(tabula_Estado$cheg_2012)/1000

#Definindo parâmetros para a janela gráfica

par(mar = c(9, 5, 4, 2), mai = c(1.8, 1, 0.8, 0.4))

barplot( y, names.arg = x,
         main = "Chegadas de turistas ao Brasil em 2012",
         cex.main = 1.5,
         ylab = "Chegadas por mil",
         cex.names = 1,
         axisnames = T,
         las = 2
         )
```

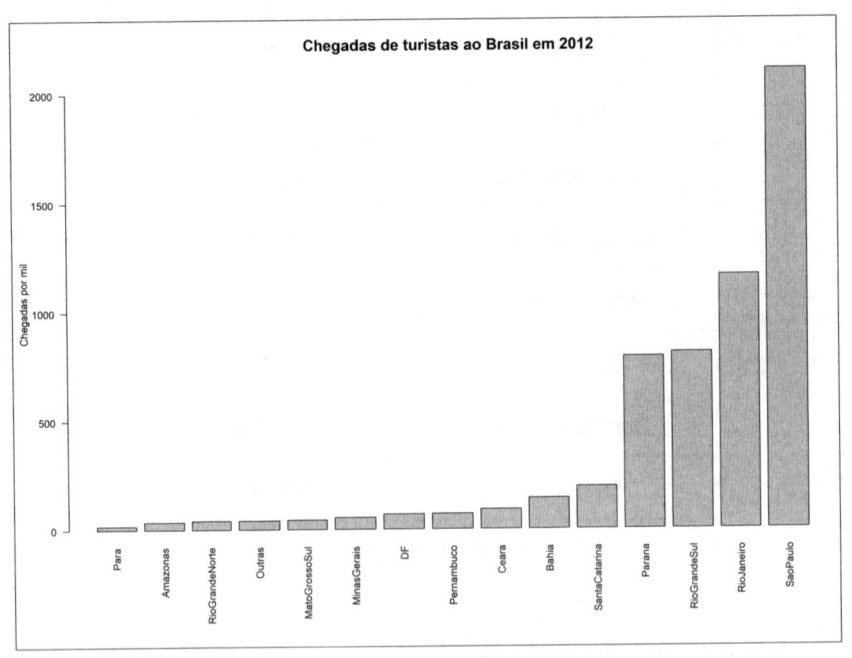

Figura 12: gráfico de barras (posição vertical)

Fonte: elaboração própria

```
#Fechando o dispositivo gráfico
dev.off()
## null device
##           1
```

Observa-se nesse gráfico que os Estados do Brasil que mais receberam turistas em 2012 foram São Paulo, Rio de Janeiro, Rio Grande do Sul e Paraná, sendo que São Paulo lidera o ranking e apresenta quase o dobro do número de chegadas ao ser comparado com o segundo colocado que é o Rio de Janeiro.

```
#Partindo dos dados consolidados
#Criando os objetos, abreviando os nomes dos Estados na mesma ordem
da tabela

Est = c("AM", "BA", "CE", "DF", "MS", "MG", "Outros", "PA", "PR",
"PE", "RN", "RS", "RJ", "SC", "SP" )

Cheg = c(34720,  142803,    91648,    68540,    43891,    54480,
40749,    16877,   791396,   70259,    40488,   810670,  1164187,
195708, 2110427)

#Script para criar um gráfico de barras

#Partindo dos dados tabulados
#As categorias devem estar ordenadas

x = Est[order(Cheg)]
y = sort(Cheg)/1000

#Definindo parâmetros para a janela gráfica

par(mar = c(5, 4, 4, 2), mai = c(1, 0.8, 0.8, 0.4))

barplot( y, names.arg = x,
         main = "Chegadas de turistas ao Brasil em 2012",
         ylab = "Chegadas por mil",
         xlab = "Estados",
         cex.main = 1.5,
         cex.names = 1,
         axisnames = T, #inclui os nomes das categorias no
eixo x
         las = 2
         )
```

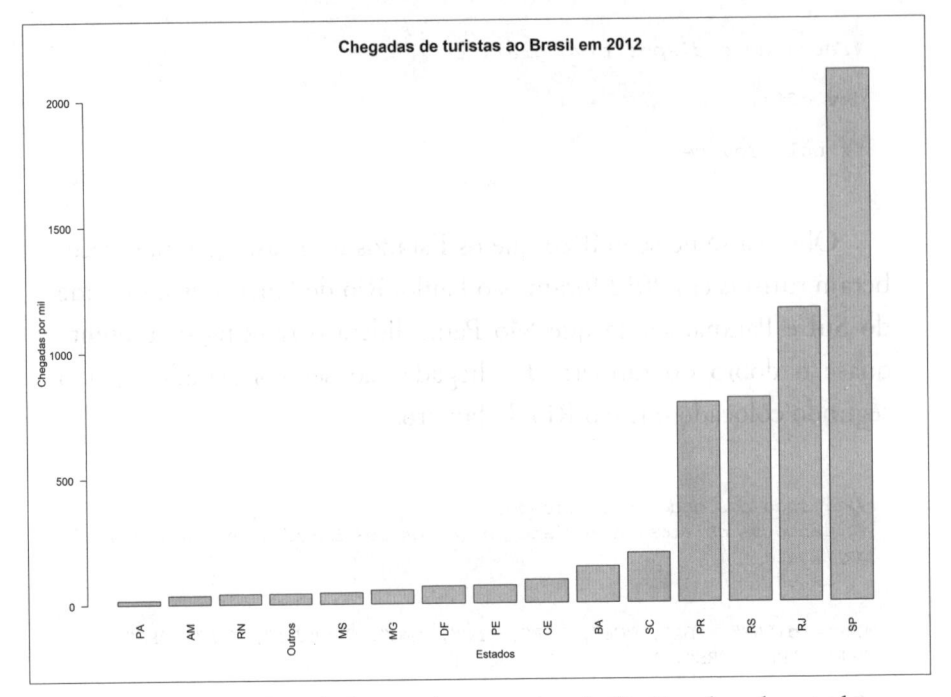

Figura 13: gráfico de barras (posição vertical), Estados abreviados

Fonte: elaboração própria

Na figura 13 é possível observar as categorias dos Estados de forma abreviada. O *script* que gerou esse gráfico definiu os elementos de cada eixo a partir de objetos criados no próprio *script*.

O gráfico da figura 14 exibe os valores de frequência das categorias sobre as barras correspondentes.

```
#Cria o gráfico e armazena em xbar

xbar = barplot( y, names.arg = x,
        main = "Chegadas de turistas ao Brasil em 2012",
        ylab = "Chegadas por mil",
        xlab = "Estados",
        cex.main = 1.5,
        cex.names = 0.8,
        axisnames = T,
        las = 2,
```

```
            ylim = c(0, 1.2*max(y))  #ajuste no eixo y
       )

## Adicionando os valores de y no topo de cada barra de xbar
text(xbar, y , label = round(y,2), pos = 3, cex = 0.8, col = "black")
```

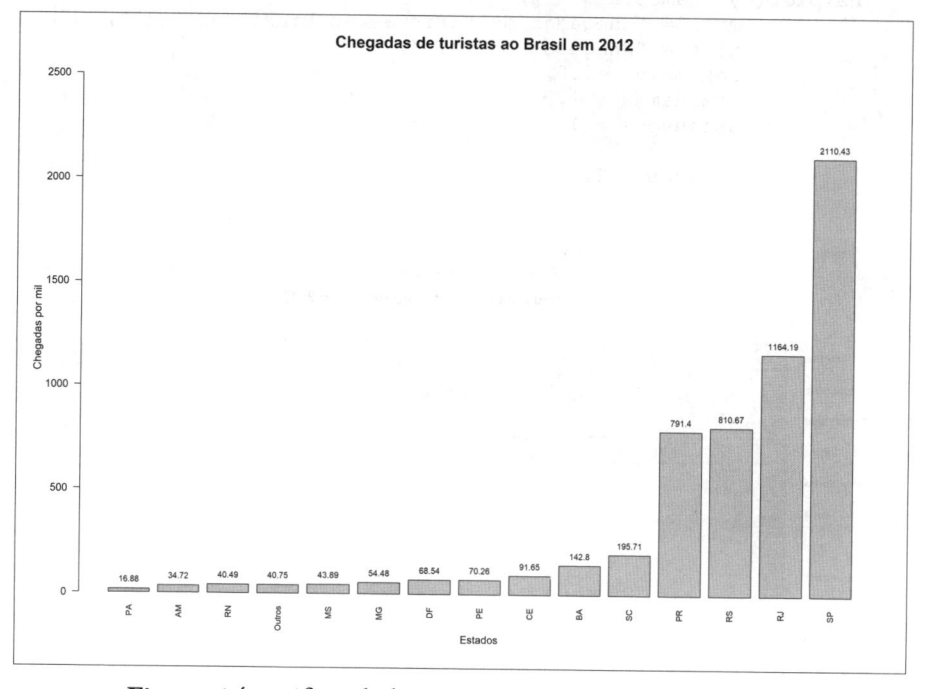

Figura 14: gráfico de barras com valores sobre as barras
Fonte: elaboração própria.

É possível organizar o gráfico de barras na posição horizontal, conforme figura 15, incluindo o argumento *horizon = T* no argumento da função *barplot*. Esse recurso pode ser útil quando se tem muitas categorias.

```
#As categorias devem estar ordenadas

x = tabula_Estado$Estado[order(tabula_Estado$cheg_2012)]
y = sort(tabula_Estado$cheg_2012)/1000
```

(Continua)

(Continuação)

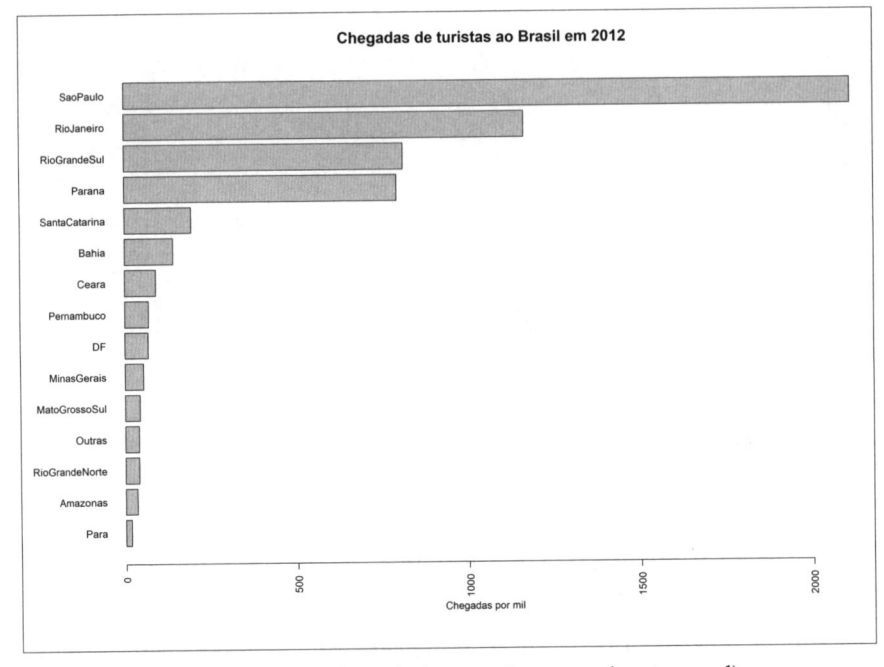

```
#Definindo parâmetros para a janela gráfica
par(mar = c(6, 8, 4, 2), mai = c(1.2, 1.6, 0.8, 0.4))

barplot( y, names.arg = x,
         main = "Chegadas de turistas ao Brasil em 2012",
         xlab = "Chegadas por mil",
         cex.main = 1.5,
         cex.names = 1,
         axisnames = T,
         las = 2,
         horizon = T)
```

Figura 15: gráfico de barras (posição horizontal)
Fonte: elaboração própria.

Gráfico circular

Aplicado para visualizar a frequência de uma variável categórica em forma de círculo. Utilize-o somente em caso de a variável possuir poucas categorias (em torno de cinco) e com quantidades diferentes entre si, caso contrário o analista deve optar pelo gráfico de barras.

```
#As categorias devem estar ordenadas

x = tabula_Estado$Estado[order(tabula_Estado$cheg_2012)]
y = sort(tabula_Estado$cheg_2012)/1000

#Observe a proporção de cada categoria

y/sum(y)
##  [1] 0.002972955 0.006116075 0.007132133 0.007178109
0.007731586
##  [6] 0.009596883 0.012073612 0.012376421 0.016144184
0.025155355
## [11] 0.034474795 0.139407766 0.142802963 0.205076484
0.371760678

x

##  [1] Para            Amazonas        RioGrandeNorte Outras
##  [5] MatoGrossoSul   MinasGerais     DF              Pernambuco
##  [9] Ceara           Bahia           SantaCatarina   Parana
## [13] RioGrandeSul    RioJaneiro      SaoPaulo
## [15] Levels: Amazonas Bahia Ceara DF MatoGrossoSul
       MinasGerais ... SaoPaulo

#Procure juntar categorias com baixa proporção na categoria
outros. Aqui juntamos as 10 primeiras categorias de menor
proporção.

y = c(sum(y[1:10]), y[11: 15])
x = c("Outros", as.character(x[11:15]))
#Script para o gráfico circular
porc = 100*round(y/sum(y),2) #calcula %
rotulos = paste(x,"(",porc,"%)", sep="") #texto para os rótulos
par( mar = c(4,0,2,0), mai = c(0.8, 0, 0.4, 0))
pie(y,
    main="Proporção de chegadas de turistas por Estado em 2012",
    labels=rotulos,
    cex.main = 2,
    cex = 1.5,
    col=gray(1:length(x)/length(x)))
text(0,-1, "Fonte: Elaborado com pacote graphics version
3.6.1 do R.", cex = 1)
```

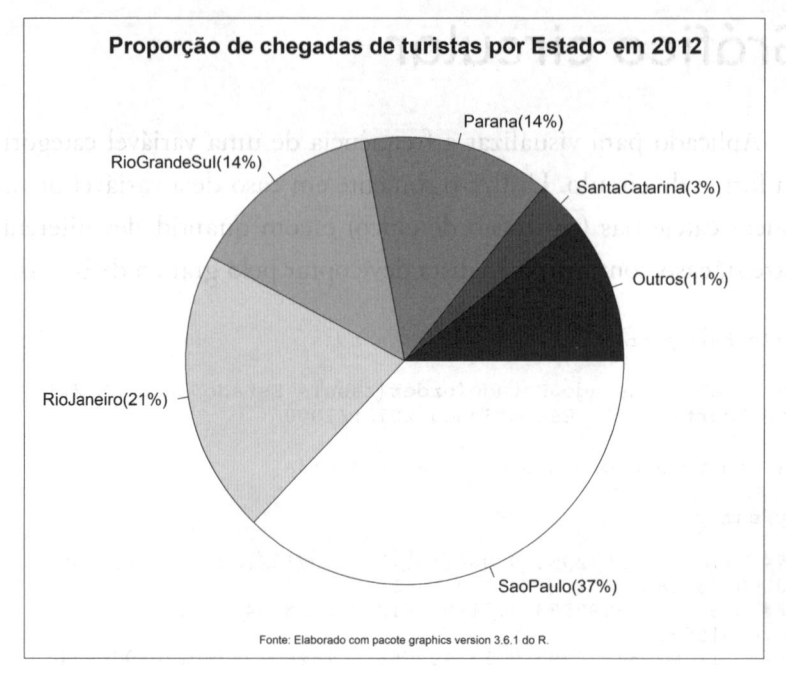

Figura 16: gráfico circular
Fonte: elaboração própria.

No gráfico da figura 16 observamos que São Paulo é o Estado líder que recebeu 37% do total de chegadas de turistas ao Brasil no ano de 2012, seguido pelo Rio de Janeiro com 21%, Rio Grande do Sul e Paraná com 14% e Santa Catarina com 3%. Os demais Estados somam 11% do total.

Gráfico de linhas

Utilizado para visualizar duas ou mais variáveis numéricas que podem ser plotadas em função do tempo no eixo *x*.

Vamos plotar o número de chegadas de turistas do Estado de São Paulo ao longo dos meses, considerando cada ano observado de 2012 a 2015.

```
#Organizando os dados do Estado de São Paulo em função dos
meses
dados_SP = dados[dados$Estado == "SaoPaulo", ]
#Definindo os valores dos eixos
x = dados_SP$Mes
y1 = dados_SP$cheg_2012/1000
y2 = dados_SP$cheg_2013/1000
y3 = dados_SP$cheg_2014/1000
y4 = dados_SP$cheg_2015/1000

#Definindo os limites do eixo y
li = min(y1,y2,y3,y4)
ls = max(y1,y2,y3,y4)

#Script para o gráfico de linha
plot(x, y1, lty = 1, lwd = 1, type = "b", ylim = c(0.8*li, ls*1.2))
lines(x, y2,lty = 2, lwd = 1, type = "b") #acrescenta y2
lines(x, y3,lty = 3, lwd = 2, type = "b") #acrescenta y3
lines(x, y4,lty = 4, lwd = 1, type = "b") #acrescenta y4
title(main = "Chegada de turistas em São Paulo",
      xlab = "Mês",
      ylab = "Chegadas por mil",
      sub = "Fonte: Elaborado com pacote graphics version 3.6.1 do R.",
cex.sub = 0.8)
legend(9,380, c("2012", "2013", "2014", "2015"), lty = 1:4, cex = 1.1)
```

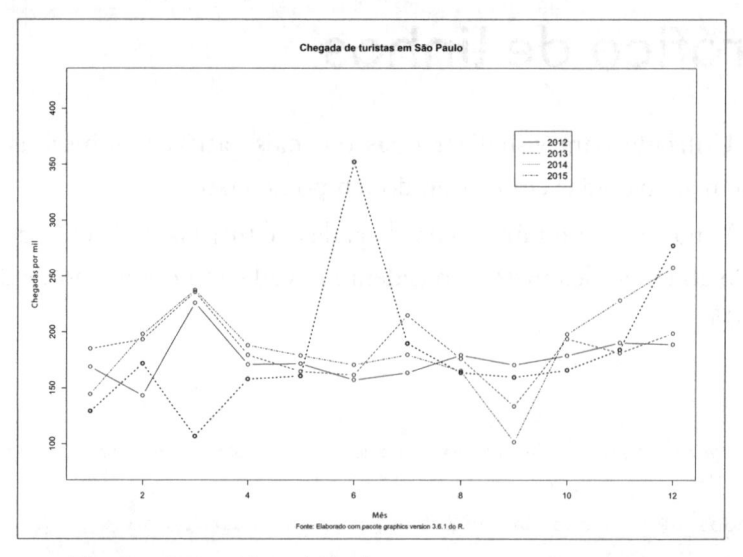

Figura 17: gráfico de linha com quatro sequências
Fonte: elaboração própria.

O gráfico da figura 17 nos mostra que a série de chegadas no ano de 2014 teve um comportamento atípico nos meses de março (queda em relação aos demais anos) e junho (aumento em relação aos demais anos). O aumento em 2014 se justifica pelo evento da Copa do Mundo que ocorreu no Brasil entre 12 de junho e 13 de julho, atraindo um número significativo de turistas. Em geral, o comportamento das séries em função dos meses sugere o mesmo padrão ao longo dos anos, com aumento nos meses de março, julho e dezembro e queda no mês de setembro.

Sugerimos que execute a versão com aplicação de cores:

```
#Script para gráfico de linhas com aplicação de cores
plot(x, y1, lty = 1, lwd = 1, type = "b", ylim = c(0.8*li,
ls*1.2), col = "red")
lines(x, y2,lty = 2, lwd = 1, type = "b", col = "yellow")
lines(x, y3,lty = 3, lwd = 2, type = "b", col = "blue")
lines(x, y4,lty = 4, lwd = 1, type = "b", col = "green")
title(main = "Chegada de turistas em São Paulo",
      xlab = "Mês",
      ylab = "Chegadas por mil",
```

```
        sub = "Fonte: Elaborado com pacote graphics version
3.6.1 do R.", cex.sub = 0.8)
legend(9,380, c("2012", "2013", "2014", "2015"), col =
c("red", "yellow", "blue", "green"), lty = 1:4, cex = 1)
```

Vamos comparar as séries de São Paulo e Rio de Janeiro utilizando a divisão da janela gráfica em duas partes através do comando *par(mfrow)*.

```
#Assim como fizemos para São Paulo, faremos para Rio de Janeiro:

#Organizando os dados do Estado do Rio de Janeiro em função dos meses

dados_RJ = dados[dados$Estado == "RioJaneiro", ]

#Definindo os valores dos eixos

x = dados_RJ$Mes

z1 = dados_RJ$cheg_2012/1000
z2 = dados_RJ$cheg_2013/1000

z3 = dados_RJ$cheg_2014/1000
z4 = dados_RJ$cheg_2015/1000

#Script para dois gráficos de linhas

#Preparando a janela para receber dois gráficos

par(mfrow = c(2,1))

#Gráfico 1

#Definindo os limites do eixo y

li = min(y1,y2,y3,y4)
ls = max(y1,y2,y3,y4)

plot(x, y1, lty = 1, lwd = 1, type = "b", ylim = c(0.8*li,
ls*1.2))
lines(x, y2,lty = 2, lwd = 1, type = "b")
lines(x, y3,lty = 3, lwd = 2, type = "b")
lines(x, y4,lty = 4, lwd = 1, type = "b")
title(main = "Chegada de turistas em São Paulo",
      xlab = "Mês",
      ylab = "Chegadas por mil")
legend(9,380, c("2012", "2013", "2014", "2015"), lty = 1:4, cex = 0.9)
```

```
#Gráfico 2

#Definindo os limites do eixo y

li = min(z1,z2,z3,z4)
ls = max(z1,z2,z3,z4)

plot(x, z1, lty = 1, lwd = 1, type = "b", ylim = c(0.8*li,
ls*1.2))
lines(x, z2,lty = 2, lwd = 1, type = "b")
lines(x, z3,lty = 3, lwd = 2, type = "b")
lines(x, z4,lty = 4, lwd = 1, type = "b")
title(main = "Chegada de turistas no Rio de Janeiro",
      xlab = "Mês",
      ylab = "Chegadas por mil",
      sub = "Fonte: Elaborado com pacote graphics version
3.6.1 do R.", cex.sub = 0.8)
legend(9,280, c("2012", "2013", "2014", "2015"), lty = 1:4, cex = 0.9)
```

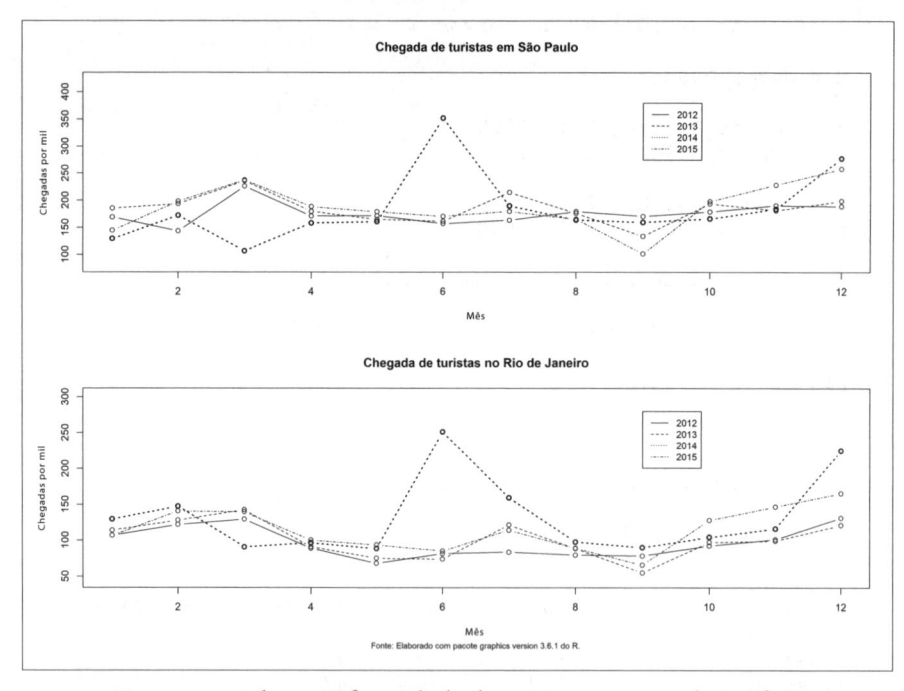

Figura 18: dois gráficos de linha na mesma janela gráfica

Fonte: elaboração própria

Ao compararmos os dois gráficos relativos aos dois maiores Estados receptores de turistas do Brasil, figura 18, vemos que as séries apresentam comportamento muito semelhante, com a diferença de que São Paulo apresenta um quantitativo maior do que o do Rio de Janeiro.

Gráfico de dispersão

Utilizado para observar a relação entre duas variáveis quantitativas. O pesquisador ao plotar esse gráfico busca inicialmente por uma relação linear. A visão do gráfico deve ser acompanhada pela medida do coeficiente de correlação linear que mede matematicamente a intensidade dessa relação. O coeficiente de correlação é uma medida que varia entre -1 e 1, espera-se valores próximos de -1 ou de 1 no caso de presença de relacionamento linear. Esse relacionamento pode ser crescente (coeficiente positivo) ou decrescente (coeficiente negativo).

```
#Observando a correlação entre as chegadas de São Paulo e Rio de Janeiro
x = dados_RJ$cheg_2014/1000
y = dados_SP$cheg_2014/1000

#Obtendo a correlação
cor(x,y)

## [1] 0.9073834

#Obtendo os coeficientes da reta de regressão
lm(y ~x)$coef

## (Intercept)           x
##   37.350468    1.109293

plot(x, y,
     main = paste("Gráfico de Dispersão entre as chegadas
de turistas de 2014", "\n", "São Paulo x Rio de Janeiro"),
     xlab = "chegadas no Rio de Janeiro/1000",
     ylab = "chegadas em São Paulo/1000")

abline(lm(y ~ x), lty = 2, lwd = 2) #adiciona a reta
```

```
tracejada
text(130, 230, "reta de regressão") #adiciona texto na
posição (130,230)
text(130, 220, paste("y = ",eval(expression(round(lm(y
~x)$coef[[2]],2))),"x +  ",eval(expression(round(lm(y
~x)$coef[[1]],2))))) #adiciona equação na posição (130, 220)
```

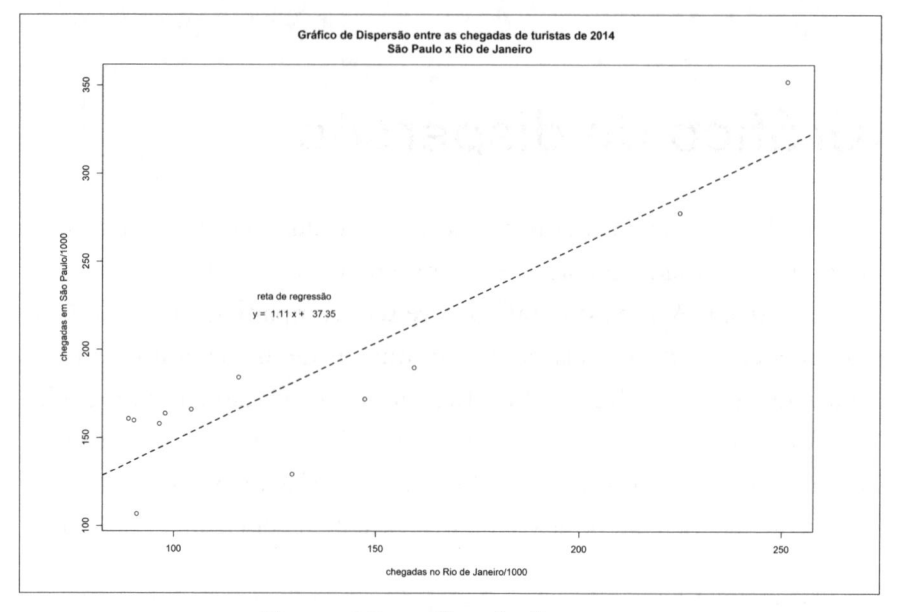

Figura 19: gráfico de dispersão

Fonte: elaboração própria.

O coeficiente de correlação entre as chegadas de turistas no Rio de Janeiro e em São Paulo por ser próximo de um, indica uma forte correlação linear positiva. Observamos no gráfico da figura 19 que os pontos estão próximos da reta de regressão, indicando que um aumento na chegada de turistas ao Rio de Janeiro está relacionado a um aumento médio em torno de 1.11 turistas correspondentes em São Paulo. Podemos dizer que de forma geral no ano de 2014, cada aumento de um turista no Rio de Janeiro representou um aumento médio de 1.11 turistas em São Paulo.

Boxplot e histograma

São gráficos utilizados para inspecionar visualmente a distribuição de frequência de variáveis quantitativas. Observa-se nesses gráficos principalmente a simetria e seu desvio, presença de valores discrepantes, também conhecidos como *outliers*, assim como a amplitude da variável.

No histograma, observa-se principalmente a forma como a variável numérica se distribui. É muito parecido e confundido com o gráfico de barras, porém o gráfico de barras se aplica a uma variável categórica, é um gráfico de eixo numérico único (eixo *x* ou *y* representando a frequência das categorias da variável), enquanto que o histograma diz respeito somente a variáveis numéricas e possui dois eixos numéricos (eixo *x* representando a variável e eixo *y* representando a frequência da variável).

```
#Histograma

#Compreendendo a distribuição frequência de chegadas de
turistas ao Brasil em 2012

x = dados$cheg_2012/1000

hist(x,
     freq = T, #se T fornece a frequência absoluta, se F
fornece a frequência relativa
     main = "Histograma das chegadas de Turistas ao Brasil em 2012",
     xlab = "Chegadas de turistas em 2012 por mil",
     ylab = "Frequência Absoluta das chegadas")
```

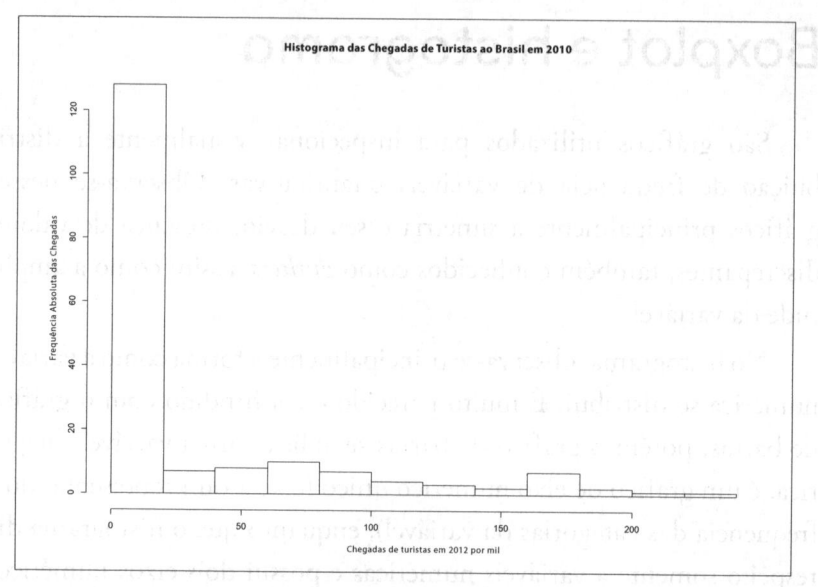

Figura 20: histograma
Fonte: elaboração própria.

No histograma da figura 20 observamos um frequência muito elevada no primeiro retângulo, seguido de uma sequência de retângulos de alturas bem menores e muito próximas considerando a escala do gráfico. Esse formato mostra uma distribuição assimétrica à direita que é o sentido da cauda mais longa do gráfico.

O *boxplot* exibe medidas estatísticas importantes para a compreensão de aspectos como forma e amplitude dos dados. Estas medidas são: o menor e o maior valor observado, os quartis Q1, Q2 e Q3, o intervalo interquartil (IQR = Q3 - Q1) e os valores discrepantes, se houverem.

Todas essas informações são apresentadas esquematicamente em forma de caixa, veja a figura 21.

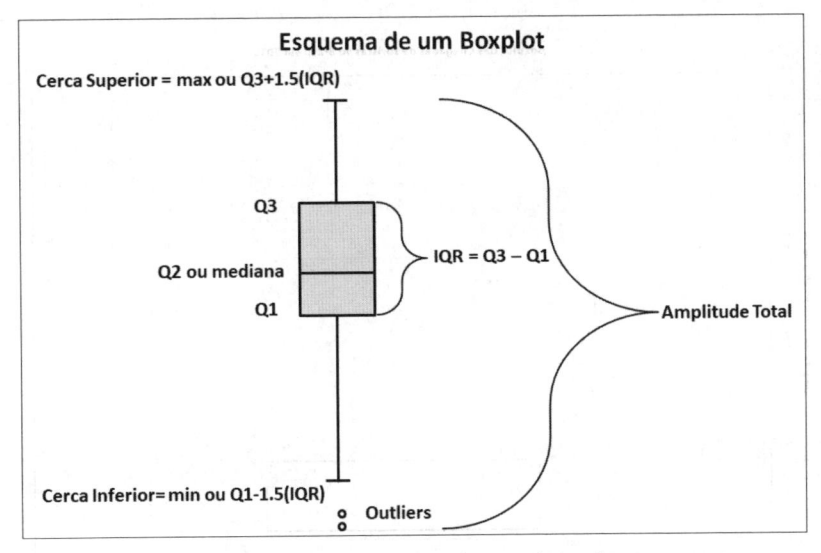

Figura 21: esquema de um boxplot

Fonte: elaboração própria.

Ao analisar um *boxplot* observamos se há a presença de *outliers*, comparamos as medidas Q2 - Q1 com Q3 - Q2 da seguinte forma:

- Q3 - Q2 > Q2 - Q1, a porção central dos dados apresenta assimetria à direita;

- Q2 - Q1 > Q3 - Q2, a porção central dos dados apresenta assimetria à esquerda;

- Q2 - Q1 = Q3 - Q2, a porção central dos dados são simétricos em relação à Q2.

```
#Boxplot

#Compreendendo a distribuição frequência de chegadas de
turistas ao Brasil em 2012

x = dados$cheg_2012/1000

boxplot(x,
        main = "Boxplot das chegadas de Turistas ao Brasil em 2012",
        xlab = "Ano de 2012",
        ylab = "Chegadas de turistas em 2012 por mil")
```

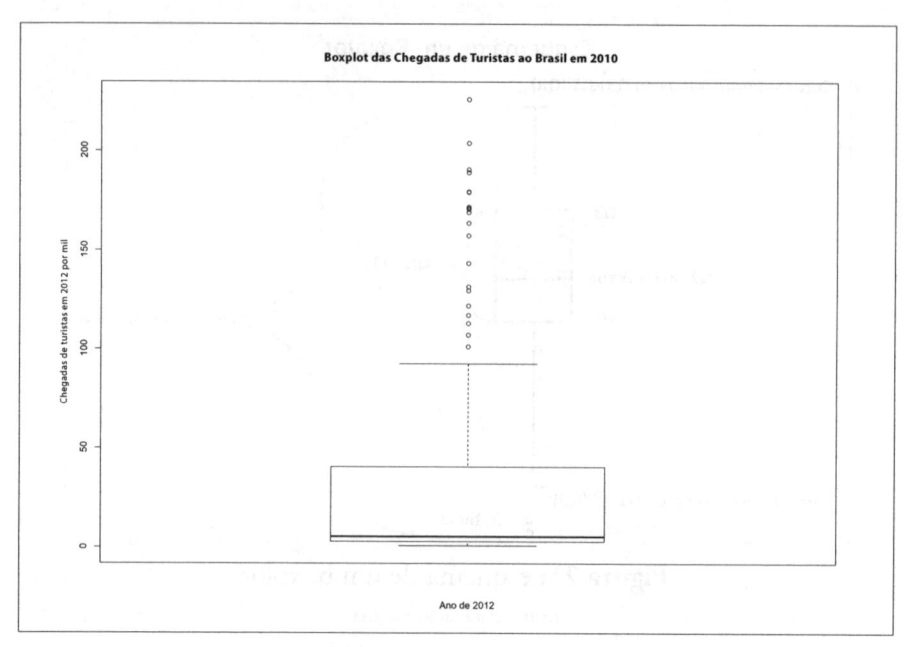

Figura 22: boxplot
Fonte: elaboração própria.

O *boxplot* da figura 22 mostra uma grande quantidade de valores discrepantes ou *outliers*, são meses de 2012 em que se observou mais de 100 mil chegadas. Observamos que o primeiro quartil e o segundo estão próximos considerando a escala do gráfico. Pode-se dizer que o terceiro quartil se aproxima de 50 mil, isso significa que aproximadamente 75% do número de chegadas de turistas ao Brasil em 2012 estão abaixo de 50 mil. Vale lembrar que essas observações consideram todos os Estados do Brasil e portanto é de se esperar uma grande variabilidade nos dados. A assimetria fica configurada pela comparação entre os tamanhos das caixas delimitadas por Q1, Q2 e Q3, classificando-se como assimetria à direita, pois Q2 - Q3 > Q2 - Q1.

► EXERCÍCIOS DE FIXAÇÃO PARA O APRENDIZADO

O analista necessita com frequência inspecionar dados. Uma forma prática e rápida é utilizar comandos simples. Não são os gráficos que ele apresentará em seu relatório e sim gráficos para explorar os dados e suas relações. Pensando nessa funcionalidade, apresenta-se a seguir um conjunto de *scripts* que deve ser reproduzido pelo leitor. Copie os *scripts* a seguir no console do R e observe o resultado da janela gráfica que se abrirá automaticamente em cada um dos tipos a seguir:

|1| Histograma:

```
hist(dados$cheg_2014/1000,
     col = "darkblue",
     main = "Histograma",
     xlab = "Número de chegadas por mil",
     ylab = "Frequência",
     sub = "Fonte: elaboração própria")
```

|2| Boxplot:

```
boxplot(dados$cheg_2014/1000,
     col = "darkblue",
     main = "Boxplot",
     xlab = "Número de chegadas",
     sub = "Fonte: elaboração própria")
```

|3| Ramo e folhas:

```
stem(dados$cheg_2014)
```

|4| Grade de dispersão

```
pairs(dados)
```

|5| Pizza:

```
#Estados com chegadas em 2014 acima de 150 mil
dt = table(dados$Estado[dados$cheg_2012>150000])
dt = dt[dt>0]
```

(Continua)

(Continuação)
```
y=dt
x=names(dt)

porc = 100*round(y/sum(y),2) #calcula %
rotulos = paste(x,"(",porc,"%)", sep="") #texto para os rótulos
par( mar = c(4,0,2,0), mai = c(0.8, 0, 0.4, 0))
pie(y,
    main="Estados com chegadas de turistas acima de 150 mil em 2014",
    labels=rotulos,
    cex.main = 2,
    cex = 1.5,
    col=gray(1:length(x)/length(x)))
```

|6| Dispersão:

```
plot(dados$cheg_2012, dados$cheg_2013 )
```

|7| QQnorm:

```
qqnorm (dados$cheg_2012)
```

Gráficos com ggplot2

O pacote *ggplot2* foi idealizado por Hadley Wickham e Winston Chang que desenvolveram a ideia de construir diversos tipos de gráficos a partir da mesma estrutura de componentes: *data*, referente ao banco de dados; *geom_forma*, com um rol de tipos possíveis de representação dos dados e *coord_system*, referente ao sistema de coordenadas, que podem ser cartesianas, polares e projeção de mapas.

O gráfico feito com o *ggplot* é construído a partir de camadas (*layers*), cada camada é sobreposta uma após a outra gerando o desenho final. Existem comandos específicos para cada camada, os quais veremos a seguir. O *ggplot2* não vem na instalação do R, no início você já recebeu instruções de como instalar — isso você fará uma única vez até realizar a próxima atualização do R — o que deve ser feito a cada 6 meses.

O que sempre ocorrerá é o carregamento do pacote através do comando *require* ou do comando *library*. Isso vale para todos os pacotes que não sejam o *stats, graphics, grDevices, utils, datasets, methods* e *base*.

O que precisa para fazer o gráfico?

1. Um nome de objeto para guardar o gráfico. Usaremos *p*;

2. A base de dados que será utilizada para a plotagem *ggplot(data=nomedabase)*;

3. Descrever como as variáveis serão utilizadas na plotagem: *aes(x=..., y=...,)*;

4. Especificar o tipo de gráfico: *geom_forma(...)*;

5. Utilizar o operador "+" para adicionar camadas ao objeto ggplot criado;

6. Pacotes auxiliares como *ggthemes* e *grid*, dentre outros.

Saiba que o primeiro argumento do *ggplot()* tem que ser um *dataframe* e o segundo o *aes()*. Vamos ver na prática!

Quais formatos posso utilizar no ggplot2?

A tabela 11 mostra as principais formas para criação de gráfico com o pacote *ggplot2*.

Tabela 11: nome das principais formas geométricas para construção de gráficos do pacote ggplot2

Forma	Tipo de Gráfico
geom_area ou geom_ribbon	Produz um gráfico para visualizar área sob uma curva ou entre curvas
geom_bar ou geom_col	Produz um gráfico de colunas do vetor x
geom_bar + coord_polar	Produz um gráfico circular (pizza)
geom_boxplot	Produz o boxplot de x
geom_curve	Produz um gráfico em curva
geom_density	Produz um gráfico da densidade de x
geom_dotplot	Produz um gráfico de pontos
geom_histogram	Produz um histograma do vetor x

geom_line, geom_abline, geom_hline, geom_vline	Produz um gráfico de linhas
geom_point	Produz um gráfico de dispersão entre x e y
geom_qq ou geom_qq_line	Plota os quantis de x usando como base a curva normal
geom_tile, geom_rect ou geom_raster	Produz uma grade de retângulos
geom_violin	Produz um gráfico em forma de violino

Fonte: elaboração própria.

Muitos efeitos podem ser adicionados ao gráfico elaborado com *ggplot2*. A tabela 12 mostra os principais argumentos para essas formatações.

Tabela 12: nome dos argumentos para adicionar efeito em gráficos do pacote ggplot2

Função	Efeito no Gráfico
autoplot	Produz um gráfico apropriado para o tipo de variável
coord_cartesian	Coordenada cartesiana
coord_fixed	Coordenada cartesiana com razão entre eixo x e y fixada
coord_flip	Inverte a posição dos eixos x e y
coord_polar	Coordenada polar

geom_blank	Janela em branco
geom_jitter	Produz um efeito jitter
geom_smooth	Produz um curva suavizada
geom_text	Aplica texto à janela gráfica
scale_fill_(=brewer ou grey ou gradient)	Define a escala de cores
scale_*_continuos	Define parâmetros para o eixo x ou y contínuos
scale_*_discrete	Define parâmetros para o eixo x ou y discreto
scale_*_manual	Define parâmetros para os eixos manualmente

Fonte: elaboração própria.

Definindo um tema para o gráfico ggplot

O pacote *ggplot2* possui alguns temas para o plano de fundo dos gráficos como:

- *theme_gray*: fundo cinza e linhas de grade brancas. É o padrão do pacote;
- *theme_bw*: o clássico preto e branco. Pode funcionar melhor para apresentações com um projetor;

- *theme_linedraw*: linhas pretas de várias larguras em fundos brancos. Propósito semelhante ao theme_bw;
- *theme_light*: semelhante ao theme_linedraw, mas com linhas e eixos de cinza claro, para direcionar mais atenção para os dados;
- *theme_dark*: versão escura do theme_light, com tamanhos de linha semelhantes, mas um fundo escuro. Útil para criar linhas finas coloridas;
- *theme_minimal*: um tema minimalista sem anotações de fundo;
- *theme_classic*: um tema de aparência clássica, com linhas de eixos x e y e sem linhas de grade;
- *theme_void*: um tema completamente vazio.

A figura 23 exibe o modo como se apresenta cada tema.

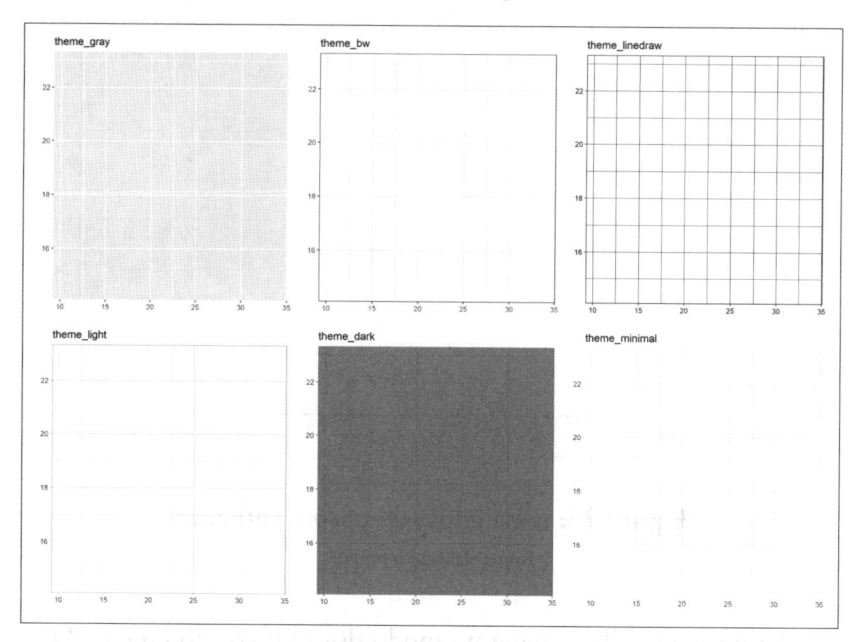

Figura 23: temas para plano de fundo com ggplot2

Fonte: elaboração própria.

Temas adicionais podem ser obtidos com o pacote *ggthemes*, replicando formatações de sites como The Economist, The Wall Street Journal, FiveThirtyEight, ou de outros aplicativos como o Stata, Excel entre outros. Essa é uma forma rápida e fácil de adicionar um estilo diferente ao seu gráfico.

```
# install.packages(ggthemes)
library(ggthemes)
f = ggplot(dados, aes(cheg_2012/1000, cheg_2013/1000)) +
    geom_blank() +
    labs(x="", y="")
p1 = f + theme_gdocs(base_size = 18)+ggtitle("theme_gdocs")
p1
```

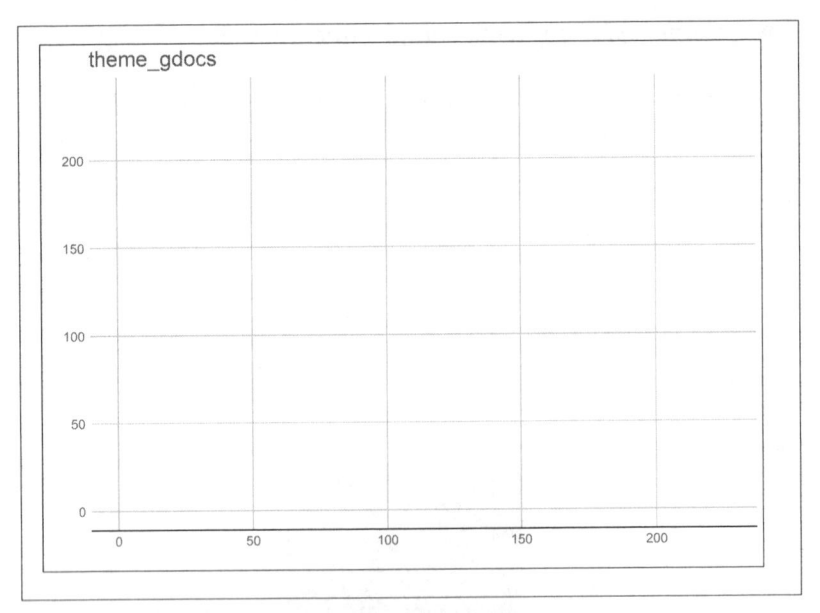

Figura 24: tema gdocs do pacote ggthemes
Fonte: elaboração própria.

A figura 24 exibe o tema no modo dos gráficos do Google Docs disponível no pacote *ggthemes*. Consulte a tabela 13 para outras opções de temas.

Tabela 13: temas do pacote ggthemes

Tema	Semelhanças
theme_base	Tema do pacote básico do R
theme_calc	Semelhante aos gráficos produzidos pelo Calc do LibreOffice B
theme_economist	Semelhante ao The Economist
theme_economist_white	Semelhante ao The Economist com fundo branco
theme_excel	Semelhante aos gráficos produzidos pelo Excel
theme_few	Baseado nas regras de Stephen Few sobre regras práticas para o uso de cores nos gráficos
theme_fivethirtyeight	Baseado nos gráficos do site fivethirtyeight.com
theme_foundation	Tema de fundação, para produzir novos temas
theme_gdocs	Semelhante aos gráficos do Google Docs
theme_hc	Baseado em Highcharts JS
theme_igray	Inverte o tema gray
theme_map	Limpa o tema para incluir mapas
theme_pander	Baseado no pacote pander

theme_par	Baseado nos parâmetros definidos em par() do pacote base
theme_solarized	Baseado na paleta Solarized
theme_solarized_2	Baseado na paleta Solarized
theme_solid	Elimina todas a linhas e textos, mantendo somente os objetos geométricos
theme_stata	Semelhante aos gráficos do Stata
theme_tufte	Baseado no designer de Edward Tufte
theme_wsj	Semelhante aos gráficos do Wall Street Journal

Fonte: elaboração própria com base na documentação do pacote ggthemes.

Inserindo título, subtítulo e rótulos aos eixos de um ggplot

```
require(ggplot2)
#Criando o mapeamento dos eixos

p = ggplot(data = dados, aes(x=cheg_2012/1000, y = cheg_2013/1000) )

#Aplicando elementos de texto na forma janela em branco

p +
  geom_blank() +
  labs(title = "Título",
       x = "eixo x",
       y = "eixo y",
       subtitle = "Subtítulo",
       caption = "Elaborado por ...")+
  theme_bw(base_size = 18)
```

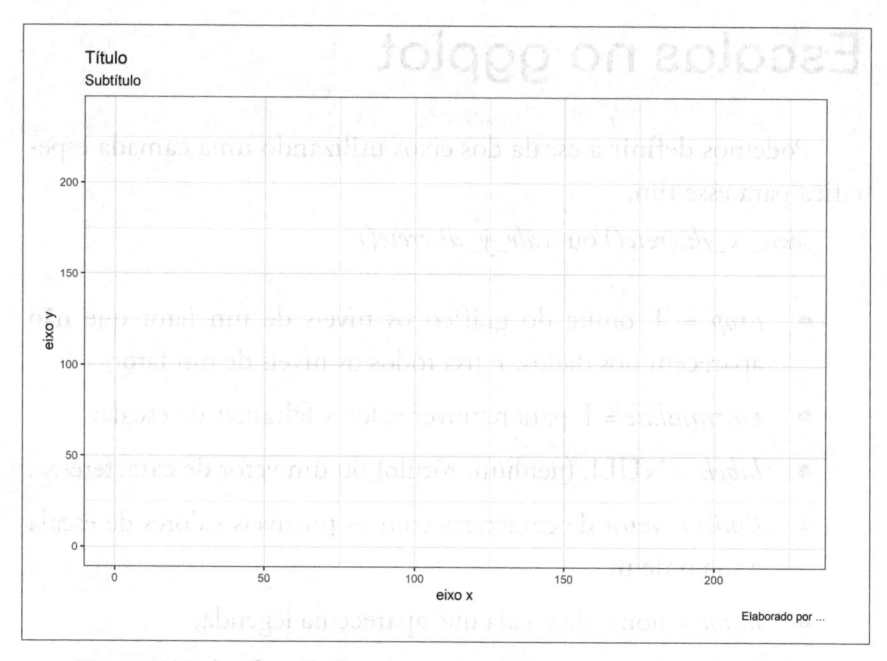

Figura 25: gráfico de barras com ggplot2 — incluindo títulos

Fonte: elaboração própria.

Outra forma equivalente de produzir o mesmo gráfico da figura 25 é utilizando o comando *ggtitle* para título e subtítulo, *xlab* e *ylab* para o rótulo dos eixos *x* e *y* respectivamente.

```
require(ggplot2)

#Criando o mapeamento dos eixos

p = ggplot(data = dados, aes(x=cheg_2012/1000, y = cheg_2013/1000) )

#Aplicando elementos de texto na forma janela em branco
p +
  geom_blank() +
  ggtitle("Título", subtitle = "Subtítulo") +
  xlab("eixo x") +
  ylab("eixo y") +
  labs(caption = "Elaborado por...")+
  theme_bw(base_size = 18)
```

Escalas no ggplot

Podemos definir a escala dos eixos utilizando uma camada específica para esse fim.

scale_x_discrete() ou *scale_y_discrete()*

- *drop* = T omite do gráfico os níveis de um fator que não aparecem nos dados; F usa todos os níveis de um fator;
- *na.translate* = F para remover valores faltantes da escala;
- *labels* = NULL (nenhum rótulo) ou um vetor de caracteres;
- *limits* = vetor de caracteres com os possíveis valores de escala e sua ordem;
- *name* = nome da escala que aparece na legenda;
- *position* = posição da escala no eixo *x top* ou *bottom* e no eixo *y left* ou *rigtht*.

```
p = ggplot(data = dados, aes(x=Estado, y = cheg_2012) )
p +
geom_blank() +
labs(title = "Título",
     x = "eixo x",
     y = "eixo y",
     subtitle = "Subtítulo",
     caption = "Elaborado por ...")+
theme_bw(base_size = 18) +
scale_x_discrete(limits = c("Amazonas", "RioJaneiro"))
```

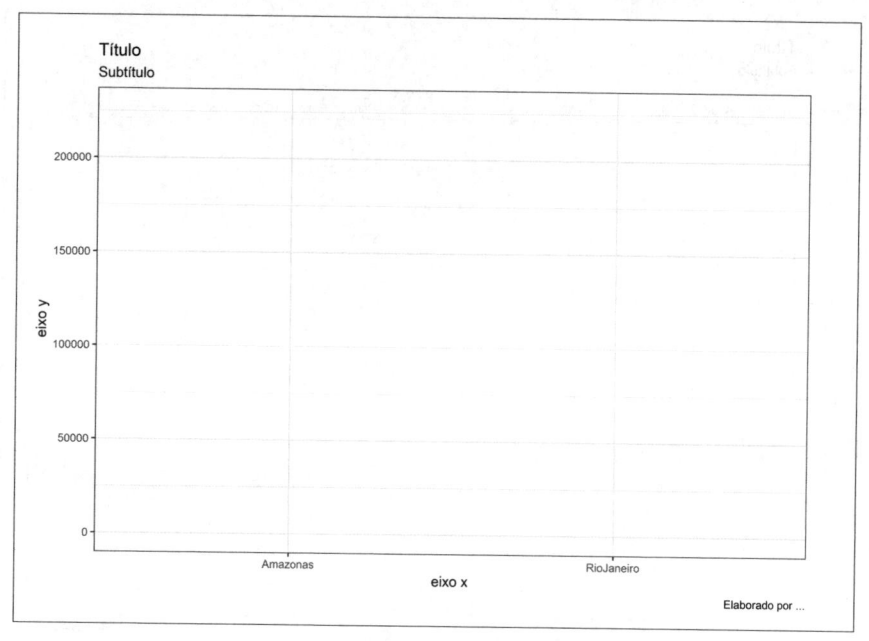

Figura 26: modificando a escala do eixo *x*
Fonte: elaboração própria.

No gráfico da figura 26 observa-se uma redução nas categorias do eixo *x*, seguindo a regra imposta em *limits = c("Amazonas", "RioJaneiro")*. Na figura 27, exibe-se as categorias do eixo *x* no topo do gráfico e não na base como é usual.

```
p = ggplot(data = dados, aes(x=Estado, y = cheg_2012) )
p +
  geom_blank() +
  labs(title = "Título",
       x = "eixo x",
       y = "eixo y",
       subtitle = "Subtítulo",
       caption = "Elaborado por ...")+
  theme_bw(base_size = 18) +
  scale_x_discrete(labels = abbreviate, position = "top")
```

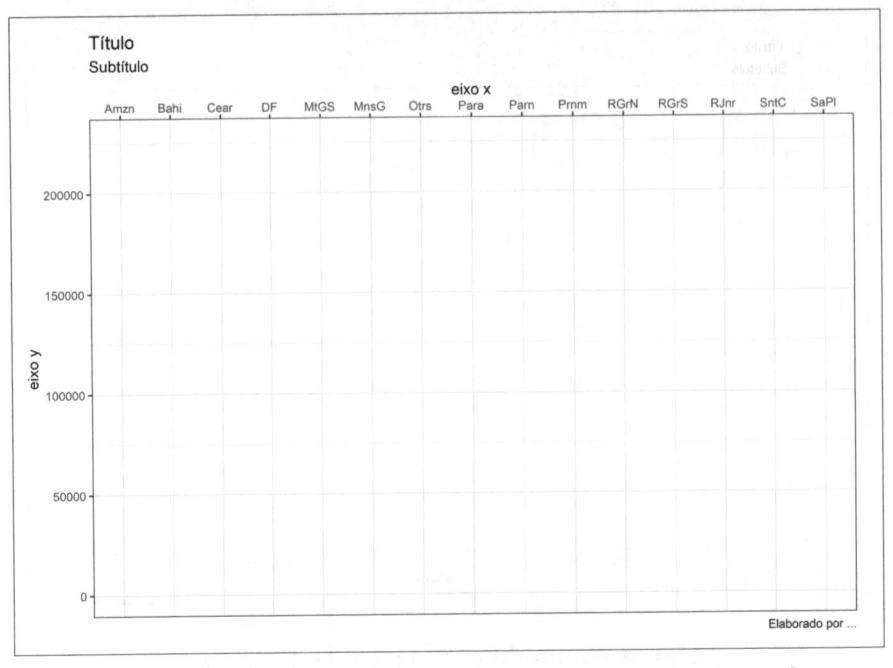

Figura 27: alterando a posição do eixo *x* para o topo do gráfico

Fonte: elaboração própria.

- *scale_x_continuous* ou *scale_y_continuous*
- *breaks* = vetor numérico para quebra do intervalo contínuo;
- *expand* = *expand_scale(add* = *x* ou *mult* = *x)* expande a escala por adição de *x* aos limites da escala ou por multiplicação de *x* aos limites da escala;
- *labels* = *NULL* (nenhum rótulo) ou um vetor de caracteres do mesmo tamanho que a quebra no intervalo contínuo ou um formato específico como (*labels* = *scales::percent* ou = *scales::dollar* ou = *scales::comma*);
- *limits* = vetor numérico com os limites máximo e mínimo da escala;
- *name* = nome da escala que aparece na legenda;

- *position* = posição da escala no eixo *x top* ou *bottom* e no eixo *y left* ou *rigtht*;
- *trans* = "*asn*", "*atanh*", "*boxcox*", "*date*", "*exp*", "*hms*", "*identity*", "*log*", "*log10*", "*log1p*", "*log2*", "*logit*", "*modulus*", "*probability*", "*probit*", "*pseudo_log*", "*reciprocal*", "*reverse*", "*sqrt*" and "*time*", transforma a escala contínua.

```
p = ggplot(data = dados, aes(x=cheg_2012/1000, y =
cheg_2013/1000) )
p +
    geom_blank() +
    labs(title = "Título",
        x = "eixo x",
        y = "eixo y",
        subtitle = "Subtítulo",
        caption = "Elaborado por ...")+
    theme_bw(base_size = 18) +
    scale_y_continuous(
        breaks = c(75, 150, 225),
        labels = c("75 mil", "150 mil", "225 mil"),
        position = "right",
        trans = "reverse") +
    scale_x_continuous( limits = c(50, 150))
```

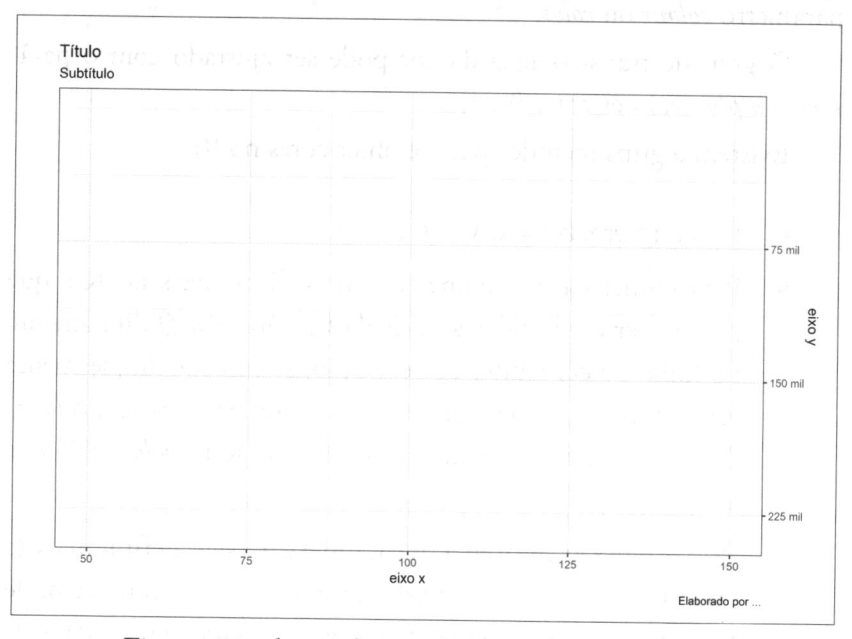

Figura 28: alterando a escala contínua do gráfico.

Fonte: elaboração própria.

Observa-se no gráfico da figura 28 que o eixo *y* se encontra ao lado direito e com valores em ordem crescente do topo para baixo. Foram inseridas quebras nos valores e adicionados rótulos às marcações da escala como 75 mil para o ponto 75 do eixo *y*. No eixo *x* modificamos o limite que varia de 50 a 150.

Cores nos gráficos ggplot

As cores podem ser aplicadas em diversos elementos como as linhas do gráfico, o preenchimento da forma gráfica assim como as cores do texto.

A cor de preenchimento de um gráfico é estabelecida pelo parâmetro *fill*. Pode seguir uma paleta de cores de acordo com os valores de uma variável que pode ser numérica ou fator.

A cor da linha ou contorno do gráfico pode ser definida com o parâmetro *colour* ou *color*.

O grau de transparência da cor pode ser ajustado com o parâmetro *alpha* (valores entre 0 e 1).

Existem alguns métodos para se obter cores no R:

- Pelo número: *col = x, x = 1, 2, ...*;
- Pelo nome: há 657 nomes de cores disponíveis no R e que podem ser conhecidos através da função *colors()* diretamente na linha de comando. Por exemplo, se colocar simplesmente *colors()* será exibido o nome das 657 cores, já se colocar *colors() [x]* será exibido o nome na posição x; teste *colors()[260]* e obterá "grey";
- Pelo sistema RGB (Red, Green, Blue) é possível definir mais de 16 milhões de cores através de código entre 0 e 1 num vetor de três posições correspondendo respectivamente à quantidade de

vermelho, verde e azul. Por exemplo, rgb(0,0,0) = "#000000" corresponde à cor preta enquanto que rgb(1,1,1) = "#FFFFFF" corresponde à cor branca. Vermelho primário rgb(1,0,0) = "#FF0000", verde primário rgb(0,1,0) = "#00FF00" e azul primário rgb(0,0,1) = "#0000FF";

- Pelo código hexa decimal do tipo #xxyyzz, por exemplo, #FF0000 corresponde ao vermelho primário.

```
#Rode este código para obter a paleta com 657 cores e seus
respectivos nomes.
par(mar=c(0,0,0,0))
plot(0, 0, type = "n", xlim = c(0, 1), ylim = c(0, 1), axes
= FALSE, xlab = "", ylab = "")
line <- 30
col <- 22
rect(
  rep((0:(col - 1)/col),line) ,
  sort(rep((0:(line - 1)/line),col),decreasing=T),
  rep((1:col/col),line) ,
  sort(rep((1:line/line),col),decreasing=T),
  border = "white" ,
  col=colors()[seq(1,line*col)])

#Nomes das cores
text(
  rep((0:(col - 1)/col),line)+0.02 ,
  sort(rep((0:(line - 1)/line),col),decreasing=T)+0.015 ,
  colors()[seq(1,line*col)] ,
  cex=0.5)

#Adaptado de https://www.r-graph-gallery.com/42-colors-
names.html
```

Existem paletas de cores prontas no R, seja no pacote básico ou em pacotes específicos como *RColorBrewer* ou *wesanderson*, dentre outros.

As paletas de cores podem ser de três tipos: *sequencial*, cores que variam em sequência da mais clara para mais escura; *divergente*, o centro da paleta é mais claro e os extremos mais escuros em ambas as direções e *qualitativa*, não possuem um ordenamento nas variações das cores.

No pacote de funções básicas do R há cinco funções que geram paletas de cores sequenciais: *rainbow(n)*, *heat.colors(n)*, *terrain.colors(n)*, *topo.colors(n)*, e *cm.colors(n)*.

```
#Script para visualizar as paletas do R básico
show_palette <- function(colors) {
  image(1:n, 1, as.matrix(1:n), col = colors,
    xlab = "", ylab = "", xaxt = "n",
    yaxt = "n", bty = "n")
}

n <- 10 #mude o número de cores a exibir
alpha <- 1 #mude o grau de transparência (valor entre 0 e 1)

show_palette(rainbow(n, alpha))

show_palette(heat.colors(n, alpha))

show_palette(terrain.colors(n, alpha))

show_palette(topo.colors(n, alpha))

show_palette(cm.colors(n, alpha))
```

No pacote *RColorBrewer* as paletas de cores disponíveis estão categorizadas em:

- *sequencial* cujos nomes são Blues, BuGn, BuPu, GnBu, Greens, Greys, Oranges, OrRd, PuBu, PuBuGn, PuRd, Purples, RdPu, Reds, YlGn, YlGnBu, YlOrBr e YlOrRd. As variações nas cores vão de três a nove valores possíveis em cada paleta. Ideal para ser aplicada em dados que apresentam variação contínua;
- *divergente* cujos nomes são BrBG, PiYG, PRGn, PuOr, RdBu, RdGy, RdYlBu, RdYlGn e Spectral. As variações nas cores vão de 3 a 11 valores possíveis em cada paleta. São ideais para visualizar os desvios, positivos ou negativos, em relação a uma dada referência;

- *qualitativa* cujos nomes e número de cores possíveis em cada paleta são respectivamente Accent com oito, Dark2 com oito, Paired com 12, Pastel1 com nove, Pastel2 com oito, Set1 com nove, Set2 com oito e Set3 com 12. São ideais para visualizar dados nominais.

```
#Script para visualizar as paletas do pacote RColorBrewer
library(RColorBrewer)
display.brewer.all()
```

Na figura 29, observa-se a paleta de cores na escala de cinza com dez tonalidades distintas.

```
#Visualizando a paleta Greys do pacote RColorBrewer
require(RColorBrewer)
display.brewer.pal(n = 10, name = 'Greys')
```

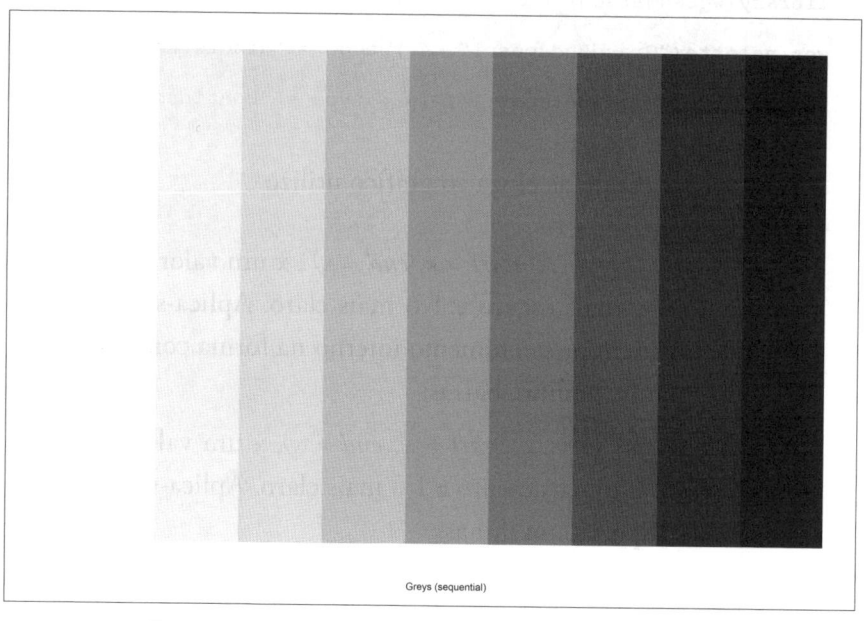

Figura 29: paleta greys do pacote *Rcolorbrewer*

Fonte: elaboração própria.

No pacote *wesanderson* estão disponíveis atualmente 19 paletas que foram criadas pelo diretor de cinema Wes Anderson inspiradas em seus filmes.

```
#Nomes das paletas do pacote wesanderson
library(wesanderson)
names(wes_palettes)
##  [1] "BottleRocket1" "BottleRocket2" "Rushmore1"    "Rushmore"
##  [5] "Royal1"        "Royal2"        "Zissou1"      "Darjeeling1"
##  [9] "Darjeeling2"   "Chevalier1"    "FantasticFox1" "Moonrise1"
## [13] "Moonrise2"     "Moonrise3"     "Cavalcanti1"  "GrandBudapest1"
## [17] "GrandBudapest2" "IsleofDogs1"                  "IsleofDogs2"
```

Para visualizar as cores das paletas do *pacote wesanderson* utilize código a seguir, especificando o nome da paleta desejada.

```
#Script para visualizar as paletas do pacote wesanderson
library(wesanderson)
wes_palette("GrandBudapest1", 4 , type = "discrete")
wes_palette("GrandBudapest1", 10 , type = "continuous")
```

Para aplicar escala de cinza ao gráfico utilize

- *scale_fill_grey(..., start = x, end = x)* , x um valor entre 0 e 1, sendo 0 o mais escuro e 1 o mais claro. Aplica-se a gráficos que possuem preenchimento interno na forma como boxplot, histograma, violino, barras;
- *scalle_color_grey(..., start = x, end = x)*, x um valor entre 0 e 1, sendo 0 o mais escuro e 1 o mais claro. Aplica-se a gráficos como dispersão ou linhas.

Ajustando parâmetro de textos de um ggplot

Os temas possuem formatações padronizadas para todos os elementos textuais de um gráfico como título, subtítulo ou rótulos dos eixos. É possível realizar ajustes através da camada *theme()*, utilizando-se dos argumentos de *element_text()*.

Em *element_text()* podemos ajustar os seguintes parâmetros:

- *family* = tipo de fonte, o padrão é "sans". No sistema Windows é possível consultar as famílias disponíveis através do comando *windowsFonts()*. Para mais opções de fontes utilize o pacote *extrafont* ou *showtext*;
- *face* = *plain, italic, bold, bold.italic* para ajustar a fonte em plana, itálica, negrito ou negrito-itálico respectivamente;
- *colour* = cor da linha;
- *size* = tamanho do texto em pontos. Pode utilizar um valor ou proporcional ao padrão, fazendo rel(1.5) para um aumento de 50% ou rel(0.5) para diminuir em 50%;
- *hjust* = alinhamento horizontal entre *[0,1]*, *hjust* = 0.5 centraliza;
- *vjust* = alinhamento vertical entre *[0,1]*, *hjust* = 0.5 centraliza;
- *angle* = de [0,360];
- *lineheight* = altura da linha.

Podemos aplicar os elementos de texto de forma global ou especificando o elemento que pode ser só o título, só um dos eixos, etc. Para maiores detalhes consulte a documentação utilizando o comando *??theme*

```
p = ggplot(data = dados, aes(x=cheg_2012/1000, y =
cheg_2013/1000) )
p +
  geom_blank() +
  labs(title = "Título",
       x = "eixo x",
       y = "eixo y",
       subtitle = "Subtítulo") +
  theme_bw(base_size = 18) +
  theme(text = element_text(family =  "mono") ) + #altera a fonte de
todos os textos
  theme(axis.text.x = element_text(size = rel(1.2)) ) + #aumenta a
fonte só do eixo x em 20%
  theme(axis.text.y = element_text(angle = 45)) + #muda o ângulo do
texto do eixo y para 45 graus
  theme(axis.title.y = element_text(face = "bold.italic"))+ #muda o
texto do rótulo do eixo x para negrito-itálico
  theme(plot.title = element_text(hjust = 0.5)) + #centraliza o título
  theme(plot.subtitle = element_text(hjust=1)) #subtítulo à direita
```

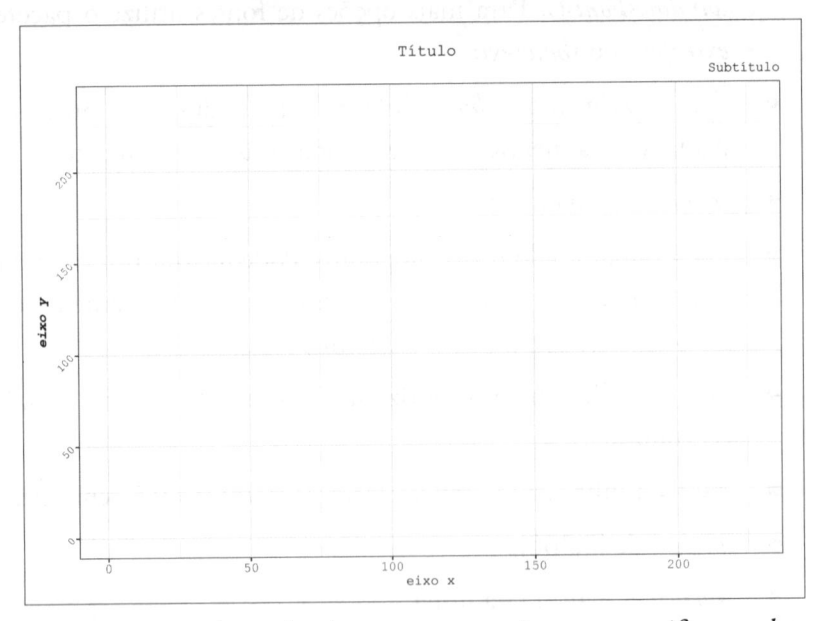

Figura 30: explorando elementos textuais em um gráfico *ggplot*

Fonte: elaboração própria.

Na figura 30 é possível observar os rótulos do eixo *y* com inclinação de 45 graus e em fonte negrito-itálico. A fonte dos textos foi modificada de forma geral para a família "mono", os rótulos do eixo *x* foram aumentados em 20% em relação ao eixo *y*, o título foi centralizado e o subtítulo deslocado para a direita.

Vários gráficos em uma janela

Usar *library(grid)* ou *library(patchwork)* em conjunto com os gráficos produzidos por ggplot.

```
library(grid)
library(ggplot2)

#p definido anteriormente
p = ggplot(data = dados, aes(x=cheg_2012/1000, y =
cheg_2013/1000))

#Gráfico 1

g1 = p +
  geom_blank() +
  theme_bw(base_size = 18)

#Gráfico 2

g2 = p +
  geom_point() +
  theme_minimal(base_size = 18)

#Layout para 1 linha e duas colunas (g1 ao lado de g2)

pushViewport(viewport (layout = grid.layout(1, 2)) )

#Atribuindo g1

print(g1, vp = viewport(layout.pos.row = 1,
                        layout.pos.col = 1) )

#Atribuindo g2

print(g2, vp = viewport(layout.pos.row = 1,
                        layout.pos.col = 2) )
```

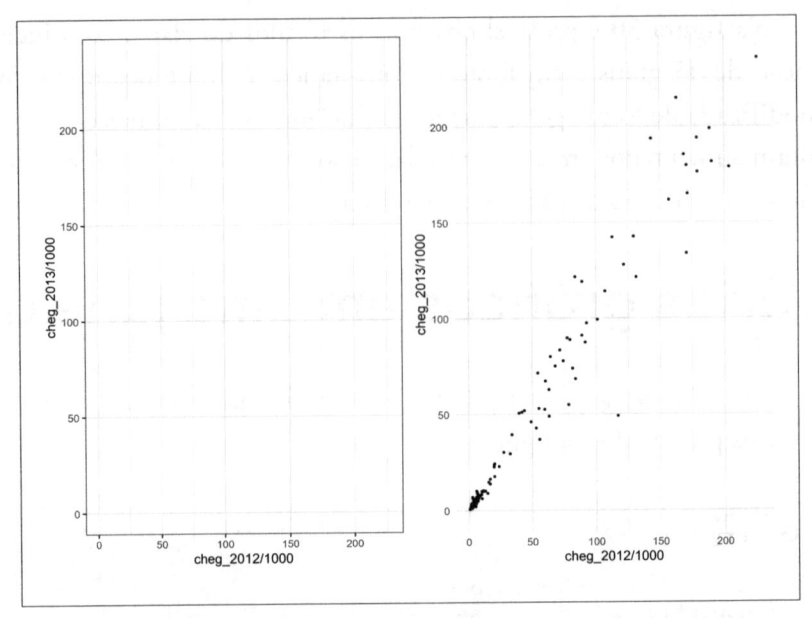

Figura 31: múltiplos gráficos ggplot utilizando grid.

O pacote *patchwork* deve ser instalado com o comando *devtools::install_github("thomasp85/patchwork")*, pois ainda não está disponível no CRAN.

```
library(patchwork)
library(ggplot2)

#p definido anteriormente

#Gráfico 1

g1 = p +
  geom_blank() +
  theme_bw(base_size = 18)

#Gráfico 2

g2 = p +
  geom_point() +
  theme_minimal(base_size = 18)

#Layout para 1 linha e duas colunas (g1 ao lado de g2)

g1 + g2 + plot_layout(ncol = 2) + plot_annotation(title =
"Dois gráficos com patchwork", tag_levels = "1") #Título
Geral e números em cada gráfico
```

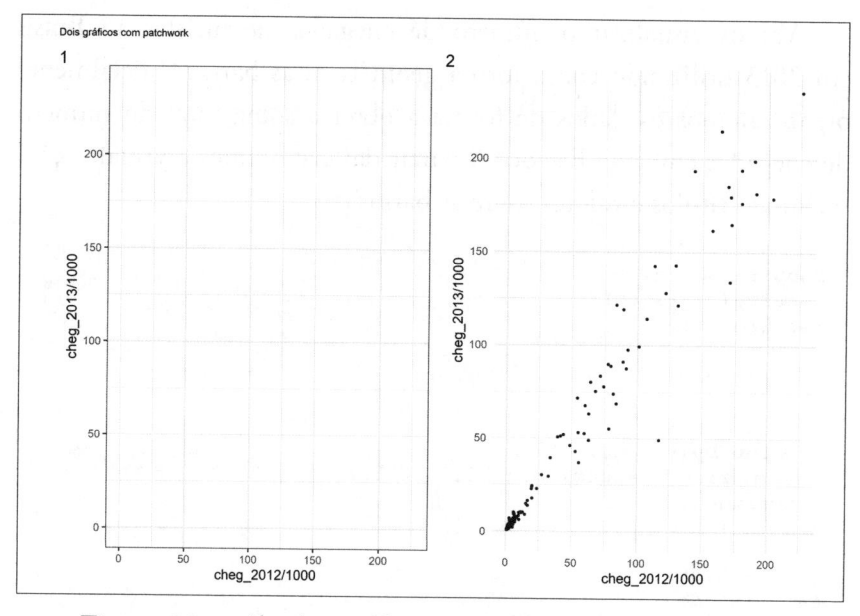

Figura 32: múltiplos gráficos ggplot utilizando patchwork

Tanto o gráfico da figura 31 como da figura 32 possuem a mesma aparência, a única diferença foi quanto ao pacote utilizado.

Gráfico de barras com ggplot2

Os dados utilizados para estes gráficos estão disponíveis em https://github.com/Lucianea/Alta/blob/master/turismo.csv.

```
dados=read.csv2("https://raw.githubusercontent.com/
Lucianea/Alta/master/turismo.csv", sep = ",")
head(dados)

##   Mes   Estado cheg_2012 cheg_2013 cheg_2014 cheg_2015 C_Estado
Regiao
## 1   1 Amazonas      3717      4945      3581      4423        1
Norte
## 2   2 Amazonas      4048      3905      2915      3187        1
Norte
## 3   3 Amazonas      3581      2449      2797      3666        1
Norte
## 4   4 Amazonas      1914      1447      1474      3392        1
Norte
## 5   5 Amazonas      1567      2152      3225      3406        1
Norte
## 6   6 Amazonas      3237      2606     13309      4271        1
Norte
```

Vamos visualizar o número de chegadas de turistas ao Brasil em 2013 utilizando como forma geométrica as barras. Inicialmente organizaremos os dados de forma a obter a soma total do número de chegadas em cada Estado. A partir daí elaboramos a visualização, incluindo títulos e valores sobre as barras.

```
require(ggplot2)
require(magrittr)
require(dplyr)

#Organizando os dados

dt = dados %>%
  group_by(Estado) %>%
  summarise(y = sum(cheg_2013/1000)) %>%
  arrange(y)
head(dt)

## # A tibble: 6 x 2
##     Estado            y
##     <fct>          <dbl>
## 1 Para             13.3
## 2 Amazonas         33.0
## 3 RioGrandeNorte   35.9
## 4 MatoGrossoSul    41.5
## 5 MinasGerais      46.6
## 6 Outras           55.7

#Observe os níveis da variável Estado

levels(dt$Estado)

## [1]  "Amazonas"        "Bahia"           "Ceara"           "DF"
## [5]  "MatoGrossoSul"   "MinasGerais"     "Outras"          "Para"
## [9]  "Parana"          "Pernambuco"      "RioGrandeNorte"  "RioGrandeSul"
## [13] "RioJaneiro"      "SantaCatarina"   "SaoPaulo"
```

O *ggplot* ordena as categorias pela ordem alfabética dos níveis da variável (*levels*). Num gráfico de barras é adequado que elas se apresentem de acordo com a altura em ordem crescente ou decrescente, desse modo, os níveis deverão ser renomeados com essa *ordem*. No caso em questão queremos que os *levels* estejam nomeados de acordo com o número de chegadas do menor para o maior.

Para isso use a função *reorder(x,y)* que ordenará os níveis da variável tipo fator *x* de acordo com a ordem crescente da variável tipo numérica *y* (para ordem decrescente use *reorder(x,-y)*).

```
#Script para o gráfico de barras com ggplot2

require(ggplot2)

p = ggplot(dt) +
  aes(x = reorder(Estado, y), y) + #mapeamento das variáveis

  geom_bar(stat = "identity") + #forma de barras

  labs(title = "Chegada de Turistas ao Brasil em 2013",
       x = "Estados",
       y = "Número de chegadas por mil") + #títulos

  geom_text(aes(label=round(y,2)), hjust=0, vjust=0) +
#insere valores sobre as barras

  theme_bw(base_size = 18) + #define o tema

  theme(plot.title = element_text(hjust=0.5)) + #centraliza o título

  theme(axis.text.x = element_text(angle = 90)) #muda o ângulo
do texto do eixo x para 90 graus

p
```

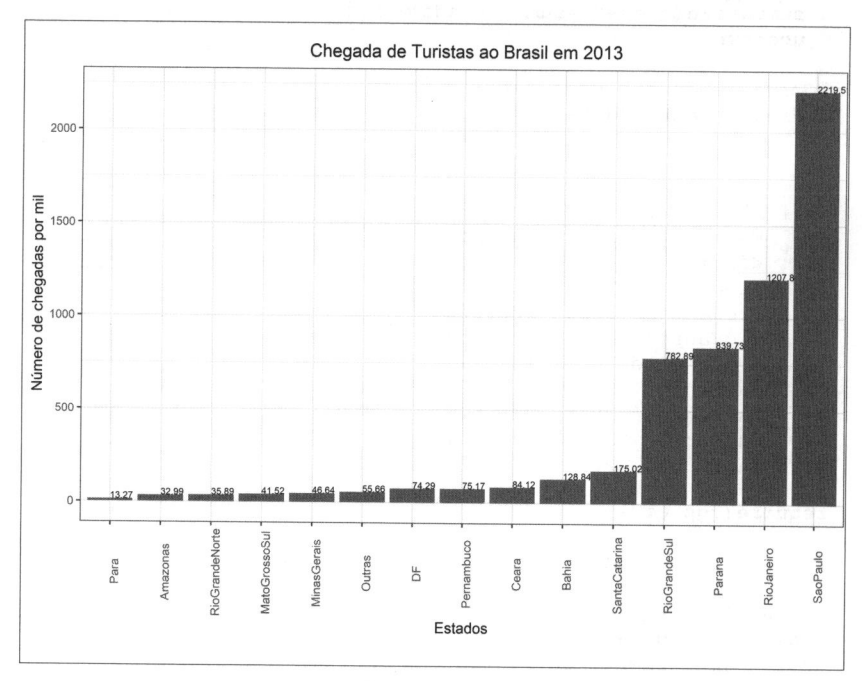

Figura 33: gráfico de barras com ggplot2
Fonte: elaboração própria.

Observa-se no gráfico da figura 33 que os Estados do Brasil que mais receberam turistas em 2013 foram São Paulo, Rio de Janeiro, Rio Grande do Sul e Paraná, sendo que São Paulo lidera o ranking e apresenta quase o dobro do número de chegadas ao ser comparando com o segundo colocado que é o Rio de Janeiro.

Quando temos mais de uma variável numérica associada à variável categórica, podemos criar gráfico de barras lado a lado ou empilhadas.

```r
require(dplyr)
require(tidyr)

#Organizando os dados em 3 colunas

dt = dados %>%
  filter(Estado == "SaoPaulo" | Estado == "RioJaneiro") %>%
  rename(`2012` = cheg_2012, `2013` = cheg_2013, `2014` = cheg_2014, `2015` = cheg_2015) %>%
  gather(ano, chegada, `2012`:`2015`) %>%
  select(Estado, ano , chegada) %>%
  group_by(Estado, ano) %>%
  summarize(chegada=sum(chegada)) %>%
  ungroup()

#Convertendo ano para fator
dt$ano = factor(dt$ano)

dt

## # A tibble: 8 x 3
##    Estado     ano    chegada
##    <fct>      <fct>  <int>
## 1 RioJaneiro 2012   1164187
## 2 RioJaneiro 2013   1207800
## 3 RioJaneiro 2014   1597153
## 4 RioJaneiro 2015   1375978
## 5 SaoPaulo   2012   2110427
## 6 SaoPaulo   2013   2219513
## 7 SaoPaulo   2014   2219917
## 8 SaoPaulo   2015   2248811

require(ggplot2)

#Script para gráfico de barras com duas ou mais categorias

p = ggplot(dt) +
  aes(x = reorder(Estado, chegada), y=chegada/1000, fill = ano) + #mapeamento das variáveis
  geom_bar(stat="identity", position = "dodge") + #forma de barras
```

```
    geom_text(aes(label=round(chegada/1000,2)), position =
position_dodge(width=0.9), vjust=-0.25)   #insere valores
sobre as barras

#Adicionando camadas a p
p1 = p +
  labs(title = "Chegada de Turistas ao Brasil - versão
barras lado a lado",
       x = "Estados",
       y = "Número de chegadas por mil") + #títulos
  theme_bw(base_size = 18) + #insere tema

  theme(plot.title = element_text(hjust=0.5)) + #centraliza
o título
  scale_fill_grey(start = 0, end = .9) #ajusta para escala
de cinza

p1


#Criando a versão barras empilhadas

p = ggplot(dt) +
  aes(x = reorder(Estado, chegada), y=chegada/1000, fill =
ano) + #mapeamento das variáveis
  geom_bar(stat="identity") + #forma de barras
  geom_text(aes(label=round(chegada/1000,2)), position =
position_stack(vjust=1))   #insere valores sobre as barras

#Adicionando camadas a p
p2 = p +
  labs(title = "Chegada de Turistas ao Brasil - versão
barras empilhadas",
       x = "Estados",
       y = "Número de chegadas por mil") + #títulos
  theme_bw(base_size = 18) + #insere tema
  theme(plot.title = element_text(hjust=0.5)) + #centraliza o título
  scale_fill_grey(start = 0.4, end = 1) #ajusta para escala de cinza

p2
```

Os gráficos p1 e p2 podem ser vistos na figura 34 numerados respectivamente por 1 e 2.

```
require(patchwork)
pp= p1 + p2 + plot_layout(ncol = 1) + plot_annotation(title
= "Gráfico de Barras com duas ou mais categorias", tag_
levels = "1") #Título Geral e números em cada gráfico
pp
```

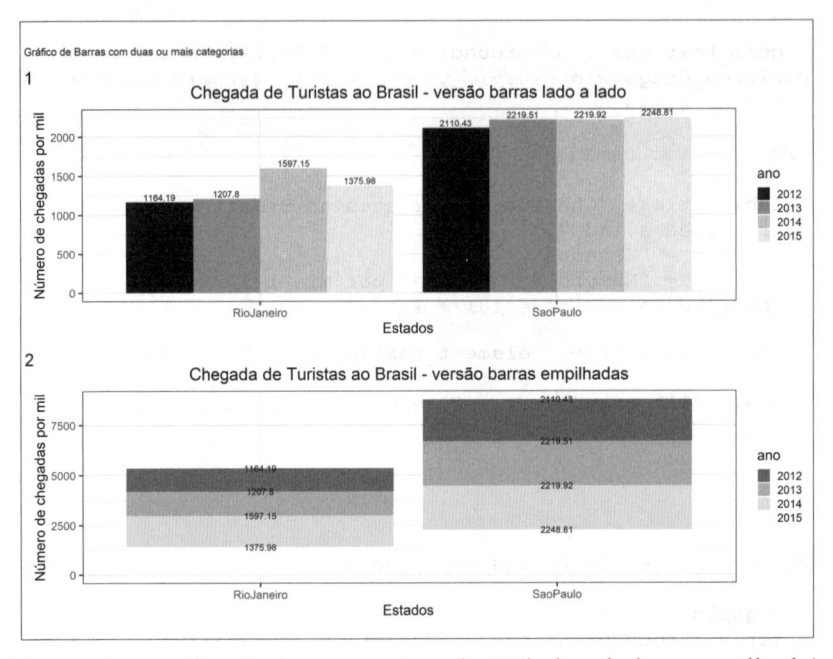

Figura 34: gráfico de barras com ggplot2 (lado a lado e empilhado)
Fonte: elaboração própria.

Boxplot ou histograma com ggplot2

Para elaborar um *boxplot* é necessária pelo menos uma variável quantitativa. Se a variável pode ser agrupada por fatores, teremos um *boxplot* comparativo y ~ x, isto é, variável numérica y agrupada pelas categorias da variável do tipo fator x.

```
#Script para boxplot no ggplot
require(ggplot2)
p = dados %>% ggplot( aes(x = as.factor(Mes),
y=cheg_2012/1000) )
```

```
p + geom_boxplot() +
   labs(x = "Mês",
        y = "No. de chegadas",
        title = "Visualizando a variabilidade de chegadas
de turistas ao Brasil no ano de 2012") +
   theme_bw(base_size = 18) # adiciona tema "Black and White"
```

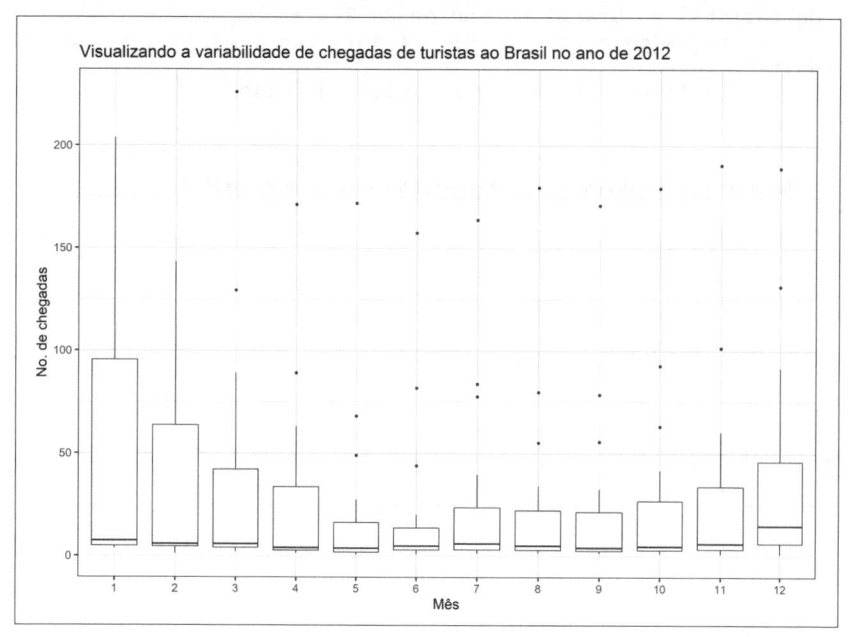

Figura 35: gráfico boxplot com ggplot2 (caixa vertical)
Fonte: elaboração própria.

No gráfico da figura 35, nota-se que à exceção dos meses de janeiro e fevereiro, todos os demais apresentam valores discrepantes, com destaque para o mês de março em que se observa um valor acima de 200 mil. Também é possível observar que junho é o mês com menor amplitude e frequência de chegadas. Em todos os meses, nota-se assimetria à direita já que Q3 - Q2 > Q2 - Q1 em todos os casos.

```
p = dados %>% ggplot(aes(x = as.factor(Mes),
                         y = cheg_2012/1000) )

p + geom_boxplot() +
   labs(x = "Mês",
        y = "No. de chegadas",
        title = "Visualizando a variabilidade de chegadas
de turistas ao Brasil no ano de 2012") +
   theme_bw(base_size = 18) + # adiciona tema "Black and
White"
   coord_flip() #inverte a posição do eixo x
```

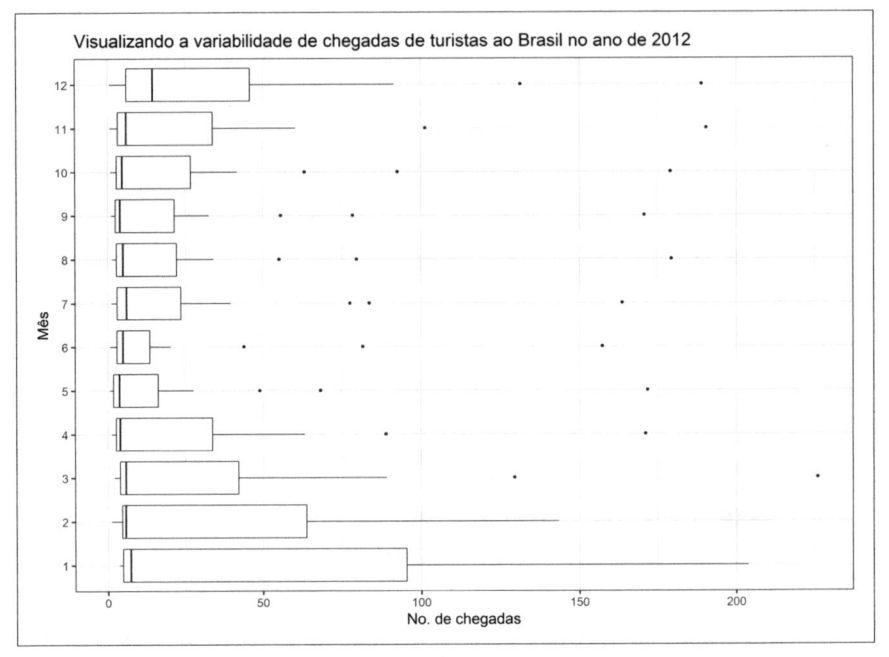

Figura 36: gráfico boxplot com ggplot2 (caixa horizontal)

Fonte: elaboração própria.

No gráfico da figura 36 é exibido o *boxplot* em que as caixas se apresentam na posição horizontal.

Para elaborar um histograma é necessária uma variável quantitativa. No eixo *x* teremos os valores da variável e no eixo *y* sua frequência que pode ser absoluta ou relativa.

A figura 37 exibe o histograma do número de chegadas de turistas ao Brasil no ano de 2013. Foi aplicada a escala logarítmica ao eixo *x* para obter uma melhor visualização do comportamento da variável por região. Observa-se através do contraste de cores que há uma separação entre o comportamento da variável com relação às regiões Sul e Sudeste em comparação com as demais regiões.

```
#Script para histograma no ggplot

require(ggplot2)

p = ggplot(dados, aes(x=cheg_2013/1000))

p + geom_histogram(aes(y = ..count.., fill = factor(Regiao)),
            position="identity", alpha=0.6, binwidth = 0.1)
+
  scale_x_log10() +
  labs(x = "Chegadas em escala logarítmica",
       y = "Frequência Absoluta",
       title = "Histograma do número de chegadas de turistas ao
Brasil \nAno de 2013") +
  theme_bw(base_size = 18) +
  scale_fill_discrete(name = "Região") +
  scale_fill_grey(start = 0.2, end = 0.8 )
```

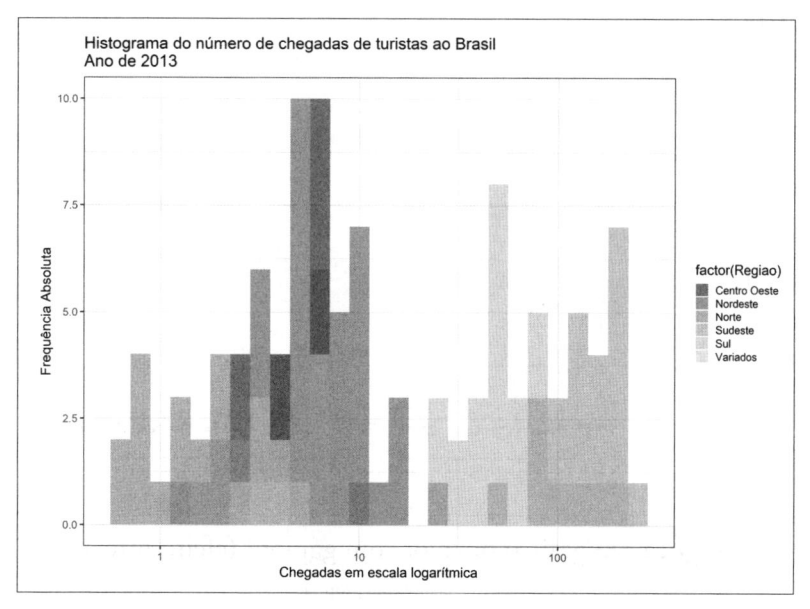

Figura 37: gráfico boxplot com ggplot2 (caixa vertical)
Fonte: elaboração própria.

O efeito jitter

No gráfico de pontos ou dispersão, quando diversas observações apresentam o mesmo valor, na visualização convencional não é possível perceber esse fato. Desse modo, o efeito jitter estabelece uma forma de evidenciar essas repetições. É um efeito que mostra os pontos sobrepostos num resultado de espalhamento em torno do ponto de sobreposição, permitindo que se visualize melhor a quantidade de ocorrências.

```
p = ggplot(dados, aes(x = as.factor(Mes),
                      y = cheg_2012/1000) )

p + geom_boxplot() +
  geom_jitter() +
  theme_bw(base_size = 18)+
  labs( x = "Mês", y = "Chegadas de turistas por mil", title
= "Efeito Jitter")
```

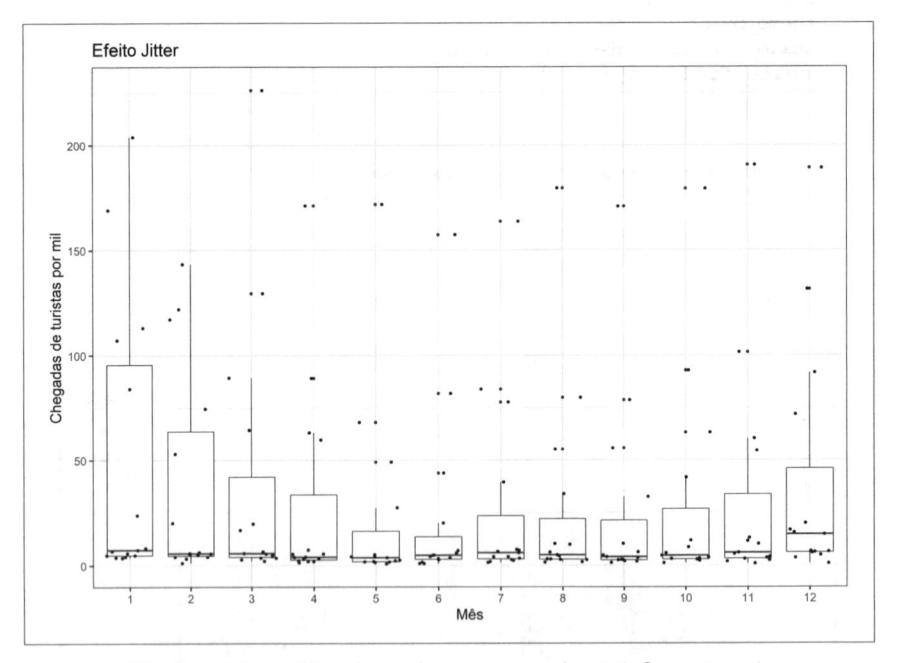

Figura 38: gráfico boxplot com ggplot2 (efeito jitter)

Fonte: elaboração própria.

No gráfico da figura 38, percebe-se com mais clareza como os pontos se distribuem em relação ao eixo *y*. Por exemplo no mês oito podemos perceber dois pontos muito próximos, acima de 150 mil chegadas que sem o efeito jitter não seria possível visualizar.

Facetas

Podemos dividir os gráficos por facetas definidas em grupos. Teremos como resultado um painel exibindo as facetas da variável em cada categoria. O comando para isso é o *facet_grid* cujos argumentos dependem de uma variável para dividir o painel em linhas e outra variável para as colunas.

As escalas de cada faceta são definidas pelo argumento *facet* que pode ser fixo ("*fixed*"), livre em um dos eixos ("*free_x* ou *free_y*") ou livre em ambos os eixos ("*free*"). Da mesma forma, o tamanho dos painéis podem variar com o argumento *space* (são os mesmos de *facet*).

```
require(magrittr)
require(tidyverse)

#Organizando os dados: regiões Norte e Nordeste

dt = dados %>% filter(Regiao == "Norte" | Regiao ==
"Nordeste")

require(ggplot2)
p = ggplot(dt,
           aes(x = as.factor(Mes),
               y = cheg_2012/1000))

p + geom_boxplot() +
  theme_bw(base_size = 18)+
  labs(x = "Mês", y = "Chegadas por mil", title = "Chegadas
de turistas ao Brasil em 2012: Regiões Norte e Nordeste")+
  facet_grid( Regiao ~., scale = "free_y", space = "free")
```

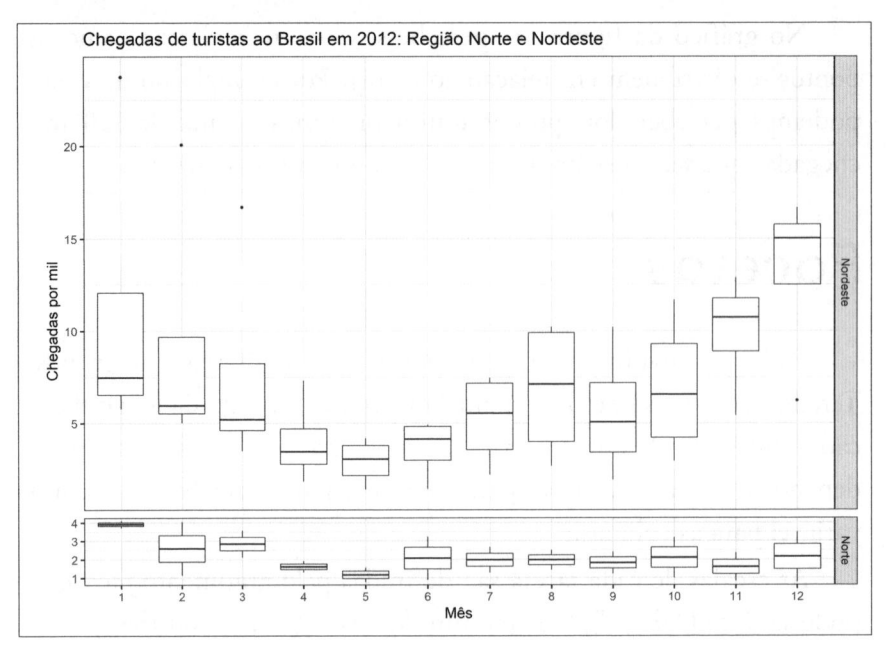

Figura 39: gráfico boxplot (dividido em painéis)
Fonte: elaboração própria.

O gráfico da figura 39 apresenta duas facetas para o número de chegadas de turistas ao Brasil por mês: uma para a região Norte e outra para Nordeste. Essas facetas permitem comparar a variabilidade dentro e entre as regiões consideradas. Ao optar pela escala e espaço livre em cada faceta é possível perceber que a região Norte apresenta uma variabilidade muito menor do que a região Nordeste. Nesta região observamos que diferente dos demais meses, novembro e dezembro apresentam uma assimetria à esquerda, um comportamento diferente da região Norte que nos mesmos dois meses é praticamente simétrica. Outro ponto importante a se destacar é que o mês de janeiro na região Norte possui baixa variabilidade e é o mês que mais recebe turistas, portanto, para o mês de janeiro na região Norte os dados indicam uma estabilidade quanto a chegada de turistas que gira em torno de quatro mil pessoas.

O comando *facet_wrap* permite definir o número de colunas para distribuir as facetas.

```
require(magrittr)
require(tidyverse)

#Organizando os dados: regiões Norte e Nordeste

dt = dados %>% filter(Regiao != "Variados"  )

require(ggplot2)
p = ggplot(dt,
           aes(x = as.factor(Mes),
               y = cheg_2012/1000) )

p + geom_boxplot() +
  theme_bw(base_size = 18)+
  labs(x = "Mês", y = "Chegadas por mil", title = "Chegadas
de turistas ao Brasil em 2012 por regiões")+
facet_wrap( ~Regiao, nrow=2, scale = "free_y")
```

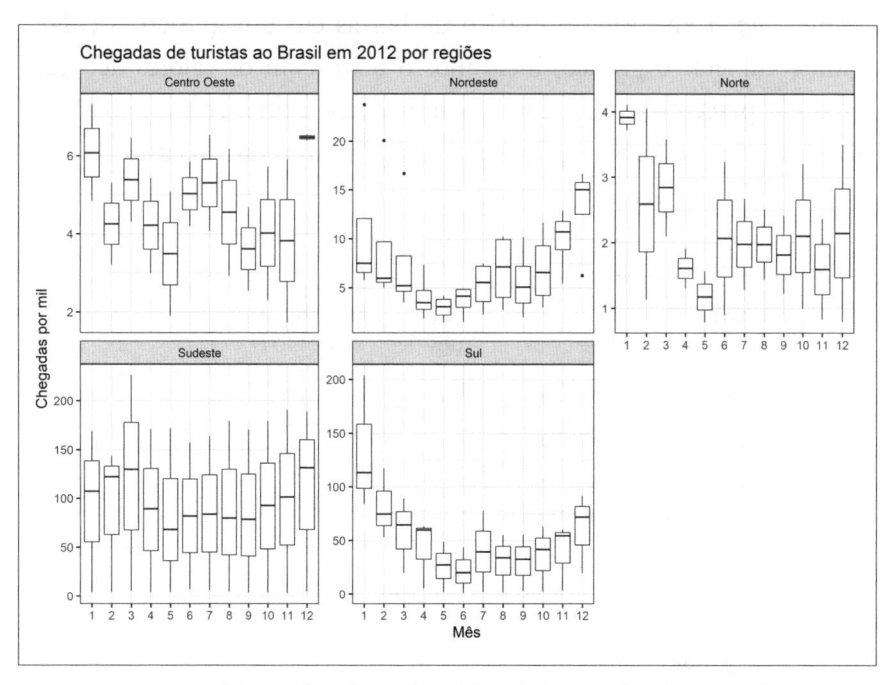

Figura 40: gráfico boxplot (dividido em facetas wrap)

Fonte: elaboração própria.

O gráfico da figura 40 apresenta cinco facetas para o número de chegadas de turistas ao Brasil por mês: uma para cada região, distribuídas num painel com duas linhas. Observe que o eixo *y* possui escala diferente em cada faceta.

Gráfico circular com ggplot2

Fazer um gráfico circular com *ggplot* equivale a produzir um gráfico de barras e aplicar coordenada polar para transformar as barras na forma circular.

Suponha que temos quatro empresas com quatro valores de orçamento a serem pagos. Propositadamente a soma dos orçamentos é igual a 100, mas pode ser qualquer valor. Primeiro cria-se um gráfico de barras empilhadas com uma única coluna (*x=1*). O comando *coord_polar* transforma o gráfico de barras em um gráfico circular. Para completar o gráfico, incluímos o texto com os valores de cada fatia em percentual. Outros elementos como título, cores, temas são manipulados de forma equivalente ao já visto nos outros casos.

```
require(ggplot2)

#Organizando os dados

d <- data.frame( orcamento = c(10, 20, 30, 40),
                 Empresa = c(paste("E", 1:4)) )

d %>% ggplot( aes(x = 1,  weight = orcamento,
                  fill = Empresa)) +
  geom_bar(color = "black") +
  coord_polar(theta = "y") +
  geom_text(x = 1.3,
            aes(y = cumsum(orcamento[4:1]) - orcamento[4:1]
/ 2,
                label =
paste0(100*round(orcamento[4:1]/sum(orcamento[4:1]),3), "%")
)
            ) +
  scale_y_continuous( breaks = NULL) +
  scale_x_continuous( breaks = NULL) +
  labs(x = "", y = "Fatia do orçamento a ser pago", title =
```

```
"Gráfico circular com ggplot2") +
  theme_bw(base_size = 18) +
  theme(panel.grid=element_blank()) +
  scale_fill_grey(start = 0.6, end = 1)
```

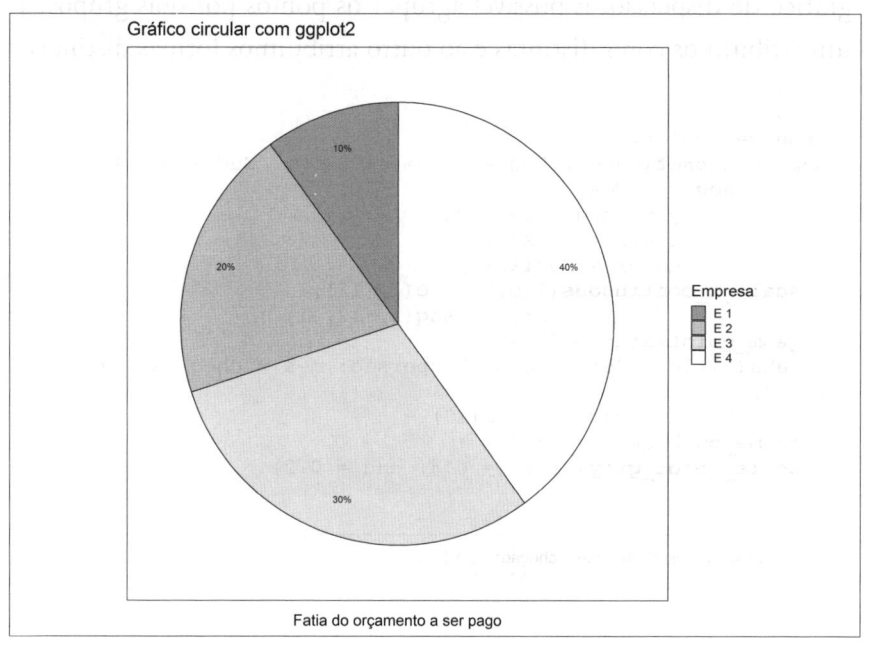

Figura 41: gráfico de setores com ggplot2

Fonte: elaboração própria.

O gráfico da figura 41 exibe um gráfico circular que demonstra a fatia do orçamento a ser pago para cada uma das quatro empresas listadas. Cabe a empresa E4 a maior porcentagem que corresponde a 40% do total, enquanto que a empresa E1 corresponde a menor porcentagem que é de 10%.

Gráfico de pontos

No gráfico de pontos temos dois eixos numéricos produzindo um gráfico de dispersão. É possível agrupar os pontos por dois grupos, a um atribuímos cores distintas e ao outro atribuímos formas distintas.

```
require(ggplot2)
ggplot(subset(dados, Regiao %in% c("Sul", "Sudeste") ),
       aes(x = Mes,
           y = cheg_2013/1000,
           shape = Estado,
           color = Regiao) ) +
  scale_x_continuous(limits = c(1, 12),
                     breaks=seq(1, 12, 1) ) +
  geom_point(size = 3) +
  labs(title = "Gráfico de Dispersão: mês x chegadas em 2013",
       y = "Chegadas por mil") +
  theme_bw(base_size = 18) +
  scale_color_grey(start = 0.8, end = 0.2)
```

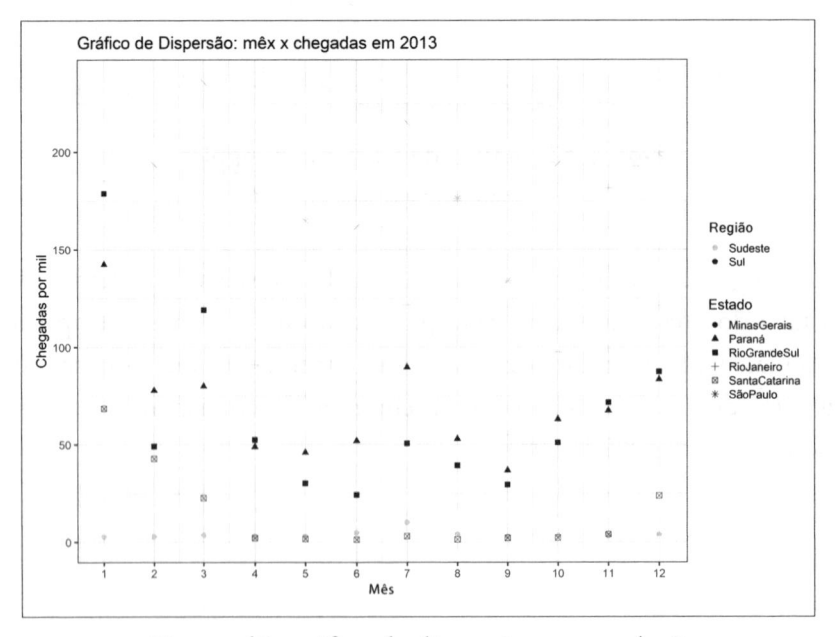

Figura 42: gráfico de dispersão com ggplot2

Fonte: elaboração própria.

Na figura 42 observamos a relação entre as chegadas de turistas ao Brasil no ano de 2013 e os meses do ano, considerando apenas as Regiões Sul e Sudeste. Veja que nesse caso relacionamos número de chegadas, mês, região e Estado, tudo no mesmo gráfico, permitindo observar que no mês de janeiro São Paulo e Rio Grande do Sul receberam um número muito próximo de turistas, chegando a quase 200 mil.

Gráfico de linhas

No gráfico de linhas temos dois eixos numéricos, produzindo um gráfico em que cada ponto dele é unido por uma linha. É um gráfico adequado para representar séries de valores no tempo.

```
ggplot(subset(dados, Regiao %in% c("Sul", "Sudeste") ),
       aes(x = Mes,
           y = cheg_2013/1000,
           color = Regiao,
           shape = Estado) ) +
    scale_x_continuous(limits = c(1, 12),
                       breaks = seq(1, 12, 1) ) +
    geom_point(size = 1.5) +
    geom_line(size = 1.0) +
    labs(title = "Gráfico de Linhas: mês x chegadas em 2013",
         y = "Chegadas por mil") +
    theme_bw(base_size = 18) +
    scale_color_grey()
```

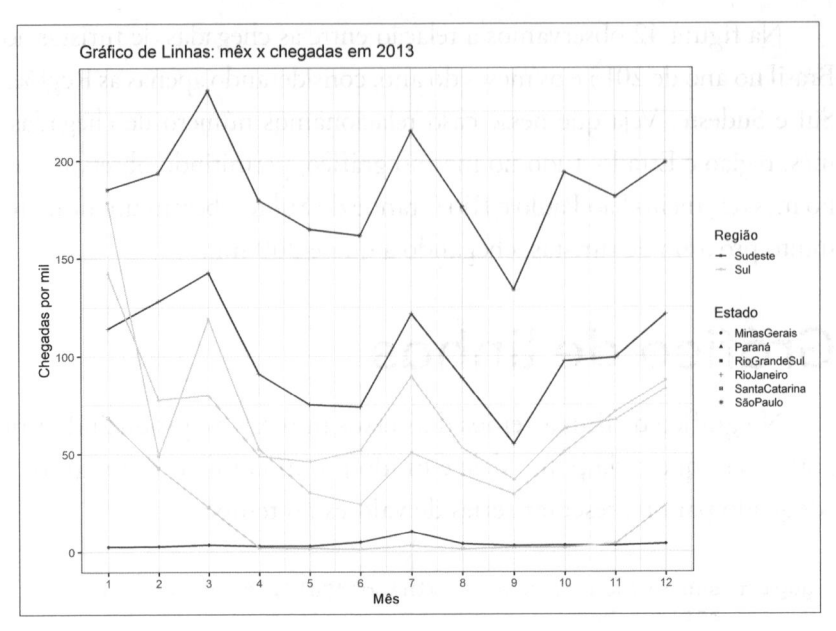

Figura 43: gráfico de linhas com ggplot2 (exemplo 1)
Fonte: elaboração própria.

Na figura 43 observamos que as séries de chegadas de turistas possuem comportamentos semelhantes ao longo dos meses, com picos nos meses de março, julho e dezembro. O mês de janeiro foi o único mês em que Rio de Janeiro ficou na quarta posição entre os Estados com maior recepção à chegada de turistas, sendo superado por Rio Grande do Sul e Paraná, nos demais meses manteve a segunda posição. Minas Gerais e Santa Catarina são os Estados com menor número de chegadas de turistas em 2013.

O efeito de suavização smooth

Trata-se de um ajuste por curva de tendência entre duas variáveis numéricas, utilizando-se de modelo de regressão local para gerar uma curva suavizada que melhor se ajuste aos pontos. Na regressão local, estima-se uma função na vizinhança de cada ponto de interesse.

```
ggplot(subset(dados, Estado %in% c("SaoPaulo") ),
       aes(x = cheg_2012/1000,
           y = cheg_2013/1000,
           color = Estado) ) +
  scale_x_continuous(limits = c(140, 230),
                     breaks = seq(140, 230, 10) ) +
  geom_point(size = 1.5) +
  geom_smooth(size = 1.0) +
  labs(title = "Gráfico com ajuste de curva de tendência: 2012 x 2013",
       y = "Chegadas por mil em 2013",
       x = "Chegadas por mil em 2012") +
  theme_bw(base_size = 18) +
  scale_color_grey()
```

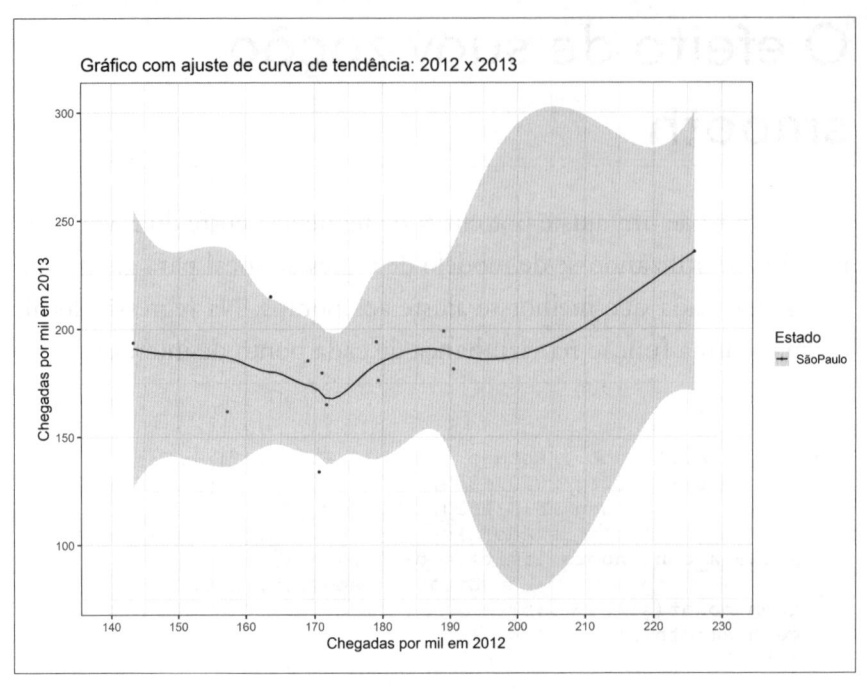

Figura 44: gráfico com efeito suavização smooth
Fonte: elaboração própria.

Na figura 44 observamos que chegadas em 2012 até 170 mil representam tendência de queda para as chegadas correspondentes em 2013. A partir de 170 mil chegadas, a tendência geral é de manter o crescimento de um ano para outro. A sombra no gráfico representa o intervalo de confiança da linha de tendência, isto é, nos mostra uma variabilidade que pode ocorrer em cada ponto observado, valores próximos de 200 mil apresentam a maior variabilidade, o que representa um ajuste não muito preciso, isso se deve ao fato de haver poucos pontos observados nessa faixa de valor, impactando na confiabilidade da estimativa de tendência.

Gráfico de dispersão com linha de tendência

Considere o modelo teórico $Y = 2X + 7$. Vamos simular uma amostra de tamanho 30 desse modelo. Utilizar a função *lm* para obter o modelo de regressão linear, mostrando o resultado no gráfico.

```
#Organizando os dados
set.seed(240517)
x = runif(30); y = 2*(x + rnorm(30, 0, 0.1)) + 7
z = rep(c("a", "b"), c(15, 15) )
df = data.frame(x, y, z)
model = lm(y ~ x, df)
dfm = data.frame(x, ym = predict(model) )

#Script para o gráfico de dispersão
ggplot(df,
       aes(x, y, color = "") ) +
  geom_point() +
  geom_smooth(method = "lm") + #acrescenta a reta de regressão com a região de confiança de 95%
  labs(title = sprintf( "Regressão Linear\nR-quadrado=%1.3f\nEquação:%1.2fX+%1.2f",
                       summary(model)$r.squared,
                       summary(model)$coefficients[2],
                       summary(model)$coefficients[1]),
       color = sprintf("Equação:%1.2fX+%1.2f",summary(model)$coefficients[2],
                       summary(model)$coefficients[1])) +
  scale_color_grey()+
  scale_fill_grey()+
  theme_bw(base_size = 18) +
  theme(plot.title = element_text(hjust = 0.5) #centraliza o título
        )
```

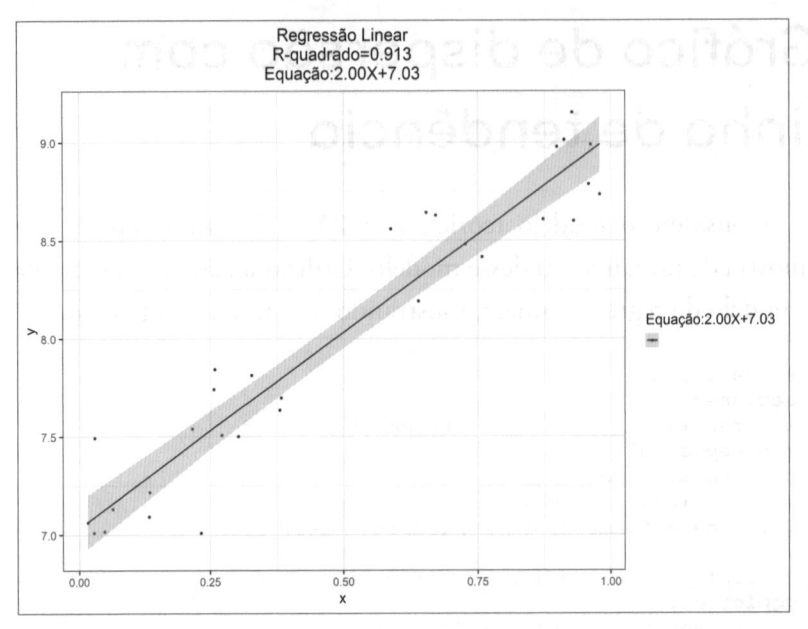

Figura 45: gráfico de dispersão com linha de tendência ggplot2

Fonte: elaboração própria.

Na figura 45 observamos um exemplo do gráfico de dispersão entre duas variáveis x e y que foram construídas para se observar forte correlação linear. O R^2 é um indicador da qualidade do ajuste e indica que 91.3% da variabilidade de y é explicada pela variabilidade de x. Quando realizamos um ajuste por regressão linear observamos o gráfico de dispersão, o coeficiente de correlação e o valor de R^2 conhecido como coeficiente de determinação.

Assistentes para ggplot2

Há muitos detalhes na elaboração de um gráfico, este capítulo está longe de esgotar e cobrir o tema e todas as suas possibilidades. Foram apresentadas aqui as principais ferramentas, procurando mostrar as suas funcionalidades e aplicações, dando a você o conhecimento suficiente para seguir adiante.

Existem muitos exemplos que podem ser visualizados na galeria de modelos do pacote ggplot2, acessando http://www.ggplot2-exts.org/gallery/.

Há também disponível algumas extensões que facilitam o uso do *ggplot*. Recomendo especialmente os pacotes *ggThemeAssist* e *esquisse*, que podem ser instalados pelo comando *install.packages("ggThemeAssist")* e *install.packages("esquisse")*.

Após instalar esses pacotes, eles se tornam disponíveis no menu *Addins* do R Studio, permitindo que você explore diversos recursos para a melhoria do seu gráfico.

Para utilizar os recursos do pacote *esquisse* será necessário o objeto contendo a tabela de dados. Para utilizar os recursos do pacote *ggThemeAssist* será necessário o objeto contendo um gráfico *ggplot* básico.

▶ **EXERCÍCIOS DE FIXAÇÃO PARA O APRENDIZADO**

|1| Extraia os dados de São Paulo, Rio de Janeiro e Rio Grande do Sul e apresente um gráfico de barras lado a lado, comparando o total de chegadas do ano de 2014 a 2015.

|2| Elabore um gráfico de pizza para a proporção de chegadas de turistas em cada região do Brasil

|3| Elabore um gráfico que exiba a variabilidade de chegadas dos Estados de SP e RS, apresentando-o numa malha em que figure as regiões do Brasil nas quais esses Estados estão inseridos.

|4| Apresente um gráfico de linhas com o número de chegadas de turistas ao Estado do Rio de Janeiro no período 2010-15 e apresente a sua suavização.

8

Limpeza rápida nos dados

> ▶ **OBJETIVO**
>
> Neste capítulo você aprenderá a limpar os dados antes de iniciar sua análise. Apresentar os dados em tabulação cruzada e aplicar o teste qui-quadrado em tabelas cruzadas. Ao final, você estará apto a utilizar o pacote janitor para limpeza rápida dos dados e obter tabulações cruzadas das variáveis.

Para uma limpeza rápida e básica, utilize o pacote *janitor* que foi projetado para uma inspeção e limpeza de dados "sujos". Inicie instalando o pacote com o comando *install.packages("janitor")*.

Ele trata vários problemas que podemos encontrar ao utilizar dados abertos ou quando várias pessoas diferentes digitaram os dados, produzindo registros que necessitam de ajustes antes de sua análise.

Limpando nomes do dataframe

Toda vez que você ler um conjunto de dados, utilize a função *clean_names()* para manipular nomes problemáticos de variáveis.

O que a função *clean_names* faz?

- Retorna nomes somente com letras em caixa baixa e com _ como separador;
- Manipula caracteres especiais e espaços;
- Inclui números para nomes duplicados;
- Converte o símbolo "%" para "percent" preservando o sentido.

Veja a seguir um exemplo de *dataframe* com nomes problemáticos. Em *OriGem* a letra *G* está em maiúscula enquanto as demais em minúsculas. *REPETE* aparece duplicada e os demais nomes apresentam símbolos.

```
library(janitor)
# Criando um dataframe com nomes problemáticos

dfp <- as.data.frame(matrix(ncol = 6))
names(dfp) <- c("OriGem",
                "REPETE",
                "REPETE",
                "% de acertos ",
                "R!$@$&*", "")
dfp
##   OriGem REPETE REPETE % de acertos R!$@$&*
## 1     NA     NA     NA           NA      NA NA
#Limpando o dataframe com o pacote janitor
clean_names(dfp)
##   ori_gem repete repete_2 percent_de_acertos  r  x
## 1      NA     NA       NA                 NA NA NA
```

A título de comparação, no pacote básico do R, está disponível a função *make.names* para corrigir nomes problemáticos. O que essa função faz é simplesmente eliminar espaços e símbolos por pontos, o que não é a solução ideal.

```
#Limpando o dataframe com o pacote básico (não recomendável)
make.names(names(dfp))

## [1] "OriGem"     "REPETE"    "REPETE"    "X..de.acertos."
## [5] "R......"               "X"
```

Remova colunas ou linhas inúteis

Vamos limpar as colunas com valores constantes e eliminar as linhas vazias, utilizando os comandos *remove_constant* e *remove_empty*.

Observe este exemplo:

```
library(janitor)

#Tabela de dados com valores perdidos e repetidos

x <- c("b", "a", "b", "c", "c", NA, "a", "a", NA, "a")
y <- rep("Brasil", 10)
z <- c(NA, 1:7, NA, NA)
vazia <- rep(NA,10)

dt <- data.frame(x, y, z, vazia)
dt
##         x      y  z vazia
## 1       b Brasil NA    NA
## 2       a Brasil  1    NA
## 3       b Brasil  2    NA
## 4       c Brasil  3    NA
## 5       c Brasil  4    NA
## 6    <NA> Brasil  5    NA
## 7       a Brasil  6    NA
## 8       a Brasil  7    NA
## 9    <NA> Brasil NA    NA
## 10      a Brasil NA    NA
```

Vamos limpar o que não serve para a nossa análise, como a coluna *y* e *vazia* que apresentam valores repetidos e depois eliminar os valores faltantes.

```
library(janitor)

#Eliminando a coluna com valores constantes

dt_clean1 = remove_constant(dt)
dt_clean1

##          x   z
## 1        b  NA
## 2        a   1
## 3        b   2
## 4        c   3
## 5        c   4
## 6     <NA>   5
## 7        a   6
## 8        a   7
## 9     <NA>  NA
## 10       a  NA


#Eliminando as linhas vazias

dt_clean2 = remove_empty(dt_clean1)
dt_clean2

##          x   z
## 1        b  NA
## 2        a   1
## 3        b   2
## 4        c   3
## 5        c   4
## 6     <NA>   5
## 7        a   6
## 8        a   7
## 10       a  NA
```

No procedimento acima é possível perceber que na primeira limpeza retiramos a coluna *y* e *vazia* cujos valores se repetiam em todas as linhas. Na segunda limpeza, eliminamos a linha vazia, no caso a linha nove que não apresenta valores para as variáveis não constantes.

Substitua valores perdidos

O pacote *janitor* nos auxilia a eliminar as linhas e colunas com valores perdidos, entretanto se o analista necessita substituir tais valores, o pacote *mice* ajuda nessa tarefa, usando técnicas de imputação de valores (Multivariate Imputation by Chained Equations) que levam em conta o tipo de variável, produzindo a substituição dos valores perdidos. Veja o exemplo:

```
#Considerando os dados com limpeza prévia
summary(dt_clean2)

##     x             z
##  a   :4    Min.   :1.0
##  b   :2    1st Qu.:2.5
##  c   :2    Median :4.0
##  NA's:1    Mean   :4.0
##            3rd Qu.:5.5
##            Max.   :7.0
##            NA's   :2

require(mice)

dt_ajustado=complete(mice(dt_clean2))

##
##  iter imp variable
##   1    1   x  z
##   1    2   x  z
##   1    3   x  z
##   1    4   x  z
##   1    5   x  z
##   2    1   x  z
##   2    2   x  z
##   2    3   x  z
##   2    4   x  z
##   2    5   x  z
##   3    1   x  z
##   3    2   x  z
##   3    3   x  z
##   3    4   x  z
##   3    5   x  z
##   4    1   x  z
##   4    2   x  z
##   4    3   x  z
```

(Continua)

```
(Continuação)
##    4    4    x    z
##    4    5    x    z
##    5    1    x    z
##    5    2    x    z
##    5    3    x    z
##    5    4    x    z
##    5    5    x    z

summary(dt_ajustado)
##  x           z
##  a:4   Min.   :1.000
##  b:3   1st Qu.:2.000
##  c:2   Median :4.000
##        Mean   :3.889
##        3rd Qu.:5.000
##        Max.   :7.000
```

Observe que antes da aplicação da técnica de substituição dos valores perdidos, a variável *x* apresentava frequência quatro para o valor *a* e depois passou a ter frequência cinco. A média e mediana de z apresentavam valor quatro e depois passou a ser 4.22 e 4.00 respectivamente. Essa técnica preserva estatísticas semelhantes aos dados originais.

Produzindo tabelas de frequência para uma variável

A função *tabyl()* do pacote *janitor* é uma versão melhorada de *table()* do pacote *base*.

As diferenças entre essas funções são:

- Retorna um *dataframe* que pode ser melhorado e impresso com *knitr::kable()*;
- Calcula porcentagens automaticamente;

- Pode (opcionalmente) exibir os valores NA;
- Quando NA ocorre, uma coluna adicional *valid_percent* é adicionada;
- Pode (opcionalmente) ordenar as contagens;
- Pode ser usada com o operador *pipe* %>%;
- Quando a variável for do tipo categórica, os valores perdidos são contabilizados na tabela.

```
library(janitor)

#Tabela de dados com valores perdidos e repetidos

x <- c("b", "a", "b", "c", "c", NA, "a", "a", NA, "a")
y <- rep("Brasil", 10)
z <- c(NA, 1:7, NA, NA)
vazia <- rep(NA,10)

#Tabela de frequência da variável x
tabyl(x, sort = TRUE)


##      x n percent valid_percent
##      a 4    0.4           0.50
##      b 2    0.2           0.25
##      c 2    0.2           0.25
##   <NA> 2    0.2             NA
```

Podemos usar o operador *pipe* em conjunto, veja o exemplo:

```
library(janitor)

tabyl(x) %>% dplyr::select(x, valid_percent)

##      x valid_percent
##      a          0.50
##      b          0.25
##      c          0.25
##   <NA>            NA
```

Tabulação cruzada

Uma tabela cruzada é gerada com a função *tabyl()* que apresenta as seguintes propriedades:

- Retorna um *dataframe*;
- Calcula frequências absolutas, mas é possível incluir frequências relativas por linha ou coluna;
- Pode (opcionalmente) mostrar os valores NA.

A função *tabyl* do pacote *janitor* produz o resultado que só seria possível através de um conjunto de várias funções do sistema *tidyverse*. Nesse sistema teríamos que usar *group_by %>% summarise %>% mutate %>% spread* que são funções dos pacotes *dplyr* e *tidyr*.

A seguir, vamos mostrar como produzir tabulação cruzada para duas variáveis categóricas:

```
#Criando uma tabela
cor_selo=c("azul", "preto", "azul", "vermelho", "preto",
"vermelho", NA, "preto", "vermelho", "preto", "azul")

categoria=c("A", "B", NA, "C", "A", "A", "C", NA, "B", "B", "A")

dt=data.frame(x=cor_selo,y=categoria)

dt
##              x      y
## 1         azul      A
## 2        preto      B
## 3         azul   <NA>
## 4     vermelho      C
## 5        preto      A
## 6     vermelho      A
## 7         <NA>      C
## 8        preto   <NA>
## 9     vermelho      B
## 10       preto      B
## 11        azul      A

library(janitor)
```

```
#Tabulação cruzada entre x e y
tabyl(dt,x,y)

##             x A B C NA_
##          azul 2 0 0  1
##         preto 1 2 0  1
##      vermelho 1 1 1  0
##          <NA> 0 0 1  0
```

O pacote *janitor* tem um conjunto de funções para *adornar* a tabulação. As funções disponíveis são:

- *adorn_total*: adiciona o total por linha, por coluna ou por ambos. _ *adorn_percentages*: calcula percentagens com base nos totais de linha, de coluna ou sobre o total geral da tabela. _ *adorn_pct_formatting*: formata as percentagens, controlando o número de dígitos a serem exibidos e incluindo o símbolo de %;

- *adorn_rounding*: produz arredondamento nos números da tabela, não deve ser usado em conjunto com *adorn_pct_formatting*;

- *adorn_ns*: adiciona as contagens (frequência absoluta);

- *adorn_title*: adiciona título à tabela, podendo ser no topo da tabela ou combinado na primeira linha/coluna.

```
library(janitor)
#Tabulação cruzada entre x e y com adornos
tabyl(dt,x,y) %>%
  adorn_percentages("row") %>% #inclui a porcentagem com base na linha
  adorn_pct_formatting() #formata para %

##         x      A      B      C    NA_
##      azul  66.7%   0.0%   0.0%  33.3%
##     preto  25.0%  50.0%   0.0%  25.0%
##  vermelho  33.3%  33.3%  33.3%   0.0%
```

(Continua)

(Continuação)

```
##       <NA>  0.0%   0.0% 100.0%  0.0%

library(janitor)
#Tabulação cruzada entre x e y com adornos
tabyl(dt,x,y) %>%
  adorn_percentages("col") %>% #inclui a porcentagem com base na coluna
  adorn_pct_formatting() #formata para %

##        x       A      B      C    NA_
##     azul  50.0%   0.0%   0.0%  50.0%
##    preto  25.0%  66.7%   0.0%  50.0%
## vermelho  25.0%  33.3%  50.0%   0.0%
##     <NA>   0.0%   0.0%  50.0%   0.0%
library(janitor)

#Tabulação cruzada entre x e y com adornos
tabyl(dt,x,y) %>%
  adorn_percentages("all") %>% #inclui a porcentagem com
base no total geral

  adorn_pct_formatting() #formata para %
##        x       A      B      C    NA_
##     azul  18.2%   0.0%   0.0%   9.1%
##    preto   9.1%  18.2%   0.0%   9.1%
## vermelho   9.1%   9.1%   9.1%   0.0%
##     <NA>   0.0%   0.0%   9.1%   0.0%

library(janitor)
#Tabulação cruzada entre x e y com adornos
tabyl(dt,x,y, show_na = F) %>%
  adorn_percentages("all") %>% #inclui a porcentagem com
base no total geral
  adorn_rounding(2) %>%  #arredonda com 2 casas decimais
  adorn_ns() %>%  #inclui as contagens
  adorn_title("combined", row_name = "Cor do Selo", col_name
= "Categoria")

## Cor do Selo/Categoria          A            B            C
##                 azul  0.25 (2)     0.00 (0)     0.00 (0)
##                preto  0.12 (1)     0.25 (2)     0.00 (0)
##             vermelho  0.12 (1)     0.12 (1)     0.12 (1)
```

Controle o método de arredondamento das porcentagens com a opção do método padrão fornecido pela função *adorn_round()*, utilizando o método "*half up*" (rounding = "*half to even*" ou "*half up*"). Isso significa, por exemplo, que 10.5 no método *half to even* resulta em 10 enquanto que no método *half up* resulta em 11.

```
dt %>%
  tabyl(x,y) %>%
  adorn_percentages() %>%
  adorn_rounding(digits = 0, rounding = "half up")

##             x A B C NA_
##          azul 1 0 0   0
##         preto 0 1 0   0
##      vermelho 0 0 0   0
##         <NA> 0 0 1   0
```

Teste qui-quadrado para tabela cruzada

O teste qui-quadrado é um teste não paramétrico e pode ser aplicado em dados tabelados de forma cruzada com o objetivo de testar as seguintes hipóteses estatísticas:

H_0: a variável linha é independente da variável coluna, ou seja, a proporção no total das linhas deve ser a mesma quando considerada em cada categoria da variável linha.

H_1: a variável linha é dependente da variável coluna, ou seja, a proporção no total das linhas é diferente da proporção em cada categoria da variável linha.

As variáveis devem ser categóricas e o número de observações em cada casela da tabela deve ser no mínimo cinco para que o teste seja adequadamente empregado. Para concluir o teste, observamos o resultado do *p-valor* e comparamos com o nível de significância adotado na pesquisa, que em regra geral costuma ser de 0.05 ou 5%. Sendo *p-valor* > 0.05, rejeitamos a hipótese conhecida como hipótese nula (H_0) e concluímos que as variáveis são dependentes ao nível de significância de 5%. Caso contrário, concluímos que não são dependentes ao nível de significância de 5%.

```
require(janitor)
#Suponha dois grupos que receberam tratamento

grupo = c(rep("A",15), rep("B", 15))
set.seed(20)
resposta = c(sample(0:1,16,replace = T), rep(1,14))
dt = data.frame(grupo, resposta)

tab = tabyl(dt, grupo, resposta, show_na = F)
tab

##  grupo 0  1
##      A 9  6
##      B 1 14

#aplicando o teste

chisq.test(tab)

## 
##  Pearson's Chi-squared test with Yates' continuity correction
## 
## data:  tab
## X-squared = 7.35, df = 1, p-value = 0.006706
```

No exemplo acima foi testada a hipótese de que a resposta ao tratamento dado aos grupos A e B seja independente. A amostra retornou *p-valor* menor do que 0.05 o que conduz a rejeição de H_0, isto é, ao nível de significância de 5% o teste do qui-quadrado indica que há uma dependência entre grupo e resposta ao tratamento.

No exemplo seguinte vamos observar a não rejeição da hipótese nula.

```
require(janitor)
#Suponha dois grupos que receberam tratamento

grupo = c(rep("A",15), rep("B", 15))
set.seed(20)
resposta = c(sample(0:1,25,replace = T), rep(1,5))
dt = data.frame(grupo, resposta)

tab = tabyl(dt, grupo, resposta, show_na = F)
tab

##  grupo 0 1
```

```
##      A 9 6
##      B 6 9
#aplicando o teste
chisq.test(tab)

##
##  Pearson's Chi-squared test with Yates' continuity correction
##
## data:  tab
## X-squared = 0.53333, df = 1, p-value = 0.4652
```

No exemplo acima foi testada a hipótese de que a resposta ao tratamento dado aos grupos A e B seja independente. A amostra retornou *p-valor* maior do que 0.05 o que conduz a *não* rejeição de H_0, isto é, ao nível de significância de 5% o teste do qui-quadrado indica que há uma independência entre grupo e resposta ao tratamento. Logo, nesse caso, o tratamento não trouxe diferença significativa entre os grupos uma vez que a resposta foi estatisticamente semelhante entre os grupos.

Caça aos registros com valores duplicados

A função *get_dupes()* realiza essa tarefa de forma a retornar os registros duplicados do conjunto de dados em análise (exibe uma coluna com a contagem de duplicatas) para que você possa detectar os casos problemáticos.

Portanto essa função será útil especialmente nos casos em que não deveria aparecer registros duplicados, por exemplo, num conjunto de registros de notas fiscais (ID) e seu valor de faturamento (FAT), só poderia aparecer uma única vez esta dupla (ID, FAT). Imagine que por engano uma dessas notas tenha sido registrada em duplicata. Conseguimos, então, através dessa função, identificar o erro para corrigi-lo.

```
df = data.frame(ID = c(1000, 1001, 1000, 1002),
                FAT = c(2098.60, 345.00, 2098.60, 1332.44),
                ANO = c(2016, 2016, 2016, 2017) )

get_dupes(df, ID, FAT) # ou df %>% get_dupes(ID, FAT) se
prefere usar pipe

## # A tibble: 2 x 4
##      ID   FAT dupe_count   ANO
##   <dbl> <dbl>      <int> <dbl>
## 1  1000 2099.          2  2016
## 2  1000 2099.          2  2016
```

CORRIJA NÚMERO PARA DATA COM EXCEL_NUMERIC_TO_DATE()

Se você carregou um arquivo do Excel que deveria ser data, mas aparece como um número, converta-o usando *excel_numeric_to_date()*. Essa função converte o número para a classe *Date*, e contém opções para especificar o sistema alternativo do Excel para Mac 2008 e versões anteriores. Veja o exemplo:

```
excel_numeric_to_date(51503)
## [1] "2041-01-02"
excel_numeric_to_date(51503, date_system = "mac pre-2011")
## [1] "2045-01-03"
```

Conte os níveis dos fatores — escala de Likert

A escala de Likert é utilizada para mensurar sentimentos numa escala que pode variar entre um e cinco níveis (a mais usada), sendo um o menor nível e cinco o maior nível de concordância ou discordância sobre uma pergunta ou afirmação. É uma escala muito conhecida em questionários de avaliação de percepção de pessoas sobre um tema. Os níveis dos fatores geralmente se apresentam como: concordo totalmente, concordo parcialmente, neutro, discordo parcialmente, discordo totalmente.

A função *top_levels()* realiza a contagem dos níveis da escala do tipo Likert.

A função fornece uma tabela com as contagens e percentuais dos níveis agrupadas em três grupos: alto, médio e baixo. O argumento *n* da função estabelece quantos níveis serão incluídos no grupo alto e baixo da escala. Assim, com cinco níveis e *n = 1* teremos um nível no grupo alto, três níveis em grupo médio e um nível no grupo baixo; já se n = 2 teremos dois níveis no grupo alto, um nível no grupo médio e dois níveis no grupo baixo.

```
f <- factor( c("neutro", "concordo totalmente",
            "concordo parcialmente", "concordo",
            "discordo parcialmente", "discordo
totalmente",
            "concordo totalmente", "concordo",
"concordo"),
            levels = c( "concordo totalmente",
                        "concordo parcialmente",
                        "neutro",
                        "discordo parcialmente",
                        "discordo totalmente") )
top_levels(f, n = 1)

##                                    f n   percent
##               concordo totalmente  2 0.3333333


##    <<< Middle Group (3 categories) >>> 3 0.5000000
##               discordo totalmente  1 0.1666667

top_levels(f, n = 2)

##                                    f n   percent
##    concordo totalmente, concor... 3 0.5000000
##                             neutro 1 0.1666667
##    discordo parcialmente, disc... 2 0.3333333
```

Podemos também utilizar o pacote *likert* para obter um resumo e uma visualização da análise de respostas na escala de Likert.

```
#Criando uma base de dados simulada com 3 questões

niveis = c( "concordo totalmente",
                        "concordo parcialmente",
                        "neutro",
                        "discordo parcialmente",
                        "discordo totalmente")
set.seed(30); q1= factor(sample(1:5, 40, replace = T))
levels(q1) = niveis
set.seed(31); q2= factor(sample(1:5, 40, replace = T))
levels(q2) = niveis
set.seed(32); q3= factor(sample(1:5, 40, replace = T))
levels(q3) = niveis

#As respostas na escala de Likert

respostas = data.frame(q1, q2, q3)

#Resumo das respostas

require(likert)

tb_likert <- likert(respostas)
summary(tb_likert)

##    Item  low  neutral high  mean  sd
## 3  q3  40.0    15.0  45.0  3.00  1.502135
## 2  q2  42.5    15.0  42.5  3.05  1.449138
## 1  q1  45.0    22.5  32.5  2.80  1.435806

require(likert)
library(RColorBrewer)

#Gráfico das respostas em escala de Likert

plot(tb_likert,
colors=c("gray30","gray65","gray95","gray75","gray55"))
```

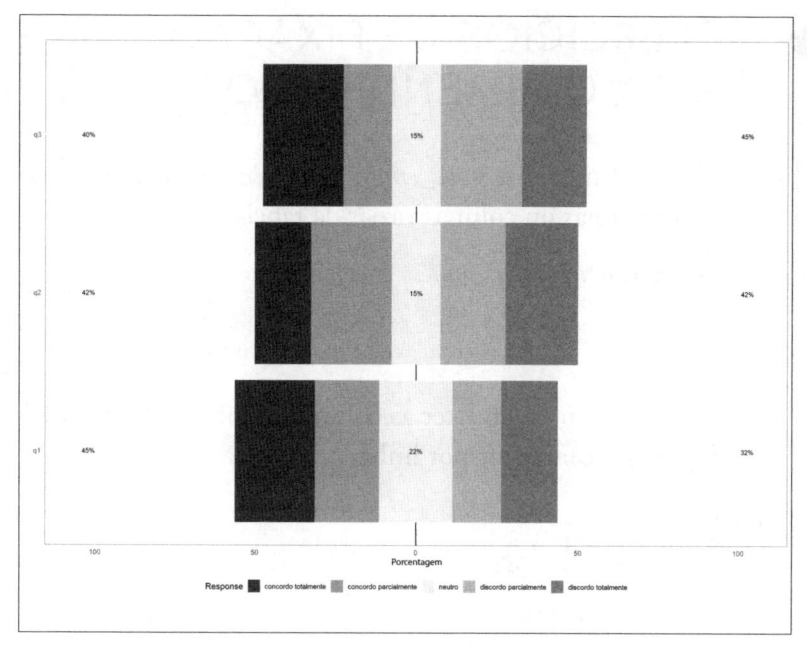

Figura 46: gráfico de barras (posição vertical)
Fonte: elaboração própria.

Na figura 46 observamos que *q1* apresentou 45% de concordância, 22% de neutralidade e 32% de discordância entre os respondentes. As demais perguntas *q2* e *q3* apresentaram respectivamente 42% e 40% de respondentes com concordância, 15% se mostraram neutros em ambas e 42% e 45% dos respondentes discordaram.

EXERCÍCIOS DE FIXAÇÃO PARA O APRENDIZADO

|1| Utilize as funções *remove_empty* e/ou *remove_constant()* para eliminar linhas ou colunas vazias da tabela *q*

```
q <- data.frame(x1 = c(1, NA, 3, 4),
                x2 = c(NA, NA, NA, NA),
                x3 = c("linha1", NA, "linha3",
                       "linha e coluna 2 foram eliminadas"))
```

|2| Use *adorn_* para converter as colunas numéricas FAT e FRETE para porcentagens por linha.

```
require(janitor)
require(tidyverse)
df = data.frame(ID = c(1000, 1001, 1002, 1003),
                FAT = c(2098.60, 345.00, 1332.44, 845.00),
                FRETE = c(0.00, 5.60, 20.00, 18.30) )
df

##     ID     FAT FRETE
## 1 1000 2098.60   0.0
## 2 1001  345.00   5.6
## 3 1002 1332.44  20.0
## 4 1003  845.00  18.3
```

|3| Substitua os valores faltantes com auxílio do pacote *mice*.

```
 q <- data.frame(x1 = c(1, NA, 3, 4, 7), x2 = c(3, 10, NA,
2, 10), x3 = c("a", NA, "b", "a", "b"))
q

##   x1 x2   x3
## 1  1  3    a
## 2 NA 10  <NA>
## 3  3 NA    b
## 4  4  2    a
## 5  7 10    b
```

|4| Rode o código abaixo para obter uma base de dados com 100 observações e duas variáveis. Substitua os valores faltantes dessa base.

```
x=c("azul", "preto", "azul", "castanho", "preto",
"castanho", "castanho", "castanho", "castanho", "preto")

y=c("loiro", "loiro", NA, "preto", "preto", "preto",
"preto", NA, "preto", "loiro")

dt = data.frame(x,y)

set.seed(30)

n = sample(1:10,100, replace = T)

dta = dt[n,]

summary(dta)


##           x             y
##   azul     :30    loiro:40
##   castanho:39    preto:40
##   preto    :31    NA's :20
```

|5| Adicione um adorno à tabela, contabilizando o total de cada coluna.

```
df = data.frame(ID = c(1000, 1001, 1002, 1003),
                FAT = c(2098.60, 345.00, 1332.44, 845.00),
                ANO = c(2016, 2016, 2017, 2017) )
df


##     ID      FAT  ANO
## 1 1000  2098.60 2016
## 2 1001   345.00 2016
## 3 1002  1332.44 2017
## 4 1003   845.00 2017
```

| 6 | Adicione um adorno à tabela, totalizando as colunas de FAT1 e FAT2.

```
df = data.frame(ID = c(1000, 1001, 1002, 1003),
                FAT1 = c(2098.60, 345.00, 1332.44, 845.00),
                FAT2 = c(1000, 800, 800, 400) )
df
##     ID    FAT1 FAT2
## 1 1000 2098.60 1000
## 2 1001  345.00  800
## 3 1002 1332.44  800
## 4 1003  845.00  400
```

| 7 | Adorne a tabela com percentagens e contagem.

```
require(janitor)
require(tidyverse)
df = data.frame(ID = c(1000, 1001, 1002, 1003),
                FAT = c(2098.60, 345.00, 1332.44, 845.00),
                FRETE = c(0.00, 5.60, 20.00, 18.30) )
df
##     ID     FAT FRETE
## 1 1000 2098.60   0.0
## 2 1001  345.00   5.6
## 3 1002 1332.44  20.0
## 4 1003  845.00  18.3
```

| 8 | Crie uma tabela com a função *top_levels* e n=2.

```
set.seed(30)
resp = sample(1:5, 100, replace = T)
f = as.factor(resp)
levels(f) = c( "concordo totalmente",
               "concordo parcialmente",
               "neutro",
               "discordo parcialmente",
               "discordo totalmente")
head(f)
## [1] concordo parcialmente discordo totalmente   concordo parcialmente
## [4] discordo totalmente   discordo parcialmente concordo parcialmente
## 5 Levels: concordo totalmente concordo parcialmente ... discordo totalmente
```

9

Análise descritiva dos dados

> **OBJETIVO**
>
> Neste capítulo você aprenderá a fazer uma análise descritiva dos dados através da tabulação das variáveis e cálculo de medidas descritivas como média, desvio-padrão, entre outras.

A análise descritiva dos dados se ocupa em obter informações preliminares como a contagem dos resultados observados em cada variável do conjunto de dados, levando-se em conta sua natureza qualitativa (categórica) ou quantitativa (numérica) uma vez que as propriedades descritivas dos dados dependem dessa natureza. Portanto, a chave de toda a análise está em distinguir variáveis numéricas das categóricas, analisando-as com três objetivos principais em mente: primeiro, verificar erros e anomalias; segundo, compreender a distribuição de cada uma das variáveis isoladamente; e terceiro, compreender a natureza e a força das relações entre as variáveis. Após essas etapas, o analista poderá estabelecer um modelo estatístico formal e relatar suas conclusões.

Uma variável numérica pode ser classificada como *contínua* se seus valores pertencem ao conjunto dos números reais como, por exemplo, temperatura corporal, saldo em caixa, peso da carga de um caminhão; ou como *discreta* se seus valores pertencem ao conjunto dos números inteiros como, por exemplo, número de pessoas com febre, número de empresas, número de caminhões.

Uma variável categórica pode ser classificada como *ordinal* se seus valores podem ser ordenados do menor para o maior como, por exemplo, estabelecer temperatura como baixa, média ou alta, o saldo em caixa como negativo, nulo ou positivo ou ainda o peso da carga do caminhão como leve ou pesado; ou como *nominal* quando não for possível estabelecer o ordenamento como, por exemplo, sexo do indivíduo, atividade fim da empresa, marca/modelo do caminhão.

Tabulação dos dados

Na etapa de tabulação, o pesquisador prepara as tabelas de frequência com o intuito de entender o comportamento das variáveis. O objetivo dessa seção é mostrar como construir as tabelas de frequência utilizando o pacote *janitor*.

O primeiro passo é ler os dados, então carregue o banco de dados *vendas.csv*, confira as primeiras linhas com a função *head* e a estrutura com a função *str*. Essas funções são úteis para conhecer os tipos de variáveis que temos, nesse caso temos variáveis do tipo inteira (quantitativa) e do tipo fator (qualitativa).

```
#Leitura da base de dados
dados = read.csv2(file =
            "https://raw.githubusercontent.com/
Lucianea/Alta/master/vendas.csv")
#Exibindo as 6 primeiras linhas da base de dados
```

```
head(dados)


##   cupom filial valor_compra n_itens desconto_perc quinzena
## 1   101      A       100.22       5             2        1
## 2   102      A        80.89      20             0        1
## 3   103      A        75.44       7             0        1
## 4   104      A       305.33       3            10        2
## 5   105      A       120.99       1             2        2
## 6   106      A        27.89       1             0        2

#Exibindo a estrutura dos dados
str(dados)

## 'data.frame':     23 obs. of  6 variables:
##  $ cupom         : int  101 102 103 104 105 106 201 202 203 204 ...
##  $ filial        : Factor w/ 3 levels "A","B","C": 1 1 1 1 1 1 2 2 2 2 ...
##  $ valor_compra  : num  100.2 80.9 75.4 305.3 121 ...
##  $ n_itens       : int  5 20 7 3 1 1 20 30 17 14 ...
##  $ desconto_perc : int  2 0 0 10 2 0 0 12 10 0 ...
##  $ quinzena      : int  1 1 1 2 2 2 2 2 2 1 ...
```

Para construir as tabelas de frequência da variável qualitativa filial, faça:

```
library(janitor)

#Tabela de frequência variável categórica
tabela_filial = tabyl(dados,filial) %>%
  adorn_totals() %>%
  adorn_rounding(2)

tabela_filial

##  filial  n percent
##       A  6    0.26
##       B 12    0.52
##       C  5    0.22
##   Total 23    1.00
```

A tabela de frequência pode ser inserida no relatório usando o comando abaixo, cujo resultado pode ser visto na tabela 14.

```
knitr::kable(tabela_filial, align = "ccc")
```

Tabela 14: de frequência — variável categórica

filial	n	percent
A	6	0.26
B	12	0.52
C	5	0.22
Total	23	1.00

Fonte: elaboração própria.

A tabela de frequência de variáveis numéricas, como é o caso de *valor_compra*, precisa ser dividida em intervalos (ou classes), pois pode assumir tantos valores distintos quanto forem os números de observações da variável. Para fazer a divisão em intervalos usaremos a função *cut()*, levando-se em conta o critério de Sturges para estabelecer o número de classes.

```
library(janitor)

#Cut para categorizar valor_compra em b intervalos
intervalo = (cut(dados$valor_compra, b=nclass.
Sturges(dados$valor_compra)))

#Tabela de frequência da variável valor_compra
tabela_valor = tabyl(intervalo) %>%
  adorn_totals() %>%
  adorn_rounding(2)
```

O resultado de *tabela_valor* pode ser visto na tabela 15.

Tabela 15: de frequência — variável contínua

```
knitr::kable(tabela_valor, align = "ccc")
```

intervalo	n	percent
(11.4,153]	13	0.57
(153,294]	4	0.17
(294,434]	2	0.09
(434,575]	2	0.09
(575,715]	0	0.00
(715,857]	2	0.09
Total	23	1.00

Fonte: elaboração própria.

Variações possíveis para sua tabela: incluir nos intervalos de classe o limite inferior [a,b) em vez do limite superior (a,b], como é o padrão da função *cut()*, faça no lugar da função *cut*, previamente utilizada, a substituição por:

```
#cut(dados$valor_compra, b = nclass.Sturges(dados$valor_
compra), right = FALSE)
```

Podemos definir os intervalos de classe que desejamos. Por exemplo, se queremos os intervalos [12, 182), [182, 352), [352, 522), [522, 692) e [692, 862) , faça no lugar da função *cut* previamente utilizado a substituição pelo vetor com os limites dos intervalos.

```
library(janitor)

#Cut para categorizar valor_compra em b intervalos
especificados
```

(Continua)

(Continuação)

```
intervalo = cut(dados$valor_compra, b=c(12, 182, 352, 522,
692, 862),   right = FALSE)

#Tabela de frequência da variável valor_compra
tabela_valor = tabyl(intervalo) %>%
  adorn_totals() %>%
  adorn_rounding(2)
```

A tabela de frequência vista na tabela 16 pode facilmente ser inserida no relatório usando o comando *knitr::kable(tabela_valor, align = "ccc")*, em que *tabela_valor* é o nome do objeto que contém a tabela a ser impressa.

Tabela 16: de frequência — variável contínua

intervalo	n	percent
[12,182)	13	0.57
[182,352)	5	0.22
[352,522)	3	0.13
[522,692)	0	0.00
[692,862)	2	0.09
Total	23	1.00

Fonte: elaboração própria.

Estatística descritiva com o pacote desctools

O pacote *DescTools* foi desenvolvido com o objetivo de fornecer uma análise descritiva de forma muito rápida e completa, permitindo ao analista ganho de tempo nessa tarefa. A principal função no pacote é *Desc* que foi concebida para descrever as variáveis de acordo com sua natureza, produzindo medidas estatísticas descritivas e uma representação gráfica adequada. É possível descrever variáveis lógicas, fatores (ordenados e não ordenados), variáveis inteiras (normalmente contagens), numéricas, datas, tabelas e matrizes.

Não esqueça de verificar se o pacote está instalado. Vamos ao exemplo!

Usaremos o mesmo banco de dados vendas.csv, já lido anteriormente. Reveja a seção anterior.

Para a análise descritiva univariada basta a função *Desc()* que retorna tudo que é necessário para a análise, desde as tabelas de frequência, as medidas estatísticas como média, mediana, desvio-padrão, etc. até gráficos. Tudo isso com apenas uma linha de comando!

Listamos a seguir as saídas que essa função fornece para o caso de variáveis numéricas

- *length*, o comprimento do vetor;
- *n*, o número de observações válidas;
- NAs, o número de observações faltantes;
- *unique*, o número de observações distintas entre si;
- 0s, o número total de valores nulos;
- *mean*, a média aritmética do vetor;
- *meanSE*, fornece um intervalo de 95% de confiança para a média, com base no erro padrão da média, ;
- .05, .., .95 percentil de *x*, iniciando com 5%, 10%, 1o. quartil, mediana, etc.;
- *range*, a amplitude do vetor *x*, ;
- *sd*, o desvio-padrão do vetor *x*;
- *vcoef*, o coeficiente de variação de *x*, definido como ;
- *mad*, o desvio médio absoluto;

- *IQR*, a amplitude interquartil, definida por 3°. quartil - 1°. quartil;
- *skew*, o coeficiente de assimetria do vetor *x*;
- *kurt*, o coeficiente de curtose do vetor *x*;
- *lowest*, os cinco menores valores do vetor;
- *highest*, os cinco maiores valores do vetor.

É possível controlar alguns parâmetros dessa função, como por exemplo:

- Omitir os gráficos, faça *Desc(dados, plotit = F)*;
- Mapear os dados faltantes *PlotMiss(dados, main="Dados Faltantes", clust = TRUE)*;
- Controlar opções diversas, consulte *?DescToolsOptions*;
- Customizar o gráficos, use *plot(Desc (dados$causa), main = NULL, maxlablen = 25, type = c("bar", "dot"), col = NULL, border = NULL, xlim = NULL, ecdf = TRUE)*, *maxlablen* controla o número de caracteres máximo impresso nos rótulos do gráfico enquanto que *ecdf* exibe ou não as barras acumuladas do gráfico de barras.

Veja o exemplo:

```
library(DescTools)
#Obtendo estatísticas da base de dados
Desc(dados, digits = 2, plotit = F)

## -------------------------------------------------------------
## Describe dados (data.frame):
##
## data frame:  23 obs. of   6 variables
##      23 complete cases (100.0%)
##
```

```
##    Nr  ColName         Class     NAs  Levels
##    1   cupom           integer    .
##    2   filial          factor     .   (3): 1-A, 2-B, 3-C
##    3   valor_compra    numeric    .
##    4   n_itens         integer    .
##    5   desconto_perc   integer    .
##    6   quinzena        integer    .
##
##
## -----------------------------------------------------------
## 1 - cupom (integer)
##
##    length         n       NAs    unique        0s      mean    meanCI
##        23        23         0       = n         0    200.61    170.09
##               100.0%      0.0%                0.0%              231.13
##
##       .05       .10       .25    median       .75       .90       .95
##    102.10    103.20    153.50    206.00    211.50    302.80    303.90
##
##     range        sd     vcoef       mad       IQR      skew      kurt
##    204.00     70.58      0.35      8.90     58.00     -0.02     -1.10
##
## lowest : 101, 102, 103, 104, 105
## highest: 301, 302, 303, 304, 305
##
## -----------------------------------------------------------
## 2 - filial (factor)
##
##    length         n       NAs    unique    levels     dupes
##        23        23         0         3         3         y
##               100.0%      0.0%
##
##     level      freq      perc   cumfreq   cumperc
## 1       B        12    52.17%        12    52.17%
## 2       A         6    26.09%        18    78.26%
## 3       C         5    21.74%        23   100.00%
##
## -----------------------------------------------------------
## 3 - valor_compra (numeric)
##
##    length         n       NAs    unique        0s      mean    meanCI
##        23        23         0       = n         0    224.44    126.13
##               100.0%      0.0%                0.0%              322.76
##
##       .05       .10       .25    median       .75       .90       .95
##     28.15     36.74     78.16    117.60    288.29    500.64    708.88
##
##     range        sd     vcoef       mad       IQR      skew      kurt
##    843.75    227.36      1.01    129.13    210.13      1.40      1.00
##
```

(Continua)

(Continuação)

```
## lowest : 12.25, 27.89, 30.50, 61.69, 70.00
## highest: 354.00, 500.00, 500.80, 732.00, 856.00
## 
## -----------------------------------------------------------
## 4 - n_itens (integer)
## 
##    length         n       NAs    unique        0s      mean    meanCI
##        23        23         0        17         0     24.39     12.06
##             100.0%      0.0%                 0.0%                36.72
## 
##       .05       .10       .25    median       .75       .90       .95
##      1.00      1.00      4.00     17.00     30.50     57.00     96.00
## 
##     range        sd     vcoef       mad       IQR      skew      kurt
##     99.00     28.52      1.17     20.76     26.50      1.56      1.55
## 
## lowest : 1 (4), 2, 3, 5, 7
## highest: 31, 40, 45, 60, 100 (2)
## 
## -----------------------------------------------------------
## 5 - desconto_perc (integer)
## 
##    length         n       NAs    unique        0s      mean    meanCI
##        23        23         0         5        10      4.39      2.07
##             100.0%      0.0%                43.5%                 6.71
## 
##       .05       .10       .25    median       .75       .90       .95
##      0.00      0.00      0.00      2.00     10.00     12.00     12.00
## 
##     range        sd     vcoef       mad       IQR      skew      kurt
##     15.00      5.37      1.22      2.97     10.00      0.65     -1.40
## 
## 
##     level      freq      perc   cumfreq   cumperc
## 1       0        10     43.5%        10     43.5%
## 2       2         5     21.7%        15     65.2%
## 3      10         4     17.4%        19     82.6%
## 4      12         3     13.0%        22     95.7%
## 5      15         1      4.3%        23    100.0%
## 
## -----------------------------------------------------------
## 6 - quinzena (integer - dichotomous)
## 
##    length         n       NAs    unique
##        23        23         0         2
##             100.0%      0.0%
## 
##      freq      perc   lci.95   uci.95'
## 1      11    47.83%   29.24%    67.04%
## 2      12    52.17%   32.96%    70.76%
## 
## ' 95%-CI Wilson
```

Ao analisarmos a saída do comando, vemos que se apresenta inicialmente uma descrição do banco de dados, informando que há seis variáveis, seus nomes, a classificação inteira (*cupom, n_itens, desconto_perc, quinzena*), numérica (*valor_compra*) e fator (*filial*). No caso das variáveis tipo fator, ou seja, qualitativa, são informados os níveis do fator e suas quantidades. Por exemplo, para a variável *filial* há 3 níveis que são 1-A, 2-B e 3-C.

Na próxima etapa é apresentado o resumo estatístico de cada variável, observe por exemplo a variável três, *valor_compra*: temos o número de observações (23), quantas foram válidas (n = 23), quantas foram perdidas (Nas = 0), quantas observações únicas (unique = n = 23), quantos zeros aparecem (0s = 0), o valor da média (mean = 224.44), o intervalo de confiança da média (meanCI = 126.13 e 322.76) indicando que o valor médio da compra é estimado entre R$126.13 e R$322.77. Os percentis são apresentados em (.05 = 28.15; .10 = 36.74; ...; .95 = 708.88), são os valores dos percentis 5, 10, 25, 50 (mediana), 75, 90 e 95. As medidas de variabilidade são a amplitude (range = 843.75), o desvio-padrão (sd = 227.36), o coeficiente de variação (vcoef = 1.01), o desvio médio absoluto (mad = 129.13), a amplitude interquartil (IQR = 210.13), o coeficiente de assimetria (skew = 1.40) e o coeficiente de Curtose (kurt = 1.00).

Após as medidas descritivas, uma tabela de frequência se apresenta para as variáveis quantitativas. A partir daí podemos interpretar os coeficientes na análise descritiva nas formas abaixo:

Para a análise do coeficiente de variação utilizamos o seguinte critério:

- CV ≤ 15%, baixa dispersão;
- 15% < CV ≤ 30%, média dispersão;
- CV > 30% alta dispersão.
- Para a análise do coeficiente de assimetria utilizamos o seguinte critério:

- |skew| ≤ 0.15, distribuição praticamente simétrica;
- 0.15 < |skew| ≤ 1, assimetria moderada;
- |skew| > 1, forte assimetria.

Para a análise do coeficiente de curtose utilizamos o seguinte critério:

- kurt = 0.263, a distribuição é mesocúrtica;
- kurt < 0.263, a distribuição é leptocúrtica (em cume);
- kurt > 0.263, a distribuição é platicúrtica (plana).

É possível ainda obter a visualização gráfica de cada variável (optando-se por *plotit* = *T*):

- No caso de variável quantitativa são três gráficos, o histograma sobreposto com a curva de densidade estimada; o boxplot e a frequência acumulada para cada intervalo da variável, veja figura 47:

```
plot(Desc(dados$valor_compra), main = "Valor da compra")
```

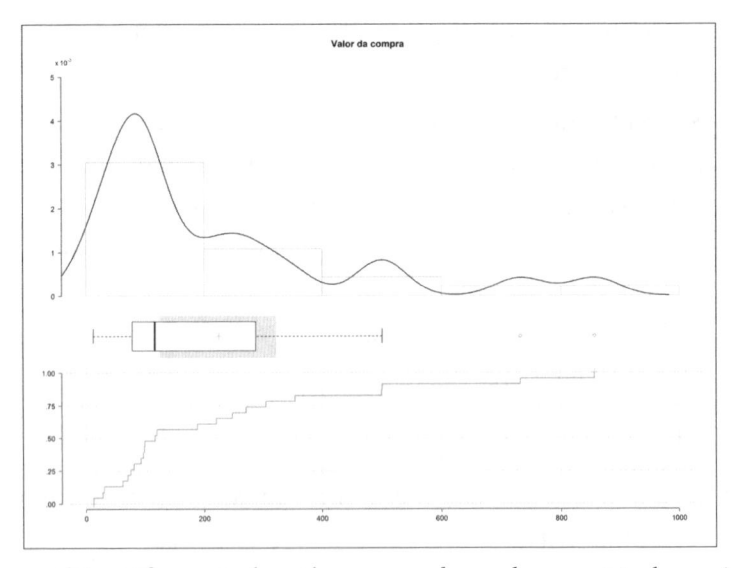

Figura 47: gráfico gerado pelo pacote *desctools* — variável contínua

Fonte: elaboração própria.

- No caso de variável qualitativa, divide-se em:
- Dicotômica (dois níveis) em que o gráfico assemelha-se a um *boxplot*, porém o que se apresenta são intervalos de confiança de 90, 95 e 99% para a proporção do nível de maior frequência. Veja figura 48.

```
plot(Desc(dados$quinzena), main = "Quinzena", col =
colorRampPalette(c("gray10", "gray25", "gray50", "gray75",
"gray90"))( 7 ))
```

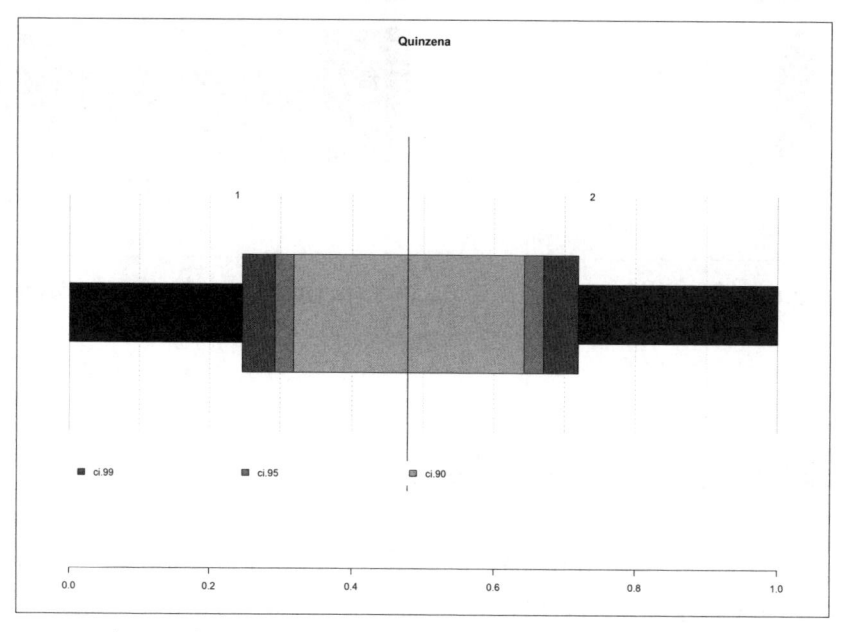

Figura 48: gráfico gerado pelo pacote *desctools* — variável dicotômica

Fonte: elaboração própria.

- Politômica (mais de dois níveis) em que o gráfico é o de barras tanto para a frequência absoluta como para a relativa (e acumulada em cinza claro). Veja figura 49.

```
plot(Desc(dados$filial), main = "Filial", col =
colorRampPalette(c("gray10", "gray90"))( 1 ))
```

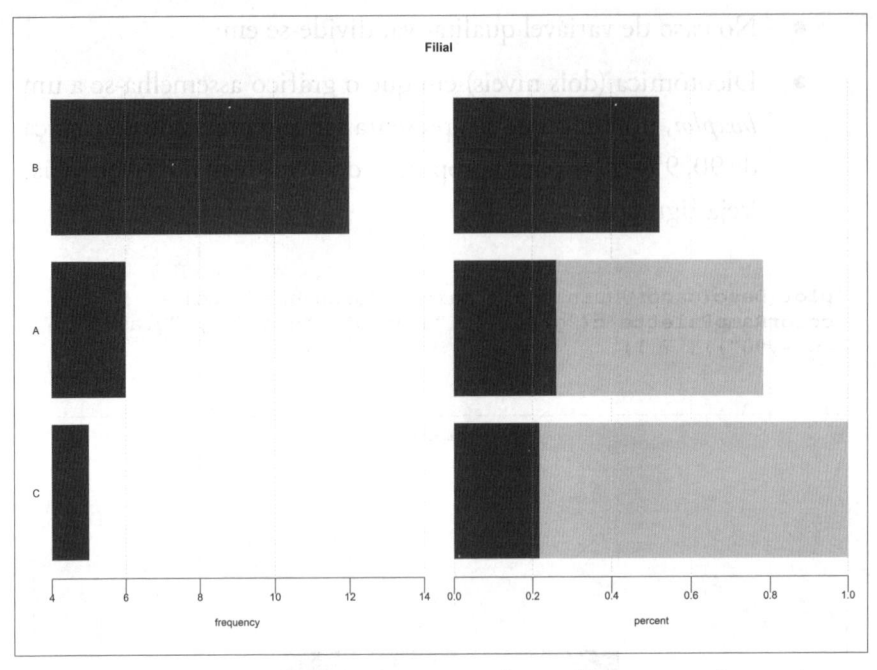

Figura 49: gráfico gerado pelo pacote *desctools* — variável categórica

Fonte: elaboração própria.

Dados faltantes

Vamos analisar uma base de dados com observações faltantes. A primeira pergunta que devemos fazer é: como estão distribuídos os dados faltantes?

```
dados  = read.csv2(file = 
                   "https://raw.githubusercontent.com/
Lucianea/Alta/master/vendas_NA.csv")

require(DescTools)
PlotMiss(dados, col = colorRampPalette(c("gray10",
"gray90"))( 1 ))
```

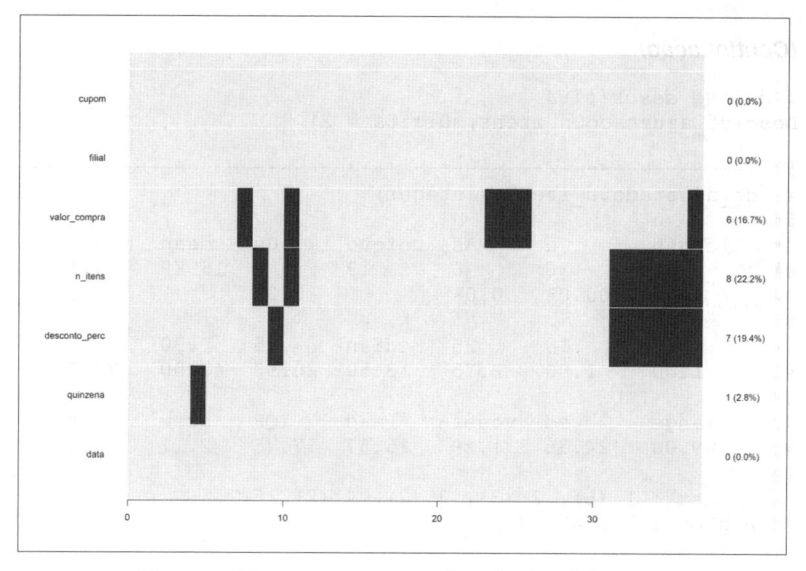

Figura 50: mapeamento dos dados faltantes
Fonte: elaboração própria.

Ao aplicarmos o comando *PlotMiss()* podemos analisar a distribuição dos dados faltantes, identificando quais variáveis apresentam o maior número de dados faltantes, conforme figura 50.

Nesse mapeamento dos dados faltantes podemos observar que há quatro variáveis com perda de dados, sendo a variável *n_itens* a que apresenta maior número de dados faltantes.

A partir da análise dos dados, o analista deve tomar a decisão entre realizar a limpeza dos dados faltantes ou aplicar um algoritmo de imputação para esses dados.

Para efeitos didáticos, mostraremos a seguir o caso de imputação através do comando *mice*, visto no capítulo 8.

```
require(mice)
require(DescTools)

#Completando os dados faltantes

dt_ajustado=complete(mice(dados, printFlag = F))
```
(Continua)

```
(Continuação)
#Análise descritiva
Desc(dt_ajustado$n_itens, digits = 2)

## ------------------------------------------------------------
## dt_ajustado$n_itens (integer)
##
##    length         n       NAs    unique        0s      mean    meanCI
##        36        36         0        19         0     18.89     10.65
##              100.0%      0.0%                0.0%                27.13
##
##       .05       .10       .25    median       .75       .90       .95
##      1.00      1.00      2.75     13.50     20.50     42.50     70.00
##
##     range        sd     vcoef       mad       IQR      skew      kurt
##     99.00     24.36      1.29     15.57     17.75      2.11      4.20
##
## lowest : 1 (6), 2 (3), 3 (2), 4 (2), 5
## highest: 31, 40, 45, 60, 100 (2)
```

Analisando datas com o pacote desctools

Para fazer análise de datas com R, utilizamos o formato ano, mês e dia. Na base de dados o formato é dia, mês e ano (dmy), assim, com o auxílio da função *dmy* do pacote *lubridate*, fazemos a devida conversão para procedermos com a análise dessa variável.

```
require(lubridate)

#Transformando a coluna dados$data no formato data ano, mês e dia

x = dmy(as.character(dados$data))
x

##  [1] "2019-03-02" "2019-03-02" "2019-03-02" "2019-03-17" "2019-03-17"
##  [6] "2019-03-17" "2019-03-02" "2019-03-02" "2019-03-17" "2019-03-17"
## [11] "2019-03-17" "2019-03-17" "2019-03-17" NA           "2019-03-02"
## [16] "2019-03-17" "2019-03-02" "2019-03-17" NA           "2019-03-02"
## [21] NA           "2019-03-17" "2019-03-17" "2019-03-17" "2019-03-17"
## [26] NA           "2019-03-17" "2019-03-17" "2019-03-17" "2019-03-02"
## [31] "2019-03-17" "2019-03-17" "2019-03-17" "2019-03-17" "2019-03-17"
## [36] "2019-03-02"
```

```
#Analisando a variável data
Desc(x, plotit = F)

## -----------------------------------------------------------
## x (Date)
##
## length      n     NAs  unique
##     36     32       4       2
##            88.9%  11.1%
##
## lowest : 2019-03-02 (10), 2019-03-17 (22)
## highest: 2019-03-02 (10), 2019-03-17 (22)
##
##
## Weekday:
##
## Pearson's Chi-squared test (1-dim uniform):
##    X-squared = 95.75, df = 6, p-value < 2.2e-16
##
##
## Warning message:
##    Exp. counts < 5: Chi-squared approx. may be incorrect!!
##
##        level     freq    perc   cumfreq   cumperc
## 1     Monday        0    0.0%         0      0.0%
## 2    Tuesday        0    0.0%         0      0.0%
## 3  Wednesday        0    0.0%         0      0.0%
## 4   Thursday        0    0.0%         0      0.0%
## 5     Friday        0    0.0%         0      0.0%
## 6   Saturday       10   31.2%        10     31.2%
## 7     Sunday       22   68.8%        32    100.0%
##
## Months:
##
## Pearson's Chi-squared test (1-dim uniform):
##    X-squared = 352, df = 11, p-value < 2.2e-16
##
##         level     freq    perc   cumfreq   cumperc
## 1     January        0    0.0%         0      0.0%
## 2    February        0    0.0%         0      0.0%
## 3       March       32  100.0%        32    100.0%
## 4       April        0    0.0%        32    100.0%
## 5         May        0    0.0%        32    100.0%
## 6        June        0    0.0%        32    100.0%
## 7        July        0    0.0%        32    100.0%
## 8      August        0    0.0%        32    100.0%
## 9   September        0    0.0%        32    100.0%
## 10    October        0    0.0%        32    100.0%
## 11   November        0    0.0%        32    100.0%
## 12   December        0    0.0%        32    100.0%
##
```

(Continua)

```
(Continuação)
## Warning message:
##   Exp. counts < 5: Chi-squared approx. may be incorrect!!
##
##
## By days :
##
##          level       freq    perc    cumfreq   cumperc
## 1    2019-03-02       10    31.2%       10      31.2%
## 2    2019-03-03        0     0.0%       10      31.2%
## 3    2019-03-04        0     0.0%       10      31.2%
## 4    2019-03-05        0     0.0%       10      31.2%
## 5    2019-03-06        0     0.0%       10      31.2%
## 6    2019-03-07        0     0.0%       10      31.2%
## 7    2019-03-08        0     0.0%       10      31.2%
## 8    2019-03-09        0     0.0%       10      31.2%
## 9    2019-03-10        0     0.0%       10      31.2%
## 10   2019-03-11        0     0.0%       10      31.2%
## 11   2019-03-12        0     0.0%       10      31.2%
## 12   2019-03-13        0     0.0%       10      31.2%
## 13   2019-03-14        0     0.0%       10      31.2%
## 14   2019-03-15        0     0.0%       10      31.2%
## 15   2019-03-16        0     0.0%       10      31.2%
## 16   2019-03-17       22    68.8%       32     100.0%
```

Na análise descritiva de datas, observamos três componentes: semana, mês e dia.

No quesito semana, observa-se que sábado (31.2%) e domingo (68.8%) são os dias que ocorreram registros de vendas. O dia com maior frequência de pedidos é Domingo (Sunday).

No quesito mês, observa-se que os registros correspondem apenas ao mês de março, pois 100% deles foram registrados nesse mês.

No quesito dia, observa-se registros no dia 2 e no dia 17, sendo que em 17 há um percentual muito maior de registros do que o do dia 3.

É possível incluir na análise a visualização dos dados em gráfico, basta omitir o argumento *plotit = F*.

```
require(DescTools)
#Análise descritiva com gráficos

Desc(x, plotit = F)
```

EXERCÍCIOS DE FIXAÇÃO PARA O APRENDIZADO

Gere a base de dados *dta* através dos comandos a seguir. Esses dados serão usados nas questões de um a seis.

```
x=c("azul", "preto", "azul", "castanho", "preto",
"castanho", "castanho", "castanho", "castanho", "preto")

y=c("loiro", "loiro", NA, "preto", "preto", "preto",
"preto", NA, "preto", "loiro")

set.seed(30); z=round(rnorm(10,200,40),1)

dt = data.frame(x,y,z)
set.seed(30); n = sample(1:10,100, replace = T)

dta = dt[n,]
```

|1| Obtenha um mapeamento dos dados faltantes.

|2| Produza a tabela de frequência para a variável *x*.

|3| Produza a tabela de frequência para a variável *z*, considerando os intervalos de acordo com o método de Sturges.

|4| Atribua valores aos dados faltantes e faça a tabela de frequência para a variável *y*.

|5| Atribua valores aos dados faltantes e produza a tabela cruzada entre *x* e *y*.

|6| Obtenha as estatísticas descritivas de todas as variáveis de *dta*

|7| Apresente uma análise descritiva da variável "*d.pizza$quality*".

|8| Analise a variável "*d.pizza$price*".

|9| Os dados a seguir representam as datas de nascimentos de dez mil bebês no mês de maio em um hospital maternidade. Faça uma análise descritiva das datas de nascimentos.

```
require(lubridate)
x = c(paste0(rep(201905,30),c(10:30,
paste0(rep(0,9),1:9))))
set.seed(30)
nascimentos = ymd(sample(x,10000, replace = T))
```

|10| Apresente a tabela cruzada entre dia da semana de nascimento e sexo dos bebês.

```
require(lubridate)
x = c(paste0(rep(201905,30),c(10:30,
paste0(rep(0,9),1:9))))
set.seed(30)
nascimentos = ymd(sample(x,10000, replace = T))
sexo = rep(c("F", "M", NA), c(5000, 4900,100))

dados=data.frame(nascimentos, sexo)
```

10

Distribuições de probabilidade

> **OBJETIVO**
>
> Neste capítulo você aprenderá sobre as principais características de uma distribuição de probabilidade teórica e sua relação com a distribuição amostral. E também, como conduzir uma análise de verificação da normalidade dos dados.

É possível realizar comparações gráficas com uma distribuição teórica de probabilidade, por exemplo, comparar a distribuição da variável *idade* com a distribuição normal.

As distribuições de probabilidade descrevem o comportamento de uma variável aleatória que pode ser discreta ou contínua.

No caso discreto, a distribuição de probabilidade é caracterizada pelos valores que a variável pode assumir num conjunto discreto e pela sua função de probabilidade associada a cada valor possível da variável. As principais distribuições são a Binomial, Binomial Negativa, Geométrica, Hipergeométrica e Poisson.

No caso contínuo, a distribuição é caracterizada pelos valores que a variável pode assumir num subconjunto dos números reais e pela sua função de densidade de probabilidade, que é uma função real apresentando a propriedade de ser sempre positiva para todos os valores do seu domínio e ter a área sob a sua curva igual a um. As principais distribuições são Beta, Cauchy, Exponencial, F de Snedecor, Gama, Lognormal, Normal, Qui-quadrada, T de Student, Uniforme e Weibull.

Todas as funções de probabilidade dependem de um ou mais parâmetros, que precisam ser especificados para que possamos avaliar probabilidades a respeito da variável.

Em situações práticas, o pesquisador possui uma série de observações da variável de interesse, obtida através de um processo de amostragem, e deseja ajustar uma distribuição de probabilidade que reproduza o comportamento geral dessa variável. Nesse sentido, é importante conhecer diversos modelos teóricos para que se possa selecionar o mais adequado que reproduza o comportamento da variável em questão.

Portanto, na prática, o pesquisador precisará estimar os valores dos parâmetros do modelo que ele identifica como adequado, para posteriormente, verificar a qualidade de ajuste.

Em relação aos comandos sobre as distribuições de probabilidade, é possível avaliar a densidade (**d**), a probabilidade (**p**), os percentis (**q**) e gerar números aleatórios (**r**). Cada um dos prefixos **d**, **p**, **q** e **r**, associados ao nome da função de distribuição (vide tabela 17), produz informações sobre essa função. Para saber quais argumentos e a ordem com que devem ser especificados no argumento das funções, utilize o comando ?*ddist*, substituindo *dist* pelo nome da função no R.

Tabela 17: nome das funções correspondentes às principais distribuições de probabilidade

Distribuição de probabilidade	Nome da função no R
Beta	beta
Binomial	binom
Binomial Negativa	nbinom
Cauchy	cauchy
Qui-quadrada	chisq
Exponencial	exp
F Snedecor	f
Gamma	gamma
Geométrica	geom
Log-normal	lnorm
Logística	logis
Normal	norm
Poisson	poi
T Student	t
Weibull	weibull

Fonte: elaboração própria.

Assim, sobre uma variável com certa distribuição e cujo nome que identifica tal função no R seja supostamente *dist*, podemos obter informações sobre sua densidade no ponto *x* usando *ddist(x, parâmetros)*, ou sobre sua probabilidade acumulada nesse mesmo ponto *x* usando *pdist(x, parâmetros)*, ou obter o valor da variável que corresponde ao percentil de ordem *k* usando *qdist(k, parâmetros)*, ou ainda gerar *k* números aleatórios da distribuição usando *rdist(k, parâmetros)*.

Distribuição normal

A distribuição normal está entre uma das mais importantes e conhecidas distribuições de probabilidade pela sua enorme aplicabilidade em diversas áreas do conhecimento representando o comportamento de diversas variáveis aleatórias, em especial, quando se trata de descrever o comportamento da média amostral. A função de densidade de probabilidade de uma variável aleatória *X* dessa natureza é dada por:

$$f(x) = \frac{1}{\sigma\sqrt{2\pi}} e^{-\frac{(x-\mu)^2}{2\sigma^2}} \quad x \in R$$

Notação: $X \sim N(\mu, \sigma)$, quer dizer que a variável aleatória *X* tem distribuição normal com os parâmetros especificados entre parênteses.

Os parâmetros dessa distribuição são μ que representa a média da variável e σ que representa o desvio padrão da variável; $f(x)$ representa a função de densidade de probabilidade no ponto *x*. No caso contínuo, avalia-se a probabilidade para intervalos de valores da variável *X*, que é dada pela área sob a curva da função de densidade restrita aos limites do intervalo. Em notação matemática representamos a probabilidade de *X* pertencer ao intervalo [a,b] da seguinte forma:

$$P(a \leq X \leq b) \int_{a}^{b} f(x)dx$$

Avaliamos a função de densidade de probabilidade no ponto x usando a função $dnorm(x, \mu, \sigma)$. Para avaliar a probabilidade acumulada no ponto x, isto é, $P(X \leq x)$, usamos a função $pnorm(x, \mu, \sigma)$. Para obter o percentil de ordem k da distribuição usamos $qnorm(k, \mu, \sigma)$. Para gerar k números aleatórios usamos $rnorm(k, \mu, \sigma)$.

O gráfico da distribuição normal é simétrico em relação ao parâmetro μ, em forma de sino e sua escala depende do parâmetro σ, quanto menor o valor de σ, maior será a área em torno de μ.

A distribuição normal é dita padronizada quando $\mu = 0$, e $\sigma = 1$. Veja figura 51.

```
#Gráfico da distribuição normal padronizada
curve(dnorm(x,0,1),
    xlim = c(-4,4),
    main = "Gráfico da Distribuição Normal Padronizada")
```

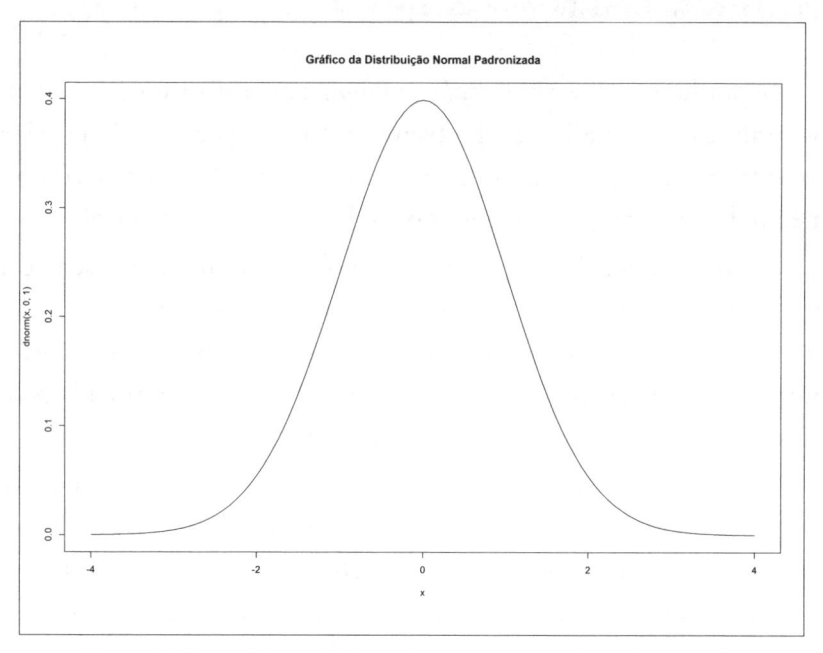

Figura 51: gráfico da distribuição normal padronizada
Fonte: elaboração própria.

Aderência da distribuição normal

Grande parte das ferramentas de inferência estatística passa pelo teste de aderência quanto a normalidade dos dados, isto é, analisa-se a partir da distribuição de densidade empírica da amostra se ela pode ser considerada proveniente de uma população com distribuição normal.

O início dessa análise parte do princípio de que os dados seguem a distribuição normal e após análises gráficas (histograma, boxplot, densidade empírica) e testes de aderência (teste de shapiro, teste de Kolmogorov-Smirnov, entre outros), conclui-se por aceitar ou não a distribuição normal dos dados.

Considere os dados obtidos em

```
dados = read.csv2(file =
            "https://raw.githubusercontent.com/
Lucianea/Alta/master/vendas.csv")
```

Suponha que a variável *valor_compra* tenha distribuição normal no universo de análise do problema a ser considerado. É razoável considerar que o parâmetro μ seja aproximado pelo valor de compra médio da amostra, assim como σ pelo desvio-padrão amostral.

A função *PlotFdist* do pacote *DescTools* fornece uma representação gráfica univariada para um vetor numérico mostrando num único gráfico um histograma, a curva de densidade, um *boxplot* e uma distribuição acumulada empírica, sendo que a curva normal estimada pode ser sobreposta a esses gráficos baseados na amostra.

Desse modo, para análise da qualidade de aproximação da distribuição estimada da variável *valor_compra* (*kernel density*) com a distribuição normal, usaremos a função *PlotFdist* do pacote *DescTools*. No primeiro argumento informamos o nome do vetor que contém os dados da variável, no nosso caso *dados$valor_compra* e no segundo argumento os dados da distribuição teórica, no nosso exemplo a distribuição normal, e seus argumentos respectivos como a média e o desvio-padrão; para omitir o gráfico *boxplot* e a distribuição acumulada, acrescente *arg.boxplot=NA* como também *args.ecdf=NA*.

```
require(DescTools)

#Ajuste da distribuição normal para vetor y

y = dados$valor_compra
PlotFdist(y,
          args.curve = list(expr = "dnorm(x, mean(y),
                                        sd(y))",
                            col="black"),
          args.dens=list(col="gray"),
          #args.boxplot = NA,
          args.ecdf = NA,
          xlim = c(-500, 1000))

#Organizando a legenda

legend(x = "topright",
       legend = c("kernel density",
                  expression(X%~%N(mu==31.75, sigma==7.94) ) ),
       fill = c("gray80", "black"), text.width = 0.8)
```

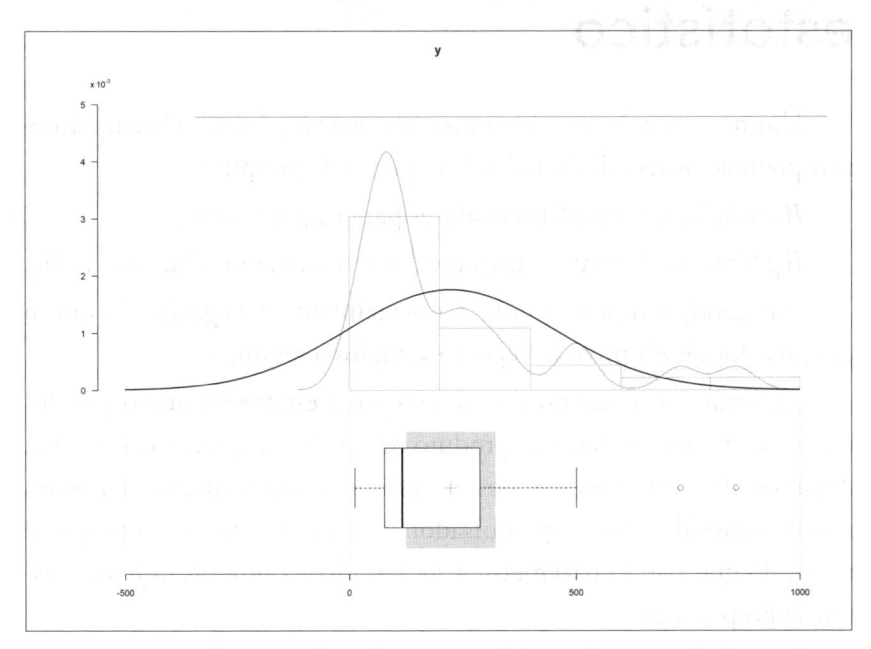

Figura 52: gráfico gerado pelo pacote *Desctools* — variável contínua

Fonte: elaboração própria.

Ao observar o gráfico da figura 52, o analista pode perceber que não é adequada a aproximação entre as curvas, a distribuição teórica está bem abaixo da distribuição empírica (kernel density) na maior parte do intervalo de valores do eixo *x*, há uma forte assimetria à direita, assim como a presença de *outliers*, de acordo com o que vemos no *boxplot*.

A partir dessa análise gráfica da aproximação entre curvas de densidade, o próximo passo é realizar um teste de aderência da normalidade, como o teste de Shapiro. Se o teste confirmar a aderência, torna-se possível avaliar probabilidades para essa variável, gerar números aleatórios simulando a obtenção de amostras dessa população bem como avaliar percentis para a variável, com base na distribuição normal.

As hipóteses de um teste estatístico

Um teste estatístico é composto de duas hipóteses sobre parâmetros populacionais relacionados à pergunta da pesquisa.

H_0: hipótese nula, afirma valores para os parâmetros.

H_1: hipótese alternativa, nega o valor do parâmetro afirmado em H_0.

Em geral, a hipótese nula é normalmente a negação do que o pesquisador deseja provar. Veja os exemplos a seguir.

Exemplo 1: o contrato de uma empresa estabelece que o percentual de certa substância num produto não pode ultrapassar certo valor, digamos 1%. Há suspeitas de que esse item do contrato não esteja sendo cumprido, logo o pesquisador quer provar que a proporção é maior do que 1%. O parâmetro a ser testado é a proporção *p* da substância no produto.

Nessa situação a formulação do teste é:

$H_0: p = 0.01; H_1: p > 0.01$

Exemplo 2: caso o contrato estabeleça que o percentual de certa substância deva ser igual a (ou em torno de) certo valor, digamos, 1%, a formulação do teste é:

$H_0: p = 0.01; H_1: p \neq 0.01$

Exemplo 3: caso o contrato estabeleça que o percentual de certa substância deva ser maior do que certo valor, digamos, 1% e que haja suspeita de que o contrato não esteja sendo cumprido, a formulação do teste é:

$H_0: p = 0.01; H_1: p < 0.01$

Veja que nas situações acima, a hipótese nula vai de encontro à afirmativa do contrato e a hipótese alternativa retrata a suspeita do pesquisador.

É usual que H_0 se apresente em termos de igualdade de parâmetros populacionais enquanto que H_1 em termos de desigualdade conforme os exemplos vistos acima.

O procedimento de um teste de hipótese faz uso de amostras da população de forma que uma das hipóteses será validada à luz das estatísticas estabelecidas pela amostra selecionada.

Assim, as informações de uma amostra aleatória da população de interesse é que servem de base para decisão de qual hipótese é a mais provável de ser verdadeira. Se a informação for consistente com a hipótese nula, então podemos concluir que ela é verdadeira; caso contrário, concluímos que a hipótese é falsa.

Para testar uma hipótese, devemos extrair uma amostra aleatória, calcular uma estatística de teste apropriada, obter o *p-valor* dessa estatística e então tomar a decisão.

Podemos pensar este *p-valor* como a probabilidade que dá sustentação à manutenção da hipótese nula como verdadeira. Assim, se *p-valor for muito pequeno*, próximo de zero, não teremos motivos para acreditar que a hipótese nula é a verdadeira. Nesse caso, *rejeitaremos a hipótese nula*.

Erros possíveis no teste de hipótese

Quando se toma uma decisão usando a informação de uma amostra aleatória, estamos sujeitos a ERROS. Esses erros recebem convencionalmente os seguintes nomes:

Erro tipo I: rejeitar H_0 quando H_0 é verdadeira

Erro tipo II: aceitar H_0 quando H_0 é falsa

- α é o nível de significância do teste, é a probabilidade do erro tipo I, em geral o valor adotado é de 5%;
- 1-α é o nível de confiança do teste (é a probabilidade de aceitar H_0 quando de fato essa hipótese é verdadeira), em geral seu valor é de 95%;
- β é a probabilidade do erro tipo II, seu valor não é fixado já que essa probabilidade depende do valor do parâmetro em H_1, o qual pode assumir infinitas possibilidades;
- 1-β é conhecido como poder do teste (é a probabilidade de rejeitar H_0 quando de fato essa hipótese é falsa.).

Regra de decisão para todos os testes de hipóteses

A Regra de decisão de um teste de hipóteses leva em conta o nível de significância adotado pelo pesquisador, o α, e o *p-valor* associado à estatística do teste.

p-valor $\geq \alpha$ implica em aceitar H_0 como verdadeira.

p-valor $< \alpha$ implica em rejeitar H_0 como verdadeira e consequentemente aceitar H_1 como verdadeira.

Por exemplo, considere que o teste seja formado sobre as hipóteses, $H_0: p=0.20$ e $H_1: p>0.20$ com nível de significância $\alpha=0.05$; após a seleção da amostra e sua análise estatística, obteve-se hipoteticamente *p-valor* $=0.39$, a conclusão do teste é de que não há evidência suficiente para afirmar que $p>0.20$, ou seja o teste leva a aceitar H_0 como verdadeira: .

Caso, hipoteticamente $p-valor = 0.001$. Logo, a conclusão do teste é de que não há evidência suficiente para afirmar que $p=0.20$, ou seja o teste leva a rejeitar H_0 como verdadeira e aceitar $H_1: p>0.20$.

Os principais testes estatísticos estão disponíveis no pacote base. A tabela 18 mostra as funções para realização de diversos testes de hipóteses.

Tabela 18: lista de funções para realização de teste de hipóteses do pacote *stats*.

Função	O que faz
ansari.test(x, y, alternative = c('two.sided', 'less', 'greater'), exact = NULL, conf.int = FALSE, conf.level = 0.95)	Teste de Ansari-Bradley compara a diferença de escala em duas amostras.
bartlett.test(x, y)	Teste de Bartlett compara se a variância entre os grupos são iguais.
binom.test(x, n, p = 0.5, alternative = c('two.sided', 'less', 'greater'), conf.level = 0.95)	Teste binomial exato, testa a probabilidade de sucesso em um experimento binomial.
Box.test(x, lag = 1, type = c('Box-Pierce', 'Ljung-Box'), fitdf = 0)	Box-Pierce ou Ljung-Box teste para examinar a independência de uma série temporal.
chisq.test(x, y = NULL, correct = TRUE, p = rep(1/length(x), length(x)), rescale.p = FALSE, simulate.p.value = FALSE, B = 2000)	Teste Qui-quadrado para tabelas de contingência ou avaliar a qualidade do ajuste de duas distribuições.
cor.test(x, y, alternative = c('two.sided', 'less', 'greater'), method = c('pearson', 'kendall', 'spearman'), exact = NULL, conf.level = 0.95, continuity = FALSE, ...)	Teste para associação entre amostras pareadas usando o métodos de Pearson, Kendall ou Spearman.
fisher.test(x, y = NULL, workspace = 200000, hybrid = FALSE, control = list(), or = 1, alternative = 'two.sided', conf.int = TRUE, conf.level = 0.95, simulate.p.value = FALSE, B = 2000)	Teste exato de Fisher para tabelas de contingência.

fligner.test(x, ...)	Teste de Fligner-Killeen da igualdade de variâncias.
friedman.test(y, ...)	Teste de Friedman para a soma de postos com dados em blocos não duplicados.
kruskal.test(x, ...)	Teste de Kruskal-Wallis para a soma de postos.
ks.test(x, y, alternative = c('two.sided', 'less', 'greater'), exact = NULL)	Teste de Kolmogorov-Smirnov para comparação de duas ou mais distribuições.
mantelhaen.test(x, y = NULL, z = NULL, alternative = c('two.sided', 'less', 'greater'), correct = TRUE, exact = FALSE, conf.level = 0.95)	Teste qui-quadrado de Cochran-Mantel-Haenszel para verificar a independência condicional em cada estrato de duas variáveis nominais.
mauchly.test(objeto de classe mlm, ...)	Teste de esfericidade de Mauchlys.
mcnemar.test(x, y = NULL, correct = TRUE)	Teste Qui-quadrado de Mcnemar para tabela de contingência.
mood.test(x, ...)	Teste de Mood da igualdade de variâncias.
oneway.test(formula, data, subset, na.action, var.equal = FALSE)	Teste de igualdade da média entre duas ou mais variáveis.
pairwise.prop.test(x, n, p.adjust.method = p.adjust.methods)	Teste de igualdade entre pares de proporção.

Função	O que faz
pairwise.t.test(x, g, p.adjust.method = p.adjust.methods, pool.sd = !paired, paired = FALSE, alternative = c('two.sided', 'less', 'greater'))	Teste t para igualde entre pares de média de grupos com níveis.
pairwise.wilcox.test(x, g, p.adjust.method = p.adjust.methods, paired = FALSE, ...)	Teste de Wilcoxon para igualdade entre pares de média de grupos com níveis.
poisson.test(x, T = 1, r = 1, alternative = c('two.sided', 'less', 'greater'), conf.level = 0.95)	Teste de Poisson para a taxa média ou para igualdade entre duas taxas médias de distribuição de Poisson.
power.anova.test(groups = NULL, n = NULL, between.var = NULL, within.var = NULL, sig.level = 0.05, power = NULL)	Calcula o poder do teste anova.
power.prop.test(n = NULL, p1 = NULL, p2 = NULL, sig.level = 0.05, power = NULL, alternative = c('two.sided', 'one.sided'), strict = FALSE, tol = .Machine$double.eps^0.25)	Calcula o poder do teste de proporção.
power.t.test(n = NULL, delta = NULL, sd = 1, sig.level = 0.05, power = NULL, type = c('two.sample', 'one.sample', 'paired'), alternative = c('two.sided', 'one.sided'), strict = FALSE, tol = .Machine$double.eps^0.25)	Calcula o poder do teste t.
PP.test(x, lshort = TRUE)	Teste Phillips-Perron para raízes unitárias.

prop.test(x, n, p = NULL, alternative = c('two.sided', 'less', 'greater'), conf.level = 0.95, correct = TRUE)	Teste para a proporção de sucessos em vários grupos.
prop.trend.test(x, n, score = seq_along(x))	Teste Qui-quadrado para a tendência da proporção.
quade.test(y, ...)	Teste Quade para dados em blocos não duplicados.
shapiro.test(x)	Teste de Shapiro-Wilk para verificar a normalidade da variável.
t.test(x, y, paired=FALSE, alternative = c('two.sided', 'less', 'greater'), conf.level = 0.95)	Teste t para comparação da média de uma amostra ou duas amostras (pareadas ou independentes).
TukeyHSD(x, which, ordered = FALSE, conf.level = 0.95, ...)	Teste de Tukey para comparar par a par a diferença entre médias.
var.test(x, y, alternative = c('two.sided', 'less', 'greater'), conf.level = 0.95)	Teste F para comparação de igualdade de variâncias.
wilcox.test(x, ...)	Teste de Wilcoxon para o posto de sinais. Também conhecido como Teste de Mann-Whitney.

Fonte: elaboração própria, 2019

Teste de normalidade

Os principais testes estatísticos têm como suposição a normalidade dos dados, que deve ser verificada antes da realização das análises principais.

Um teste de normalidade pressupõe duas hipóteses estatísticas sobre a distribuição de probabilidade de uma variável aleatória X:

H_0: a distribuição de probabilidade de X é normal

H_1: a distribuição de probabilidade de X não é normal

O teste de Shapiro-Wilk é um teste indicado para essa finalidade e sua aplicação no R é muito simples:

```
#Teste de Shapiro
x = dados$valor_compra
shapiro.test(x)
##
##   Shapiro-Wilk normality test
##
## data:  x
## W = 0.79892, p-value = 0.0003682
```

Como *p-value* <0.05, conclui-se pela rejeição de H_0 ao nível de significância de 5%, logo, assume-se que a distribuição de probabilidade da variável *valor_compra* não segue um modelo normal.

Caso *p-value* seja maior ou igual a 0.05, conclui-se pela aceitação de H_0 ao nível de significância de 5%.

Desse modo, ao aplicar o teste de Shapiro, deve-se verificar se *p — value* >0.05, nesse caso, aceita-se H_0; caso contrário, rejeita-se H_0.

Análise gráfica

Juntamente com o teste de Shapiro, é importante realizar a inspeção gráfica através do histograma da variável que pode ser produzido de diversas formas e com diferentes pacotes, veja figura 53 e figura 54.

Pacote básico

```
hist(x)
```

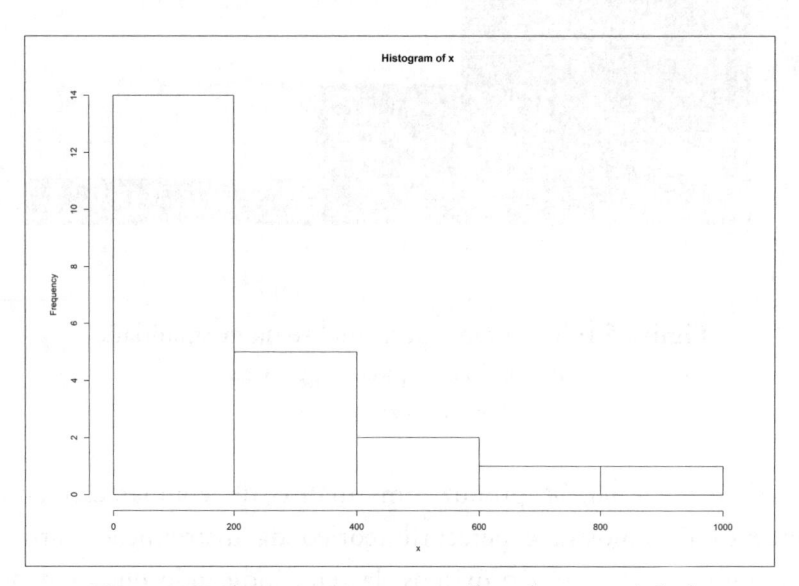

Figura 53: histograma para análise da normalidade dos dados — pacote básico

Fonte: elaboração própria.

Pacote *ggplot2*

```
require(ggplot2)
dados %>% ggplot( aes(x) ) +
            geom_histogram(position="identity", bins=5) +
   theme_bw()
```

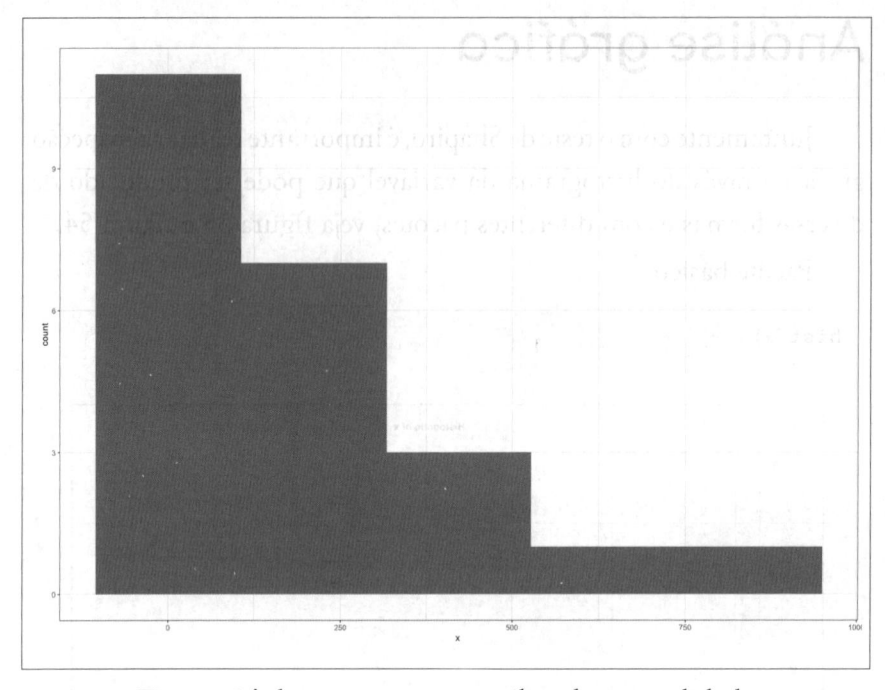

Figura 54: histograma para análise da normalidade
dos dados — pacote ggplot2

Fonte: elaboração própria.

O gráfico *qqplot* produz um análise de comparação entre percentil da amostra e percentil teórico da distribuição normal. Os pontos devem estar próximos da reta, indicando que os dados seguem a distribuição normal. Diferentes versões podem ser vistas na figura 55 e figura 56.

qqplot com ggplot2

```
ggplot(dados, aes(sample = valor_compra)) +
    stat_qq() +
    stat_qq_line() +
    theme_bw()
```

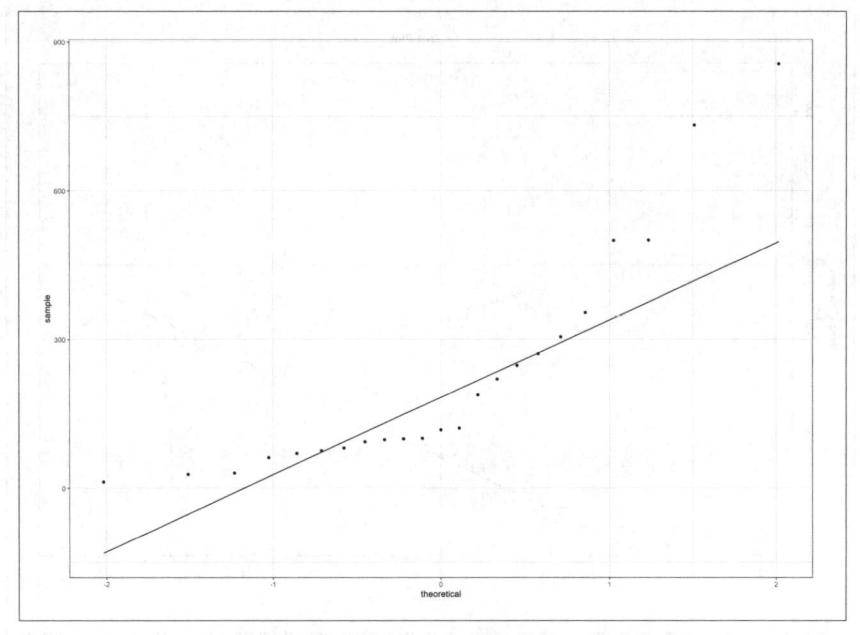

Figura 55: qqplot para análise da normalidade
dos dados — pacote *ggplot2*

Fonte: elaboração própria.

qqplot com DescTools

```
require(DescTools)
PlotQQ(x, args.cband =list(col = SetAlpha("grey", 0.25)))
```

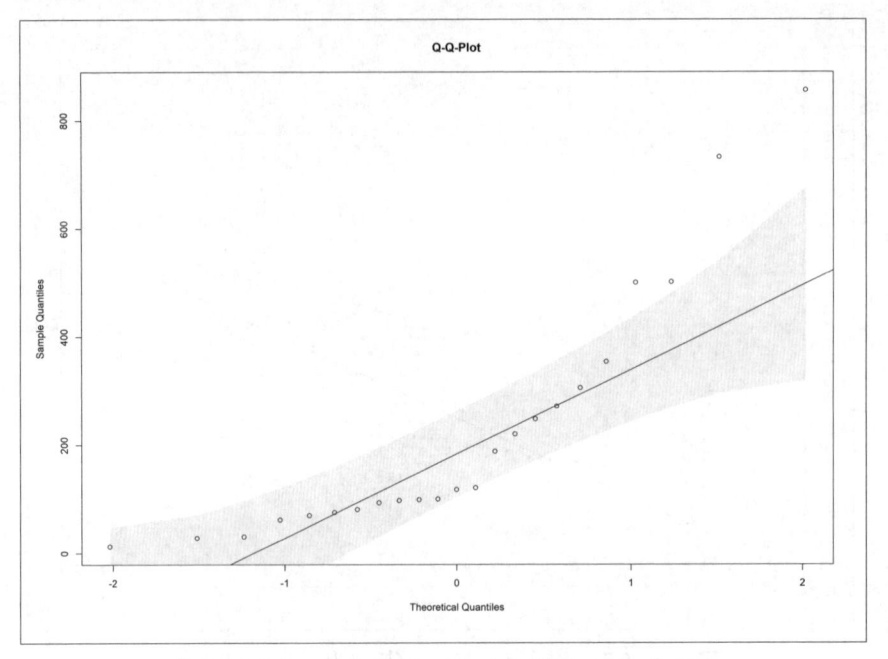

Figura 56: qqplot para análise da normalidade
dos dados — pacote *desctools*

Fonte: elaboração própria.

Pode-se ainda usar a função *PlotFDist* vista no início deste capítulo para comparar as curvas teóricas e empíricas dos dados, observando a aderência das curvas.

E quando os dados não são normais?

Dizemos que os dados não são normais quando eles não apresentam uma distribuição compatível com as características de uma distribuição normal.

A normalidade dos dados é importante para atender os pressupostos de muitos testes de hipóteses, especialmente os testes conhecidos na estatística clássica como testes paramétricos.

Quando o pressuposto da normalidade não é atendido, o analista pode tentar uma transformação da variável original como, por exemplo, aplicar uma transformação logarítmica ou transformação polinomial, ou ainda técnicas consagradas como é o caso da transformação Box-Cox.

```
x = dados$valor_compra

#Aplicando a transformação logarítmica

transx = log(x)

#Testando a normalidade após a transformação

shapiro.test(transx)

##
##  Shapiro-Wilk normality test
##
## data:  transx
## W = 0.9739, p-value = 0.7811
```

Ao aplicarmos a transformação logarítmica aos dados de valor de compra, obtivemos um *p-valor* > 0.05, o que nos leva a concluir que o logaritmo do valor da compra possui distribuição normal.

```
x = dados$valor_compra

#Aplicando a transformação raiz quadrada

transx = sqrt(x)

#Testando a normalidade após a transformação

shapiro.test(transx)

##
##  Shapiro-Wilk normality test
##
## data:  transx
## W = 0.92395, p-value = 0.08097
```

Ao aplicarmos a transformação raiz quadrada aos dados de valor de compra, obtivemos um *p-valor* > 0.05, o que nos leva a concluir que a raiz quadrada do valor da compra possui distribuição normal.

A transformação BoxCox consiste em transformar os dados de acordo com a expressão:

$$transx = \frac{x^\lambda - 1}{\lambda}, \lambda \neq 0$$

onde λ é um parâmeto a ser estimado pelos dados.

Se $\lambda = 0$ a equação acima se reduz a $transx = log(x)$

```
#Aplicando a transformação BoxCox
library(DescTools)
x = dados$valor_compra
#Lambda ótimo da transformação BoxCox
lambda = BoxCoxLambda(x)
lambda
## [1] -0.05260669
# Aplicando a transformação ao vetor
transx = BoxCox( x, lambda)
shapiro.test(transx)
## 
##  Shapiro-Wilk normality test
## 
## data:  transx
## W = 0.96909, p-value = 0.6672
```

Nesse exemplo o valor do parâmetro *lambda* foi obtido pela função *BoxCoxLambda* do pacote *DescTools* que produz uma seleção automática para o parâmetro através do método de Guerrero. Para obter os detalhes dos métodos utilizados na obtenção do parâmetro sugerimos consultar a documentação (*?BoxCoxLambda*).

Após a transformação *BoxCox* com $\lambda=-0.0526$ a variável valor de compra transformada apresenta distribuição normal com *p-value* = 0.6672.

EXERCÍCIOS DE FIXAÇÃO PARA O APRENDIZADO

|1| Elabore o gráfico de uma distribuição normal com parâmetros $\mu=50$ e $\sigma=2$.

|2| Elabore dois gráficos lado a lado de uma distribuição normal, no primeiro $\mu=50$ e $\sigma=2$ e no segundo $\mu=50$ e $\sigma=2$.

|3| Sendo $X \sim N(50, 1)$, avalie $P(40 < X < 55)$.

|4| Obtenha o percentil 50 da distribuição normal padronizada.

|5| Obtenha o percentil 97.5 da distribuição normal padronizada.

|6| Gere uma sequência com 20 números aleatórios de uma distribuição normal padronizada. Apresente um gráfico comparativo entre os valores gerados e a distribuição teórica correspondente. Use *set.seed(30)*.

|7| Aplique o teste de shapiro em uma sequência de 50 números aleatórios de uma distribuição qui-quadrada com parâmetro $g=2$. Use *set.seed(30)*.

|8| Aplique uma transformação logarítmica aos dados gerados na questão anterior e exiba o gráfico qqplot antes e depois da transformação.

11

Modelando a relação entre duas variáveis

> **OBJETIVO**
>
> Neste capítulo você aprenderá a investigar os modelos de relação entre duas variáveis. Ao final, você terá uma visão geral das combinações possíveis de relação dada a natureza da variável, seja ela numérica ou categórica.

Neste momento, a pergunta do pesquisador é: "Existe uma relação ou associação entre duas variáveis do conjunto de dados em análise?".

Vimos que as variáveis podem ser qualitativas/categóricas (sexo, filial, escolaridade) ou quantitativas/numéricas (preço, altura, idade). Após a leitura dos dados, procedemos com a exploração das variáveis individualmente e depois, conforme veremos neste capítulo, o processo de cruzamento dessas variáveis, procurando-se estabelecer padrões de comportamento das variáveis correlacionadas e iniciar com as modelagens possíveis para cada caso.

Na elaboração da modelagem, a primeira etapa é estabelecer um modelo casual, isto é, determinar qual das variáveis é tida como resposta e qual é tida como explicativa. Por exemplo, queremos saber se o sexo do indivíduo acidentado está relacionado com a escolha da profissão e vice-versa, ou se o valor da compra em um estabelecimento está relacionado com a sua localidade e vice-versa.

De um modo geral podemos explorar o relacionamento entre variável categórica com categórica; categórica com numérica ou numérica com numérica.

Usaremos a notação $Y{\sim}X$ para expressar a relação entre X e Y sendo Y a variável resposta e X a variável explicativa.

Numérica ~ categórica

Suponha que uma pesquisa foi encomendada para responder à pergunta: a localidade de um estabelecimento fornece resposta quanto ao valor médio de compra dos clientes?

O responsável pela pesquisa deverá formular duas hipóteses estatística:

```
Variável explicativa: filial de compra
Variável resposta: valor da compra
Nível de significância: 0.05
```

H_0: o valor da compra média é igual em todas as filiais do estabelecimento.

H_1: o valor da compra média não é igual em todas as filiais do estabelecimento.

A resposta à pergunta formulada será sim, no caso em que haja evidência na amostra que nos leve a rejeitar H_0.

A função *Desc()* do pacote *DescTools* nos fornece uma análise rápida para a formulação de modelos entre variáveis de uma base de dados.

Para essa análise iremos usar a base de dados *vendas.csv* e o modelo formulado na hipótese é representado por *valor_compra ~ filial*. Aqui temos um modelo onde *valor_compra* é a variável numérica e *filial* é a variável categórica com dois ou mais níveis, no caso são três níveis *A*, *B* e *C*.

```
#Lendo a base de dados
dados = read.csv2(file =
                  "https://raw.githubusercontent.com/
Lucianea/Alta/master/vendas.csv")

#Realizando o teste de hipótese

DescTools::Desc(valor_compra ~ filial, dados, digits = 1,
plotit = TRUE, test = kruskal.test)

## -----------------------------------------------------------
## valor_compra ~ filial
##
## Summary:
## n pairs: 23, valid: 23 (100.0%), missings: 0 (0.0%), groups: 3
##
##
##                    A        B        C
## mean           118.5    254.0    280.8
## median          90.6    159.5    188.0
## sd              96.7    248.7    281.2
## IQR             39.0    241.0    236.4
## n                  6       12        5
## np             26.1%    52.2%    21.7%
## NAs                0        0        0
## 0s                 0        0        0
##
## Kruskal-Wallis rank sum test:
##    Kruskal-Wallis chi-squared = 1.1822, df = 2, p-value = 0.5537
```

O sumário nos revela tratar de três grupos (groups: 3) com 23 pares de observações (n pairs: 23) e nenhum valor perdido (missings: 0). As medidas descritivas como média, mediana, desvio-padrão, amplitude interquartílica, quantidade e porcentagem são apresentadas para cada grupo. O gráfico do tipo *boxplot* é gerado, exibindo a comparação entre os níveis da variável categórica.

A figura 57 mostra que os valores de compra mediano não diferem muito entre as filiais. A filial B é a que apresenta a maior variabilidade para os valores de compra e a filial A é a de menor variabilidade. Em todas as filiais há valores de compra discrepantes. O gráfico comparativo das médias revela que a filial A apresenta média bem abaixo do que se observa nas filiais B e C. Vale observar que essas médias estão afetadas pela assimetria à direita e por presença dos valores discrepantes, portanto apresentam valores maiores do que as correspondentes medianas.

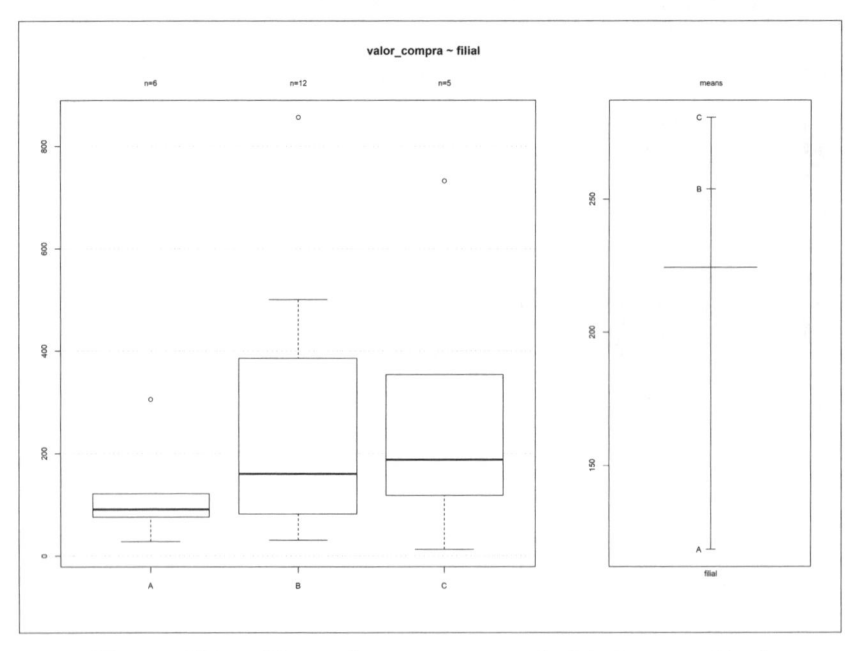

Figura 57: gráfico referente ao teste de hipótese variável numérica ~ variável categórica — pacote *desctools*

Fonte: elaboração própria.

O teste de *Kruskal-Wallis* é um teste não paramétrico para avaliar a diferença entre k grupos, $k \geq 2$. Nesse teste comparamos se a mediana da variável resposta é igual ou não em cada grupo. Para aplicar o teste, deve-se ter a amostra aleatória simples, os grupos devem ser independentes e a variável resposta deve ser numérica. No caso em que se tem amostras pareadas, isto é, amostras cujas unidades foram avaliadas em dois momentos distintos, formando pares de valores para os mesmos elementos, deve-se utilizar o teste de Friedman, veja tabela 20 para consultar a função para cada teste no R.

Como *p-valor* = *0.5537* > *0.05* (aceita-se H_0 como verdadeira), o teste indica que não há diferença significativa entre os valores de compras considerando as três filiais. Logo, conclui-se que filial não fornece informação significativa sobre o valor de compra.

Suponha agora que a pesquisa visa responder a pergunta: há diferença no nível de desconto entre as quinzenas do mês? Em outras palavras, a quinzena de venda fornece resposta quanto ao desconto médio na compra dos clientes?

O responsável pela pesquisa deverá formular duas hipóteses estatística:

```
Variável explicativa: quinzena do mês
Variável resposta: percentual de desconto no valor da compra
Nível de significância: 0.05
```

H_0: o percentual de desconto é igual nas duas quinzenas do mês

H_1: o percentual de desconto não é igual nas duas quinzenas do mês

Para essa análise iremos usar a base de dados *vendas.csv* e o modelo formulado na hipótese é representado por *desconto_perc ~ quinzena*. Aqui temos um modelo onde *desconto_perc* é a variável numérica e *quinzena* é a variável categórica dicotômica, isto é, com dois níveis *1* e *2*.

```
#Lendo a base de dados

dados = read.csv2(file =
                  "https://raw.githubusercontent.com/
Lucianea/Alta/master/vendas.csv")

#Realizando o teste de hipótese

DescTools::Desc(desconto_perc ~ quinzena, dados, digits =
1, plotit = TRUE, , test = kruskal.test )

DescTools::Desc(desconto_perc ~ quinzena, dados, digits =
1, plotit = TRUE, test = kruskal.test )

## -----------------------------------------------------------
## desconto_perc ~ quinzena
##
## Summary:
## n pairs: 23, valid: 23 (100.0%), missings: 0 (0.0%), groups: 2
##
##
##                 1        2
## mean          2.4      6.2
## median        0.0      6.0
## sd            4.8      5.4
## IQR           1.0      8.0
## n              11       12
## np          47.8%    52.2%
## NAs             0        0
## 0s              8        2
##
## Kruskal-Wallis rank sum test:
## Kruskal-Wallis chi-squared = 4.5748, df = 1, p-value = 0.03245
```

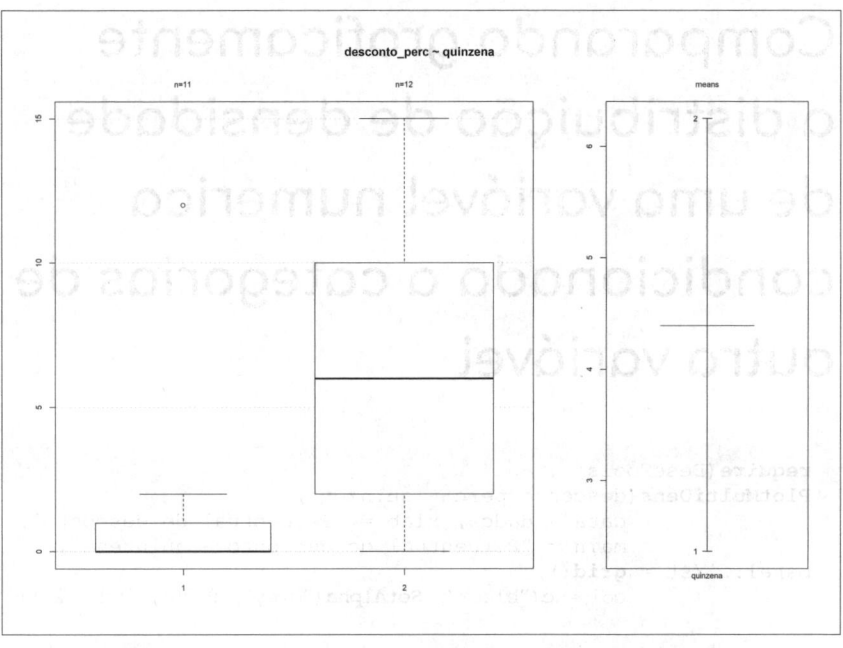

Figura 58: gráfico referente ao teste de hipótese variável numérica ~ variável categórica — pacote *desctools*

Fonte: elaboração própria, 2019

O resultado do teste nos indica *p-valor* < 0.05, portanto podemos concluir pela rejeição de H_0. Logo, a conclusão é de que há uma diferença significativa entre o percentual de desconto nas duas quinzenas do mês, que pode ser vista graficamente na figura 58.

Comparando graficamente a distribuição de densidade de uma variável numérica condicionada a categorias de outra variável

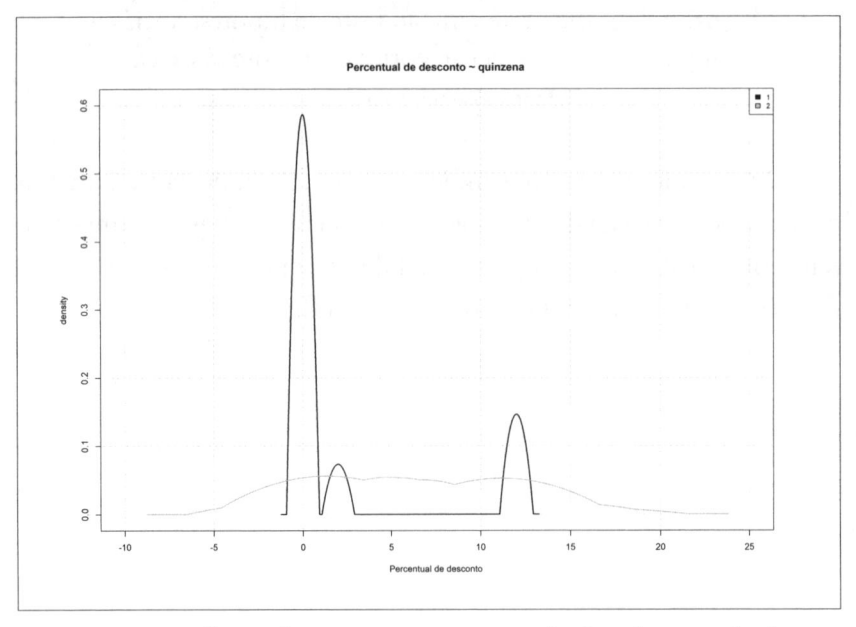

```
require(DescTools)
PlotMultiDens(desconto_perc ~ quinzena,
            data = dados, xlab = "Percentual de desconto",
            main = "Percentual de desconto ~ quinzena",
panel.first = grid(),
            col = c("black", SetAlpha("grey", 0.95), lwd = 2 ))
```

Figura 59: gráfico referente a comparação da distribuição de densidade de uma variável numérica — pacote *desctools*

Fonte: elaboração própria.

No gráfico da figura 59 podemos observar claramente a diferença de distribuição da variável compra quando consideramos a primeira quinzena (vários picos) e a segunda quinzena (um único pico e grande dispersão). Os dados mostram não haver uma normalidade na distribuição do percentual de desconto em cada quinzena. O teste de Shapiro pode levar a comprovação dessa hipótese.

Categórica ~ numérica

A pesquisa quer responder a pergunta: o desconto na compra fornece resposta quanto ao local de compra? Nesse caso formulamos as seguintes hipóteses:

```
Variável explicativa: percentual de desconto no valor da compra
Variável resposta: local de compra, filial
Nível de significância: 0.05
```

H_0: não há relação entre local de compra e desconto na compra.

H_1: há relação entre local de compra e desconto na compra.

Para essa situação nos referimos ao modelo *categórica-numérica*, como sendo um modelo de regressão logística em que a variável resposta é categórica, podendo ter duas (Regressão Logística Binária ou Binomial) ou mais categorias (Regressão Logística Politômica ou Multinomial). A variável explicativa pode ser numérica ou categórica.

Para a hipótese formulada acima, a variável resposta filial apresenta mais de duas categorias, o modelo será então de Regressão Logística Politômica ou Multinomial. O pacote *nnet* provê a função *multinom()* para obtenção dos coeficientes do modelo. Instale o pacote utilizando o comando *install.package(nnet)*.

Prepare os dados, a variável resposta deve ser um fator e é necessário definir o nível de referência desejado pelo analista, da variável resposta, através do comando *relevel* do pacote *stats*.

```
#Definindo a variável de referência como filial A.
dados$filial_f = relevel(as.factor(dados$filial), ref="A")
```

Carregue o pacote *nnet* para realizar a modelagem:

```
library(nnet)

modelo = multinom(filial_f ~ desconto_perc, data=dados)
## # weights:  9 (4 variable)
## initial  value 25.268083
## final    value 22.812170
## converged

summary(modelo )

## Call:
## multinom(formula = filial_f ~ desconto_perc, data = dados)
##
## Coefficients:
##    (Intercept) desconto_perc
## B    0.2705908     0.1181947
## C   -0.6251925     0.1221450
##
## Std. Errors:
##    (Intercept) desconto_perc
## B    0.6172661     0.1149895
## C    0.7790560     0.1309214
##
## Residual Deviance: 45.62434
## AIC: 53.62434
```

A modelagem produziu as seguintes equações de probabilidade em que $y_i(x)$ é o logaritmo da razão de chance e x são os valores para a variável *desconto_perc*:

$$y_1(x) = ln[\frac{P(B)}{P(A)}] = 0.27+0.118x$$

$$y_2(x) = ln[\frac{P(C)}{P(A)}] = -0.63+0.122x$$

A razão de chance ou Odds Ratio (OR) é dada pela razão entre a probabilidade de um evento ocorrer e de não ocorrer, ou seja,

$$\frac{P(A)}{P(\overline{A})}$$

- OR > 1 significa que a probabilidade do evento ocorrer é maior do que de não ocorrer;
- OR < 1 significa que a probabilidade do evento ocorrer é menor do que de não ocorrer;
- OR = 1 significa que a probabilidade de ocorrer ou não o evento é a mesma.
- No modelo em análise temos que:
- O aumento de uma unidade no valor da variável *desconto_perc* está associado a um aumento no logaritmo da razão de chance entre comprar na filial B versus comprar na filial A no valor de 0.118;
- O aumento de uma unidade no valor da variável *desconto_perc* está associado a um aumento no logaritmo da razão de chance entre comprar na filial C versus comprar na filial A no valor de 0.122.

No modelo em análise temos que as seguintes probabilidades para cada nível da variável *filial*:

$$P(A \mid x) = \frac{1}{1 + e^{y_1(x)} + e^{y_2(x)}}$$

$$P(B \mid x) = \frac{e^{y_1(x)}}{1 + e^{y_1(x)} + e^{y_2(x)}}$$

$$P(C \mid x) = \frac{e^{y_2(x)}}{1 + e^{y_1(x)} + e^{y_2(x)}}$$

Assim, para um desconto de 10%, $x=10$, tem-se:

$y_1(10) = 0.27+0.118(10) = 1.45$

$y_2(10) = -0.63+0.122(10) = 0.59$

Portanto,

$$P(A|x=10) = \frac{1}{1+e^{1.45}+e^{0.59}} = 0.1415007$$

$$P(B|x=10) = \frac{e^{1.45}}{1+e^{1.45}+e^{0.59}} = 0.6032337$$

$$P(C|x=10) = \frac{e^{0.59}}{1+e^{y_1(x)}+e^{0.59}} = 0.2552656$$

Para obtermos a razão de chance fornecida pelo modelo, utilizamos a função inversa ao logaritmo, ou seja, a função exponencial:

```
exp ( coef (modelo))
##     (Intercept) desconto_perc
## B    1.3107386       1.125463
## C    0.5351584       1.129918
```

Assim, temos que a razão de chance entre as filiais é dada por:

$$\frac{P(B)}{P(A)} = e^{0.27+0.118x} = 1.31 + 1.126^x$$

$$\frac{P(C)}{P(A)} = e^{-0.63+0.122x} = 0.54 + 1.130^x$$

Das equações acima podemos avaliar a razão de chance em função dos valores de x (desconto nas compras). Por exemplo, se $x=0$ temos que a razão de chance entre filial B e filial A é de 2.31 (1.31+1.126⁰), isto é, a probabilidade de não obter desconto na compra é 2.31 vezes maior na filial B do que na filial A. Entre a filial C e a filial A temos que a probabilidade em C é 1.54 vezes maior do que em A.

Para avaliarmos as razões de chance de forma efetiva, usamos a função *predict()* aplicada aos valores que desejamos prever.

```
#Prevendo a probabilidade de cada filial face aos descontos
valor = data.frame(desconto_perc = seq(0, 20, 5))
p=predict(modelo, newdata = valor, type="prob")
tabela = data.frame(valor,p)
```

Tabela 19: probabilidades estimadas do modelo de regressão logística

desconto_perc	A	B	C
0	0.3513831	0.4605713	0.1880456
5	0.2297532	0.5437937	0.2264532
10	0.1410584	0.6028764	0.2560651
15	0.0829116	0.6398835	0.2772050
20	0.0474071	0.6606725	0.2919203

Fonte: elaboração própria.

Através desse modelo podemos concluir (vide tabela 19) que desconto igual a zero está associado mais provavelmente às filiais A ou C. Para todos os demais valores de desconto (de 5 a 20) é mais provável que esteja associado à filial B. Um desconto de 15% ou 20% é muito pouco provável que seja concedido pela filial A.

Avaliando a significância dos parâmetros

Para avaliarmos a significância dos parâmetros estimados vamos obter a estatística *z* e avaliar o *p-valor* de um teste bicaudal, ou seja, vamos testar se os parâmetros são nulos ou não.

```
#Padronizando os coeficientes do modelo
z <- summary(modelo)$coefficients /
summary(modelo)$standard.errors


#Obtendo o p-valor
pval = ( 1 - pnorm(abs(z), 0, 1 ))*2
```

Em todos os parâmetros, o *p-valor* > 0.05, logo os coeficientes estimados são significativos.

Para publicação, podemos organizar uma tabela com os coeficientes e o *p-valor*, conforme tabela 20.

Tabela 20: coeficientes estimados do modelo de regressão logística

	Z-intercept	Z-x	pval-intercept	pval-x
B	0.438	1.028	0.661	0.304
C	-0.803	0.933	0.422	0.351

Fonte: elaboração própria.

Avaliando a acurácia do modelo

Acurácia é a proporção de predições corretas do modelo.

Para obtê-la construímos a matriz de confusão do modelo em análise.

$$acurácia = \frac{total\,de\,acertos}{total\,de\,dados}$$

```
mc=table(dados$filial_f, predict(modelo))
knitr::kable(mc)
```

Tabela 21: matriz de confusão do modelo de regressão logística

	A	B	C
A	0	6	0
B	0	12	0
C	0	5	0

Fonte: elaboração própria.

A tabela 21 é conhecida como matriz de confusão e mostra o número de classificações corretas (em cada linha) versus o número de classificações preditivas (em cada coluna) para cada nível da variável sob análise. Vemos que filial A é observada seis vezes e classificada como filial B; filial B é observada 12 vezes e classificada como B e filial C é observada cinco vezes e classificada como B. Observamos que esse modelo sempre classifica os valores observados como B, o que produz um acerto em 12 das 23 vezes (52% de acerto) em que classificou a resposta sobre a variável *filial*.

A acurácia é então obtida somando os valores da diagonal da matriz de confusão, que corresponde às previsões corretas do modelo, sobre a quantidade total de dados.

```
sum(diag(mc))/sum(mc)
## [1] 0.5217391
```

Portanto, a probabilidade de prever corretamente a filial para determinados valores de desconto é de 52% e de prever erroneamente é de 48%. Esse modelo possui baixa acurácia, indicando que o desconto não explica de forma adequada o local de compra das filiais.

Categórica ~ categórica

Neste caso queremos analisar se duas variáveis categóricas possuem uma associação entre seus níveis.

Quando analisamos duas variáveis categóricas, estamos diante de uma tabela de contingência que produz o cruzamento entre as categorias de cada variável.

Vale ressaltar que esse tipo de modelagem é sempre possível, ainda que se tenha uma variável numérica, a mesma pode ser categorizada em intervalos.

O setor de vendas da empresa deseja saber se os valores de compras nas filiais estão associados aos descontos fornecidos aos clientes. Desse modo, o valor das vendas foi categorizado em dois intervalos: até R$100 e acima de R$100 e os descontos em dois intervalos: até 10% ou acima de 10%.

```
#Lendo a base de dados
dados = read.csv2(file =
            "https://raw.githubusercontent.com/
Lucianea/Alta/master/vendas.csv")

#Definindo as faixas de valores

dados$cat_compra = cut(dados$valor_compra,
                    b=c(0, 100, 860))
```

```
dados$cat_desc = cut(dados$desconto_perc,
                     b = c(-0.01, 5, 10, 15))
```

Nessa análise formulamos as seguintes hipóteses:

```
Variável explicativa: faixa de desconto
Variável resposta: faixa de compra
Nível de significância: 0.05
```

H_0: as faixas de valores de compras não estão relacionadas às faixas de valores de descontos.

H_1: as faixas de valores de compras estão relacionadas às faixas de valores de descontos

```
require(DescTools)
Desc(cat_compra ~ cat_desc, dados, digits = 1, plotit = F)

## -----------------------------------------------------------
## cat_compra ~ cat_desc
##
##
## Summary:
## n: 23, rows: 2, columns: 3
##
## Pearson's Chi-squared test:
##    X-squared = 9.4359, df = 2, p-value = 0.008933
## Likelihood Ratio:
##    X-squared = 12.397, df = 2, p-value = 0.002033
## Mantel-Haenszel Chi-squared:
##    X-squared = 7.7118, df = 1, p-value = 0.005486
##
## Warning message:
##    Exp. counts < 5: Chi-squared approx. may be incorrect!!
##
##
## Phi-Coefficient        0.641
## Contingency Coeff.     0.539
## Cramer's V             0.641
##
##
##             cat_desc   (-0.01,5]    (5,10]     (10,15]
## Sum
```

(Continua)

```
(Continuação)
## cat_compra
##
## (0,100]      freq        10        0        0       10
##              perc      43.5%     0.0%     0.0%    43.5%
##              p.row    100.0%     0.0%     0.0%        .
##              p.col     66.7%     0.0%     0.0%        .
##
## (100,860]    freq         5        4        4       13
##              perc      21.7%    17.4%    17.4%    56.5%
##              p.row     38.5%    30.8%    30.8%        .
##              p.col     33.3%   100.0%   100.0%        .
##
## Sum          freq        15        4        4       23
##              perc      65.2%    17.4%    17.4%   100.0%
##              p.row         .        .        .        .
##              p.col         .        .        .        .
##
```

O teste para analisar tabelas de contingência é o teste qui-quadrado. Podemos observar três abordagens para esse teste, a estatística de teste proposta por Pearson, a estatística de Razão de Verossimilhança e a estatística proposta por Mantel-Haenszel; em todos os casos o *p-valor* < 0.05 e portanto rejeita-se H_0, o que significa concluir que há uma relação entre as faixas de desconto e as faixas de valor de compra.

Quando o valor esperado de uma tabela de contingência apresenta valor menor do que cinco, deve-se realizar o teste exato de Fisher que pode ser aplicado com o comando *fisher.test()*.

São apresentados na análise os coeficientes de correlação de Phi, de contingência de Pearson e o V de Chamer. Os métodos de cálculo desses coeficientes são distintos entretanto seus valores se apresentam muito próximos e em todos os casos a interpretação é a de que quanto mais próximo em valor absoluto de um melhor é a associação entre as variáveis. No caso em questão em que os coeficientes são maiores do que 0.5, indicam média associação.

Tabelas de contingência com o pacote gmodels

Conforme visto anteriormente, as tabelas de contingência são resultado do cruzamento entre duas variáveis categóricas. Vimos também como usar o pacote *DescTools* para produzir uma análise.

O pacote *gmodels* também oferece a possibilidade de análise através da função *CrossTable*.

```
require(gmodels)
modelo2 = CrossTable(dados$cat_compra, dados$cat_desc,
expected = T)

## 
## 
##    Cell Contents
## |-------------------------|
## |                       N |
## |              Expected N |
## | Chi-square contribution |
## |           N / Row Total |
## |           N / Col Total |
## |         N / Table Total |
## |-------------------------|
## 
## Total Observations in Table:  23 
## 
## 
##              | dados$cat_desc 
## dados$cat_compra |  (-0.01,5] |     (5,10] |    (10,15] |  Row Total | 
## -----------------|------------|------------|------------|------------|
##          (0,100] |         10 |          0 |          0 |         10 |
##                  |      6.522 |      1.739 |      1.739 |            |
##                  |      1.855 |      1.739 |      1.739 |            |
##                  |      1.000 |      0.000 |      0.000 |      0.435 |
##                  |      0.667 |      0.000 |      0.000 |            |
##                  |      0.435 |      0.000 |      0.000 |            |
## -----------------|------------|------------|------------|------------|
##        (100,860] |          5 |          4 |          4 |         13 |
##                  |      8.478 |      2.261 |      2.261 |            |
##                  |      1.427 |      1.338 |      1.338 |            |
##                  |      0.385 |      0.308 |      0.308 |      0.565 |
##                  |      0.333 |      1.000 |      1.000 |            |
##                  |      0.217 |      0.174 |      0.174 |            |
```

(Continua)

(Continuação)

```
## ----------------|-----------|-----------|-----------|--------|
##    Column Total |        15 |         4 |         4 |     23 |
##                 |     0.652 |     0.174 |     0.174 |        |
## ----------------|-----------|-----------|-----------|--------|
## 
## 
## Statistics for All Table Factors
## 
## 
## Pearson's Chi-squared test
## ------------------------------------------------------------
## Chi^2 =   9.435897      d.f. =  2       p =  0.008933485
## 
## 
## 
```

O teste para tabela de contingência com número de linhas e/ou colunas maiores do que dois é o qui-quadrado de Pearson, o grau de liberdade (d.f.) é determinado pelo (número de colunas − 1)(número de linhas − 1), nesse caso, (3-1)(2-1) = 2. Rejeitamos H_0, pois *p-valor* < 0.05, ou seja, concluímos que há uma relação entre faixa de compra e faixa de desconto.

O teste apropriado para tabelas de contingência

Para tabelas de contingência do tipo 2x2, cujo grau de liberdade é igual a um, a decisão quanto ao teste de qui-quadrado deve se basear principalmente no valor de *n*:

- $n > 40$, utilizar o teste qui-quadrado de Pearson com correção de continuidade. Apesar de a correção de continuidade não provocar grandes alterações no valor do qui-quadrado, essas alterações podem ser importantes quando se está próximo do limite entre região de rejeição e a região de não rejeição da hipótese nula;

- $20 \leq n \leq 40$, utilizar teste qui-quadrado de Pearson, observando se o valor esperado em cada casela é maior ou igual a cinco, caso contrário utilizar o teste exato de Fisher;
- $n < 20$, utilizar o teste exato de Fisher.

```
require(janitor)
#O teste exato de Fisher para verificar relação entre
quinzena e cat_compra

tab = tabyl(dados, quinzena, cat_compra)
fisher.test(tab)
##
##  Fisher's Exact Test for Count Data
##
## data:  tab
## p-value = 0.01228
## alternative hypothesis: true odds ratio is not equal to 1
## 95 percent confidence interval:
##    1.34348 172.78045
## sample estimates:
## odds ratio
##   11.52638
```

Como *p-valor* é menor do que 0.05, a hipótese nula de que quinzena e faixa de valor de compra sejam independentes é rejeitada, concluindo, portanto, que há relação entre a quinzena de compra e a faixa de valor de compra.

Tabelas de contingência $r \times k$, isto é, r linhas e k colunas, utiliza-se o teste qui-quadrado de Pearson, considerando que deve haver pelo menos cinco observações em cada casela ou um número mínimo de 30 observações no total. O teste qui-quadrado de Pearson trabalha com a hipótese nula de que as variáveis são estatisticamente independentes.

O grau de liberdade é obtido por *(r-1)(k-1)* e quando esse grau for maior do que um, o teste qui-quadrado não deve ser usado se mais de 20% das frequências esperadas forem inferiores a cinco ou se qualquer frequência esperada for inferior a um. Caso haja restrições no uso do teste, eventualmente, pode-se juntar categorias adjacentes de modo a aumentar as frequências esperadas.

```
require(janitor)
#O teste Qui-quadrado para verificar relação entre cat_desc
e cat_compra

tab = tabyl(dados, cat_desc, cat_compra)
chisq.test(tab)
##
##  Pearson's Chi-squared test
##
## data:  tab
## X-squared = 9.4359, df = 2, p-value = 0.008933
```

Como *p-valor* é menor do que 0.05, a hipótese nula de que faixa de desconto e faixa de valor de compra sejam independentes é rejeitada, concluindo, portanto, que há relação entre a faixa de desconto e a faixa de valor de compra.

Numérica ~ numérica

Quando a modelagem envolve o relacionamento entre variáveis numéricas, o primeiro modelo que podemos pensar é o modelo de regressão linear simples cuja equação é dada por:

$y = \beta_0 + \beta_1 x + \epsilon$.

y é a variável resposta; x é a variável explicativa; ϵ é o erro aleatório com média 0; β_0 é o parâmetro de intercepto e β_1 é o parâmetro de inclinação da reta.

Iniciamos a modelagem realizando a análise do gráfico de dispersão e o cálculo do coeficiente de correlação de Pearson.

A função *Desc* do pacote *DescTools* apresenta a opção para esse tipo de análise.

Suponha uma pesquisa que pretenda responder à pergunta: o valor médio da compra pode ser previsto pelo número de itens adquiridos?

O responsável pela pesquisa deverá formular duas hipóteses estatísticas:

```
Variável explicativa: número de itens adquiridos
Variável resposta: valor da compra
Nível de significância: 0.05
```

H_0: o valor da compra está relacionado linearmente com o número de itens.

H_1: não há uma relação linear entre valor da compra e número de itens.

```
DescTools::Desc(valor_compra ~ n_itens, dados, digits=1,
plotit = F)
## -----------------------------------------------------------
## valor_compra ~ n_itens
##
## Summary:
## n pairs: 23, valid: 23 (100.0%), missings: 0 (0.0%)
##
##
## Pearson  corr. : 0.284
## Spearman corr.: 0.350
## Kendall  corr. : 0.230
```

O gráfico pode ser visualizado com o comando abaixo:

```
plot(DescTools::Desc(valor_compra ~ n_itens, dados,
digits=1, plotit = T))
```

Para a análise do modelo proposto temos o coeficiente de correlação de Pearson (r) que mede o grau de correlação linear entre duas variáveis quantitativas. Seu valor varia entre -1 e 1. Sendo positivo indica que à medida que o valor de x aumenta o de y também aumenta (reta crescente); sendo negativo indica que à medida que o valor de x aumenta o de y diminui (reta decrescente). Para interpretá-lo considere:

- $r = 1$, associação linear perfeita;
- $|r| = 1$, associação linear perfeita;
- $0.75 \leq |r| < 1$, associação linear forte;
- $0.50 \leq |r| < 0.75$, associação linear moderada;
- $0 < |r| < 0.50$, associação linear fraca;
- $|r| = 0$, associação linear inexistente.

Para o modelo em análise como r = 0.284 a correlação linear é fraca e positiva, sinalizando que a relação entre as variáveis não é linear.

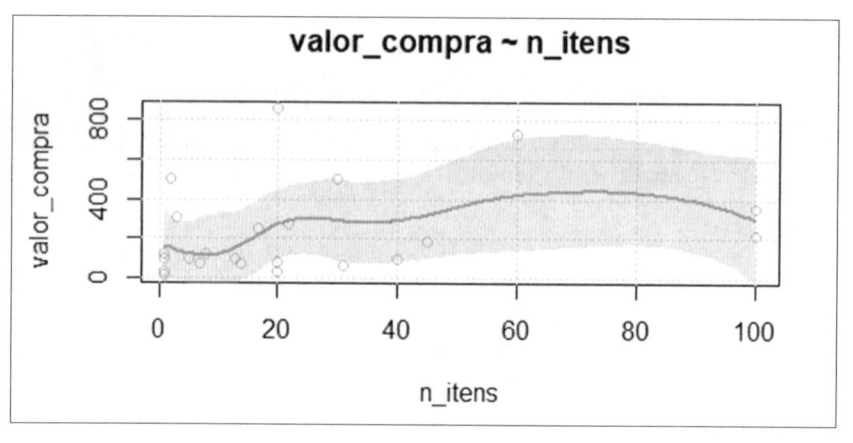

Figura 60: gráfico de dispersão
Fonte: elaboração própria.

Ao plotarmos o gráfico de dispersão (figura 60), podemos verificar que não há uma relação linear entre as variáveis, os pontos se espalham numa forma não definida.

Podemos explorar as relações da base de dados com a função *pairs()* do pacote básico, veja figura 61.

```
pairs(dados)
```

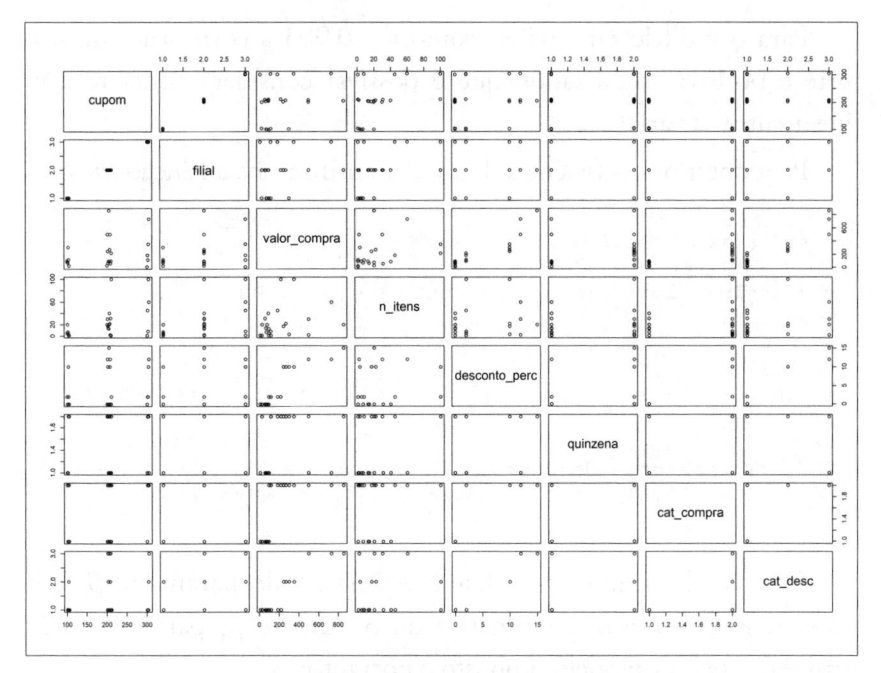

Figura 61: gráfico de dispersão

Fonte: elaboração própria.

O gráfico da figura 61 nos mostra todas as combinações possíveis de pareamento. Podemos observar que *valor_compra* e *desconto_perc* são as únicas variáveis que apresentam um comportamento em que se possa considerar uma relação linear.

```
DescTools::Desc(valor_compra ~ desconto_perc, dados,
digits=1, plotit = F)
## -----------------------------------------------------------
## valor_compra ~ desconto_perc
##
## Summary:
## n pairs: 23, valid: 23 (100.0%), missings: 0 (0.0%)
##
##
## Pearson corr.  : 0.903
## Spearman corr.: 0.950
## Kendall corr.  : 0.864
```

Para o modelo em análise como r = 0.903 a correlação linear é forte e positiva, sinalizando que é possível considerar uma relação linear entre as variáveis.

Para obter os coeficientes do modelo utilizamos a função *lm()*:

```
#Estimativas dos coeficientes do modelo
modelo=lm(valor_compra ~ desconto_perc, dados)
modelo
##
## Call:
## lm(formula = valor_compra ~ desconto_perc, data = dados)
##
## Coefficients:
##   (Intercept)   desconto_perc
##         56.41           38.27
```

O valor de *Intercept* se refere à estimativa do parâmetro β_0 e o valor de *desconto_perc* à estimativa do parâmetro β_1 para o modelo $y=\beta_0+\beta_1 x+\epsilon$. O modelo proposto é portanto:

$y=56.41+38.27x + \epsilon$

Assim, podemos avaliar através desse modelo que um desconto de 0% tem como valor de compra estimada em R$56.41 e que um desconto de 10% tem como valor de compra estimada em R$60.24. De modo geral, podemos dizer que a cada acréscimo de 1% no valor do desconto, o valor de compra aumenta em R$38.27. No modelo linear, o coeficiente β_1 fornece a taxa de aumento/decréscimo (de acordo com o sinal positivo ou negativo) na variável *y* para cada aumento de 1 unidade na variável *x*.

O próximo passo é analisar a significância do modelo. A função *summary* aplicada a ele fornece as estatísticas de teste para os coeficientes do modelo e a estatística F para validação da significância do modelo.

```
summary(modelo)
##
## Call:
## lm(formula = valor_compra ~ desconto_perc, data = dados)
##
```

```
## Residuals:
##     Min      1Q  Median      3Q     Max
## -191.40  -30.62  -11.95   38.94  225.60
##
## Coefficients:
##               Estimate Std. Error t value Pr(>|t|)
## (Intercept)      56.41      27.16   2.076   0.0503 .
## desconto_perc    38.27       3.97   9.640 3.67e-09 ***
## ---
## Signif. codes:  0 '***' 0.001 '**' 0.01 '*' 0.05 '.' 0.1 ' ' 1
##
## Residual standard error: 99.91 on 21 degrees of freedom
## Multiple R-squared:  0.8157, Adjusted R-squared:  0.8069
## F-statistic: 92.93 on 1 and 21 DF,  p-value: 3.669e-09
```

As medidas descritivas dos resíduos nos mostram que eles estão entre -191 e 225, o que se espera é que os resíduos tenham média zero com distribuição normal. Veja que a mediana ficou em -11.95, o que indica uma possível assimetria à direita para os resíduos, considerando que esse valor deveria ser nulo.

Na análise da significância dos coeficientes, as hipóteses do teste estatístico são:

H_0: os coeficientes do modelo são nulos, isto é, $\beta_0 = \beta_1 = 0$.

H_1: os coeficientes do modelo são diferentes de zero.

Para que os coeficientes do modelo sejam significativos, esperamos rejeitar H_0 nesse teste. O coeficiente β_0 apresenta *p-valor* = 0.0503 > 0.05 e β_1 apresenta *p-valor* = 3.67e-09 < 0.05, portanto o intercepto não é significativo. Na modelagem por regressão é importante que o β_1 seja significativamente diferente de zero, o que se confirma neste caso.

A estatística F complementa a análise de significância do modelo, *p-valor* < 0.05 indica que o modelo é significativo se comparado ao modelo nulo. O modelo nulo é explicado apenas pela média da variável em análise, ou seja, pressupõe que a variável y não esteja associada a nenhuma outra.

O valor de *Multiple R-squared* (R^2) é outro indicador da adequação do modelo, reflete o quanto que a variável X explica a variável Y. Nesse exemplo obtemos 0.8157, significando que 82% da variação do valor de compra foi explicada pela relação entre valor de compra e desconto no valor de compra. Os 18% restantes podem ser devido a outras variáveis não incluídas no modelo, mas que estão relacionadas à variável valor de compra.

A última etapa na validação do modelo é analisar os resíduos, isto é, a diferença entre o valor de y observado e o valor previsto de y pelo modelo. O resíduo representa o componente que não foi captado pela modelagem, seja por causa da oscilação natural entre x e y, seja por conta do modelo não se ajustar adequadamente à relação entre x e y. Na análise dos resíduos esperamos encontrar valores próximos de zero e distribuídos de forma aleatória em torno do zero, sem nenhum padrão, já que o modelo adequado capta o padrão e o que sobra deve ser apenas um ruído. Para obter a estimativa da variância dos erros (resíduos), utilize a tabela ANOVA, através do comando:

```
anova(modelo)
## Analysis of Variance Table
##
## Response: valor_compra
##               Df  Sum Sq  Mean Sq  F value    Pr(>F)
## desconto_perc  1  927610   927610   92.926  3.669e-09 ***
## Residuals     21  209627     9982
## ---
## Signif. codes:  0 '***' 0.001 '**' 0.01 '*' 0.05 '.' 0.1 ' ' 1
```

O valor estimado de $\sigma^2 = 9982$, corresponde ao *Mean Sq dos resíduos (Residuals)*. Com esse valor, estima-se o intervalo em que 95% dos resíduos devem figurar, ou seja, entre $-2\sqrt{9982}$ e $2\sqrt{9982}$ (-199.82 e 199.82).

A análise gráfica dos resíduos é feita através de:

```
par(mfrow = c(2, 2))
plot(modelo)
```

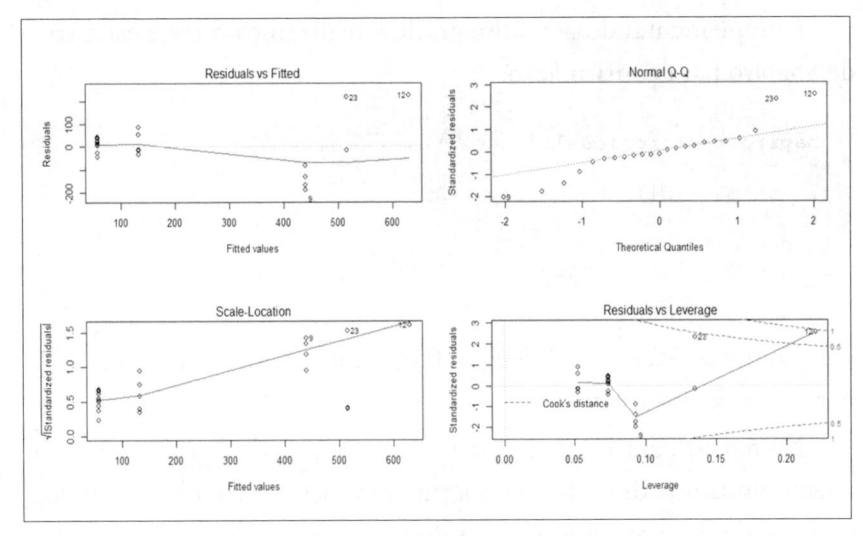

Figura 62: gráficos dos resíduos de um modelo de regressão linear

Fonte: elaboração própria.

Na figura 62 temos quatro gráficos referidos como um a quatro na ordem da esquerda para a direita e de cima para baixo, ou seja, gráfico um na linha um coluna um, gráfico dois na linha um coluna dois e assim por diante.

Cada gráfico da figura 62 possui a finalidade de avaliar: gráfico 1: diagnóstico da linearidade; gráfico 2: diagnóstico da normalidade dos resíduos; gráfico 3: diagnóstico da variância constante (homocedasticidade); gráfico 4: diagnóstico de *outliers*.

No primeiro gráfico da figura 62 observamos que os pontos com maiores resíduos correspondem aos dados da posição 12 e 23. Nele, espera-se observar os valores dos resíduos em torno de x=0, observando pontos acima e abaixo, sem um padrão específico e dentro do intervalo -199.82 e 199.82, o que confirma que o modelo captou a relação entre x e y, deixando apenas um ruído.

No segundo gráfico da figura 62 observamos se os pontos ficam próximos da linha pontilhada, o que confirma a hipótese de normalidade.

Complementando a análise gráfica, realizamos o teste estatístico de Shapiro para confirmação:

```
shapiro.test(residuals(modelo))
##
##  Shapiro-Wilk normality test
##
## data:  residuals(modelo)
## W = 0.92198, p-value = 0.07346
```

Como *p-valor* = 0.07346 > 0.05, confirmamos a hipótese de normalidade dos resíduos.

No terceiro gráfico da figura 62 observamos se os pontos se distribuem sem um padrão de comportamento, neste caso, confirmando a hipótese de que a variância do resíduo é constante (homocedástica).

Complementando a análise gráfica realizamos o teste estatístico para confirmação da hipótese de homocedasticidade, utilizando-se do teste de Bartlett. Para aplicar o teste formamos dois grupos, dividindo os resíduos em dois grupos aleatórios denominados de A e B e testamos se a variância em cada grupo é igual:

```
n = length(modelo$residuals)
k = floor(n/2)
bartlett.test(residuals(modelo), c(rep("A", k),
rep("B",n-k)))
##
##  Bartlett test of homogeneity of variances
##
## data:  residuals(modelo) and c(rep("A", k), rep("B", n - k))
## Bartlett's K-squared = 2.0925, df = 1, p-value = 0.148
```

Como *p-valor* = 0.148 > 0.05, aceita-se a hipótese de que a variância do resíduo é constante.

No quarto gráfico da figura 62 observamos a influência de pontos discrepantes (*outliers*), através da distância de Cook que provê uma ordenação das observações em termos da sua influência sobre o vetor das estimativas dos coeficientes. A intenção não é aplicar um teste formal, e sim fornecer uma ajuda para detectar as observações influentes. É conveniente analisar casos em que o ponto se apresenta na região > 0,5 e é sempre importante analisar casos na região > 1. Nessa análise é conveniente verificar a observação 12 que corresponde ao maior valor de compra da base de dados, configurando-se numa ocorrência atípica.

```
#Observação da linha 12 da base de dados
dados[12,]
##    cupom filial valor_compra n_itens desconto_perc quinzena cat_compra
## 12   206      B          856      20            15        2  (100,860]
##     cat_desc
## 12  (10,15]
```

Após analisar os resíduos e identificar os pontos problemáticos, como o caso da linha 12, podemos tomar a decisão de mantê-los ou eliminá-los e refazer a modelagem e análise novamente. Deixaremos a segunda opção como exercícios para o leitor.

Finalmente, após a validação do modelo, temos a sua representação gráfica, veja figura 63:

```
#Gráfico do modelo

x = dados$desconto_perc
y = dados$valor_compra

plot(x,y,
     main=sprintf("Regressão Linear\nR-quadrado=%1.3f\
nEquação:%1.2fX+%1.2f", summary(modelo)$r.
squared, summary(modelo)$coefficients[2],
summary(modelo)$coefficients[1]),
     xlab="desconto em %",
     ylab="valor de compra em R$")
abline(modelo, col="gray")
```

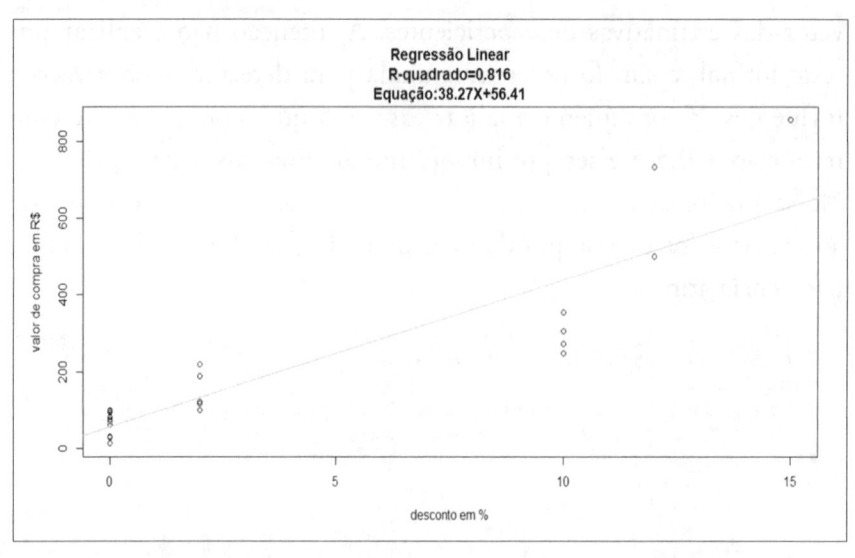

Figura 63: gráficos do modelo de regressão linear
Fonte: elaboração própria.

Fazendo previsões com o modelo para novos valores

Usando o modelo de regressão ajustado $Y = 38.27X+56.41$, podemos prever o valor de compra quando o desconto é de 10%, basta substituir o valor de $x = 10$ no modelo e obter $y = 439.11$. O valor de compra $y = 439.11$ pode ser interpretado como uma estimativa do valor médio de compra da população real quando $x = 10$, ou como uma estimativa de uma nova compra nessas condições.

Essas estimativas estão, obviamente, sujeitas a erros, é improvável que uma observação futura sobre valor de venda seja exatamente 439.11 quando o valor do desconto seja de 10%.

Veremos a seguir como usar intervalos de confiança e intervalo de previsão para a estimativa de um modelo de regressão.

Um intervalo de confiança pode ser construído para a resposta média da variável y correspondente a um valor especificado de x, digamos, x_0. O intervalo de confiança diz respeito, portanto, ao valor esperado de Y dado o valor específico de x:

$$E(Y|x_0) = \beta_0 + \beta_1 x_0$$

O **intervalo de confiança** é obtido pelo software R através do comando *predict(modelo, novosvalores, interval = "confidence")*.

Uma aplicação importante de um modelo de regressão é prever observações novas ou futuras Y correspondente a um nível especificado da variável de regressão x. O intervalo de predição diz respeito, portanto, a estimativa de um valor qualquer de Y para um dado valor de x:

$$\hat{Y} = \beta_0 + \beta_1 x_0$$

O **intervalo de predição** é obtido pelo software R através do comando *predict(modelo, novosvalores, interval = "prediction")*.

Os novos valores devem ser um *data frame* com o mesmo nome dado à variável x, no nosso caso *desconto_perc*.

```
novosvalores = data.frame(desconto_perc=seq(0,20,5))

ic = round(predict(modelo, novosvalores, interval =
"confidence"), 2)

data.frame(novosvalores, ic)
##   desconto_perc    fit    lwr    upr
## 1             0  56.41  -0.08 112.90
## 2             5 247.74 204.12 291.35
## 3            10 439.07 375.66 502.48
## 4            15 630.40 532.69 728.11
## 5            20 821.73 685.79 957.67
```

Os intervalos de confiança estimados para cada valor de desconto considerado fornece a faixa de valores esperados para compras, por exemplo, para 10% de desconto, espera-se um valor médio de compra entre R$375.66 e R$502.48.

```
novosvalores = data.frame(desconto_perc=seq(0,20,5))

ic = round(predict(modelo, novosvalores, interval =
"prediction"), 2)

data.frame(novosvalores, ic)

##    desconto_perc    fit     lwr     upr
## 1              0  56.41 -158.91  271.72
## 2              5 247.74   35.43  460.04
## 3             10 439.07  221.83  656.31
## 4             15 630.40  400.80  860.00
## 5             20 821.73  573.44 1070.03
```

Os intervalos de predição estimados para cada valor de desconto considerado fornece a faixa de valores esperados para futuras compras, por exemplo para 10% de desconto, espera-se um valor de compra entre R$221.83 e R$656.31

EXERCÍCIOS DE FIXAÇÃO PARA O APRENDIZADO

|1| Os dados a seguir apresentam a preferência por tipo de filme (Policial ou Romance) de uma amostra de 280 clientes de um canal de filmes. Deseja-se saber se a preferência está associada ao sexo do cliente. Formule as hipóteses e realize a análise.

```
dados = data.frame( sexo = rep(c("F", "M"), c(80, 200)),
            preferencia = c(rep(c("Policial",
"Romance"), c(20, 60)),
            rep(c("Policial", "Romance"), c(120, 80)) ))
```

|2| Uma loja de vinhos realizou uma pesquisa para saber se o tipo de música (Italiana ou Francesa) influencia o cliente na escolha do rótulo quanto ao país de origem do vinho. Formule as hipóteses da modelagem e realize a análise.

```
dados = data.frame( musica = rep(c("Francesa", "Italiana"),
c(260, 300)),
        origem = c(rep(c("França", "Itália"), c(200, 60)),
            rep(c("França", "Itália"), c(120, 180)) ))
```

|3| O pesquisador deseja saber se o tempo de permanência no estabelecimento influencia no valor da compra. Foram coletados os dados de 20 clientes que efetivaram a compra e que permaneceram na loja entre 10 e 30 minutos.

```
dados = data.frame (tempo = c(25, 20, 20, 10, 10, 10, 25,
22, 13, 10, 25, 23, 16, 18, 15, 13, 14, 24, 12, 10), valor
= c(200, 100, 230, 14, 50, 30, 302, 100, 10, 20, 150, 180,
80, 70, 40, 9, 30, 100, 100, 12))
```

| 4 | O pesquisador deseja saber se o salário de determinada função está relacionado com a localização de unidades regionais da empresa Alpha. Formule as hipóteses da modelagem e realize a análise.

```
salario = c(2100, 3200, 2200, 2200, 2150, 2100, 2200, 2200,
2300, 2150)

localizacao = c("A", "A", "A", "B", "B", "B", "A", "A", "A", "B")
```

| 5 | Formule as hipóteses e realize a análise para verificar se o número de erros na produção de um produto está relacionado com a temperatura do processo produtivo.

```
Erros = c(3, 0, 0, 4, 0, 0, 0, 0, 0, 1, 3, 0, 0, 0, 1, 4, 0, 0, 0, 4)
Temperatura = c(20, 22, 22, 19, 22, 22, 23, 23, 21, 19, 20,
23, 23, 22, 12, 18, 22, 23, 22, 18)
```

| 6 | Deseja-se investigar se o salário está relacionado com o tempo de estudo. Formule as hipóteses da modelagem e realize a análise

```
salario = c(2100, 3200, 2200, 2200, 2150, 2100, 2200, 2200, 2300, 2150)

tempo = c(13, 15, 14, 17, 16, 12, 13, 14, 14, 13)
```

| 7 | Refaça o modelo da seção "Numérica ~ numérica", eliminando a linha 12 da base de dados.

12

Produzindo seu próprio relatório

> **OBJETIVO**
> Neste capítulo você será conduzido à missão de produzir um relatório utilizando o pacote R Markdown.

Antes de iniciar seu relatório, certifique-se de ter instalado todos os pacotes mencionados neste livro. Faça uma especial revisão do capítulo 4 sobre o pacote *R Markdown*.

Apresentaremos neste capítulo uma proposta de relatório que você deverá desenvolver a partir do R Studio. Em cada proposta você deverá abrir o *R Studio* e criar um novo arquivo (*File - New File - R Markdown...*). Salve sempre numa pasta apropriada em que esteja armazenado o arquivo de estilos, conforme mencionado no capítulo 4 sobre produção de relatórios com R Markdown.

Proposta de relatório

Crie um relatório semelhante ao que se apresenta a seguir. Os dados utilizados neste relatório podem ser vistos a seguir:

```
Regiao = c("Norte", "Nordeste", "Sudeste", "Sul", "Centro-
Oeste")
Ensino = c("Educação Infantil", "Ensino Fundamental",
"Ensino Médio")
Ed_Inf = c(18.7, 17.0, 16.1, 15.3, 18.0)
Ens_Fund = c(22.9, 22.2, 24.3, 21.6, 23.6)
Ens_Med = c(29.6, 31.2, 30.9, 27.5, 29.0)

data.frame(Regiao, Ed_Inf, Ens_Fund, Ens_Med)

##         Regiao Ed_Inf Ens_Fund Ens_Med
## 1        Norte   18.7     22.9    29.6
## 2     Nordeste   17.0     22.2    31.2
## 3      Sudeste   16.1     24.3    30.9
## 4          Sul   15.3     21.6    27.5
## 5 Centro-Oeste   18.0     23.6    29.0
```

A partir do modelo da seção a seguir, você deverá elaborar o arquivo *rmd* que possibilite gerar um documento *docx*.

Modelo para a produção de relatório com R Markdown

Introdução

A Universidade Federal Fluminense recentemente se alinhou à democratização da informação seguindo um modelo de dados abertos. Esse modelo consiste na disponibilidade de informação que funciona como portal de transparência, tornando públicos dados referentes à Universidade.

De acordo com o que é exposto, muitas bases de dados podem ser usadas em trabalhos dentro e fora das graduações locais ou, até mesmo, para produzir resultados que venham gerar medidas de políticas públicas para solução de determinados casos.

Um problema muito comum referente aos dados é como eles são mostrados, como são interpretados e que conclusões podem ser tiradas a partir deles. Portanto, uma boa visualização de dados facilita a divulgação e a interpretação dos resultados obtidos de acordo com as informações analisadas.

Objetivo

O objetivo é examinar os dados do censo escolar da UFF no período 2014-15 quanto ao número de alunos concluintes, matriculados, novos e vinculados e observar o comportamento desses números no período considerado.

Método

Foram analisados bancos de dados sobre o tema proposto, disponíveis no site da Universidade Federal Fluminense sobre o censo escolar dos anos de 2014 e 2015 [2]. Utilizou-se o software R para leitura e análise descritiva dos dados [1]. Os gráficos foram produzidos com o auxílio do pacote *ggplot2* [3,4].

Para atingir o objetivo, selecionou-se as variáveis disponíveis nesse período sobre o número de alunos, considerando os seguintes grupos:

- Aluno vinculado: refere-se ao aluno vinculado a algum curso ofertado pela IES tendo por base os períodos de referência do Censo, podendo ser: cursando, matrícula trancada, desvinculado do curso, formado, falecido ou transferido para outro curso na mesma IES;

- Aluno matriculado no ano: Aluno matriculado no 2º Semestre + Aluno concluinte do 1º Semestre;
- Alunos novos;
- Alunos concluintes.

Em seguida, elaborou-se os *scripts* na linguagem R para produção dos gráficos e tabelas.

Resultados e *script*

Script para criação de *dataframe* para produção da visualização dos dados em um gráfico de barras.

```
require(tidyverse)
alunos
=c(2289,1844,2189,1254,39416,38652,40046,46939,6346,5881,9152,6824,53719,52558,56292,56355)
ano=rep(rep(c("2014-1","2014-2","2015-1","2015-2"),4))
tipo=rep(c("Concluintes", "Matriculados", "Novos", "Vinculados"),c(4,4,4,4))
dados=data.frame(ano, tipo, alunos)
arrange(dados,ano)%>%
ggplot(aes(x=ano,y=alunos,fill=tipo))+geom_bar(stat= "identity",position="dodge")+ ggtitle("Alunos na graduação (por categoria e semestre)") + geom_text(aes( label = alunos ), vjust=0, size=3, position = position_dodge(0.9))
```

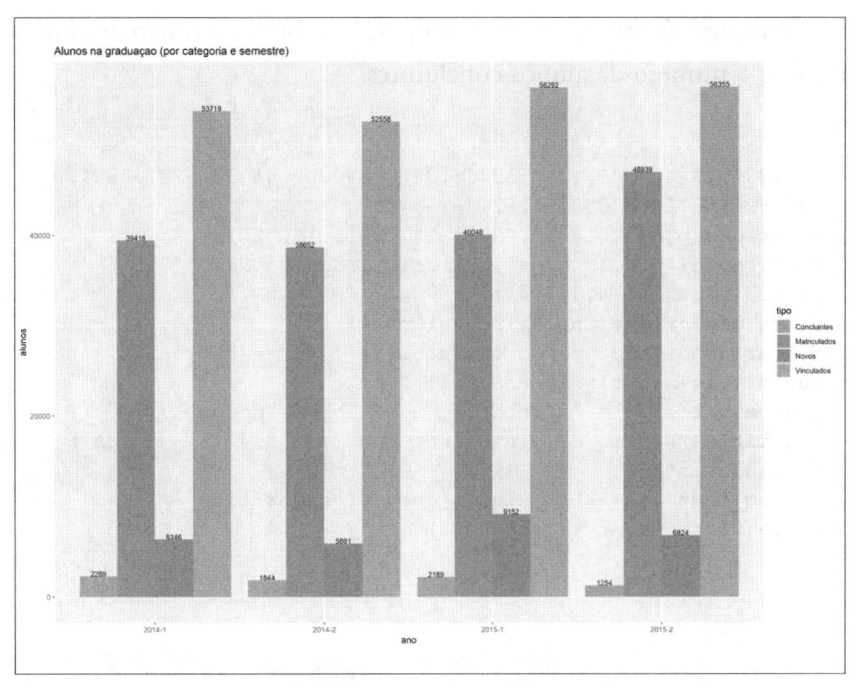

Figura 64: comparação do número de alunos por categoria e semestre

Na figura 64, observa-se que o número de alunos concluintes é maior no primeiro semestre dos anos considerados nesta análise, com uma redução de quase 1.000 alunos no segundo semestre do ano de 2015. Vale lembrar que o ano de 2015 foi marcado por greve das Universidade Federais, nas quais a UFF estava incluída, o que explica a queda no número de concluintes.

Outro impacto importante, possivelmente ocasionado pela greve, foi o aumento do número de matrículas no segundo semestre de 2015, somado ao aumento de alunos novos observado no início de 2015.

O aumento de novos alunos registrados no primeiro semestre de 2015 se deve, em grande parte, pela abertura de mais de 10 cursos novos nesse mesmo ano. Observa-se um salto de 6.346 alunos novos em 2014-1 para 9.152 em 2015-1.

A figura 65, apresenta uma comparação entre o número de alunos novos e o número de alunos concluintes.

```
alunos
=c(2289,1844,2189,1254,39416,38652,40046,46939,6346,5881,91
52,6824,53719,52558,56292,56355)
ano=rep(rep(c("2014-1","2014-2","2015-1","2015-2"),4))
tipo=rep(c("Concluintes", "Matriculados", "Novos",
"Vinculados"),c(4,4,4,4))
dados=data.frame(ano, tipo, alunos)
filter(dados,tipo== "Concluintes" | tipo == "Novos" ) %>%
ggplot(aes(x=ano,y=alunos,fill=tipo)) +
  geom_bar(stat = "identity", position = "dodge")+
  ggtitle("Número de alunos nos anos de 2014/15 - Novos x
Concluintes")+
  geom_text(aes(label=alunos),position=position_
dodge(width=0.9), vjust=-0.25)
```

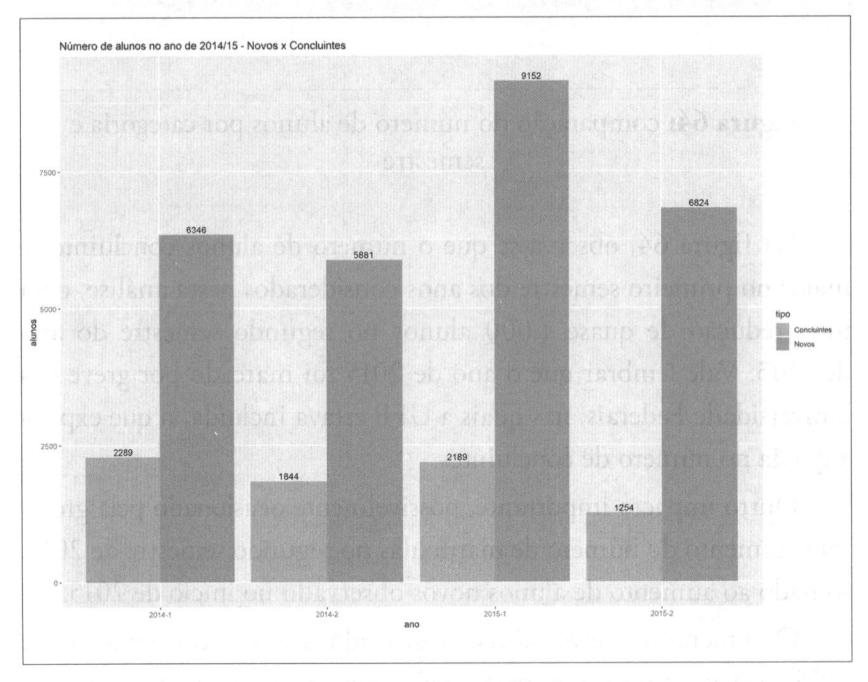

Figura 65: comparação do número de alunos por categoria e semestre

```
diferenca = filter(dados,tipo== "Concluintes"
| tipo == "Novos" ) %>% group_by(tipo) %>%
summarise(media=mean(alunos)) %>% summarise(diff(media))
diferenca
## # A tibble: 1 x 1
##    `diff(media)`
##            <dbl>
## 1        5157.
```

Observa-se que a diferença entre o número de alunos novos e concluintes é expressivamente grande, apresentando uma diferença de 5156.75 entre a média por semestre de alunos novos e de alunos concluintes.

A tabela 22 apresenta o aumento relativo do número de alunos por semestre, considerando o período 2014-15.

Tabela 22: Comparação do número de alunos por categoria e semestre.

	Concluintes	Var_concluintes	Novos	Var_novos
2014-1	2289	0.00	6346	0.00
2014-2	1844	-0.19	5881	-0.07
2015-1	2189	0.19	9152	0.56
2015-2	1254	-0.43	6824	-0.25

Pode ser constatado que o aumento do número de alunos novos entre o segundo período de 2014 e o primeiro período de

2015 foi de 56%. No grupo dos alunos concluintes, observa-se uma queda de 43% entre o primeiro e segundo período de 2015.

Considerações finais

As visualizações produzidas mostram a comparação entre a situação do aluno e os semestres, em que é possível visualizar uma redução no número de alunos vinculados entre o primeiro e segundo semestre do ano de 2015.

Comparando o grupo dos novos e dos concluintes percebemos um desequilíbrio entre esses grupos, já que o número de novos alunos é maior do que os concluintes.

A visualização nos permite ainda verificar que o número de alunos matriculados no segundo período de 2015 teve um aumento significativo se comparado aos períodos anteriores. O grupo de alunos vinculados se mantém praticamente constante entre os períodos de 2015.

Principais referências

[1] ALCOFORADO, L.F.; Cavalcante, C.V. *Introdução ao R utilizando a Estatística Básica*, Rio de Janeiro, Eduff, 2014.

[2] UFF, *Graduação - Alunos Vinculados, Concluintes, Novos e Matriculados*. Disponível em <http://www.uff.br/?q=br/numeros>.

[3]WICKHAM, Hadley. *ggplot2: Elegant Graphics for Data Analysis*. Dordrecht, Heibelberg, London, New York: Springer, 2009.

[4]_____,*Package ggplot2*. 2017. Disponível em <https://cran.rproject.org/web/packages/ggplot2/ggplot2.pdf>.

[5]_____,*ggplot2*. 2013. Disponível em <http://ggplot2.org/>.

▶ SOLUÇÃO DA PROPOSTA DE RELATÓRIO

---
title: "Meu primeiro relatório com R Markdown"
output:
 word_document:
   fig_caption: yes
   fig_height: 8
   fig_width: 14
   keep_md: yes
   reference_docx: estilo.docx
   toc: yes
   toc_depth: 2

```` ```{r, echo=FALSE, message=FALSE, warning=FALSE, dpi=300} ````
knitr::opts_chunk$set(echo = T, message=F, warning = F, dpi = 300)
```` ``` ````

```` ```{r, echo=F} ````
# Função para criar número sequencial em tabelas
TabelaN = local({
  i = 0
  function(x) {
    i <<- i + 1
````

```
    paste('Tabela ', i, ': ', x, ". ", "Fonte: elaboração própria.", sep = '')
  }
})
```

```{r, echo=F}
# Função para criar número sequencial em figuras
FiguraN = local({
  i = 0
  function(x) {
    i <<- i + 1
    paste('Figura ', i, ': ', x, ". ", "Fonte: elaboração própria.", sep = '')
  }
})
```

Introdução

A Universidade Federal Fluminense recentemente se alinhou à democratização da informação seguindo um modelo de dados abertos. Esse modelo consiste na disponibilidade de informação que funciona como portal de transparência, tornando públicos dados referentes à Universidade.

De acordo com o que é exposto, muitas bases de dados podem ser usadas em trabalhos dentro e fora das graduações locais ou, até mesmo, para produzir resultados que venham gerar medidas de políticas públicas para solução de determinados casos.

Um problema muito comum referente aos dados é como eles são mostrados, como são interpretados e que conclusões podem ser tiradas a partir deles. Portanto, uma boa visualização de dados facilita a divulgação e a interpretação dos resultados obtidos de acordo com as informações analisadas.

Objetivo

O objetivo é examinar os dados do censo escolar da UFF no período 2014-15 quanto ao número de alunos concluintes, matriculados, novos e vinculados e observar o comportamento desses números no período considerado.

Método

Foram analisados bancos de dados sobre o tema proposto, disponíveis no site da Universidade Federal Fluminense sobre o censo escolar dos anos de 2014 e 2015 [2]. Utilizou-se o software R para leitura e análise descritiva dos dados [1]. Os gráficos foram produzidos com o auxílio do pacote *ggplot2* [3,4].

Para atingir o objetivo, selecionou-se as variáveis disponíveis neste período sobre o número de alunos, considerando os seguintes grupos:

* Aluno vinculado: refere-se ao aluno vinculado a algum curso ofertado pela IES tendo por base os períodos de referência do Censo, podendo ser: cursando, matrícula trancada, desvinculado do curso, formado, falecido ou transferido para outro curso na mesma IES;
* Aluno matriculado no ano: Aluno matriculado no 2º Semestre + Aluno concluinte do 1º Semestre;
* Alunos novos;
* Alunos concluintes.

Em seguida, elaborou-se os *scripts* na linguagem R para produção dos gráficos e tabelas.

Resultados e script

Script para criação de *data frame* para produção da visualização dos dados em um gráfico de barras.

```{r}
require(tidyverse)

alunos=c(2289,1844,2189,1254,39416,38652,40046,46939, 6346,5881,9152,6824,53719,52558,56292,56355)

ano=rep(rep(c("2014-1","2014-2","2015-1","2015-2"),4))

tipo=rep(c("Concluintes", "Matriculados", "Novos", "Vinculados"),c(4,4,4,4))

dados=data.frame(ano, tipo, alunos)

arrange(dados,ano)%>% ggplot(aes(x=ano,y=alunos,fill=tipo))+geom_bar(stat= "identity",position="dodge")+ ggtitle("Alunos na graduaçao (por categoria e semestre)") + geom_text(aes( label = alunos ), vjust=0, size=3, position = position_dodge(0.9))
```

`r FiguraN("Comparação do Número de alunos por categoria e semestre.")`

Na figura 64, observa-se que o número de alunos concluintes é maior no primeiro semestre dos anos considerados nesta análise, com uma redução de quase 1.000 alunos no segundo semestre do ano de 2015. Vale lembrar que o ano de 2015 foi marcado por greve das Universidade Federais, nas quais a UFF estava incluída, o que explica a queda no número de concluintes.

Outro impacto importante, possivelmente ocasionado pela greve, foi o aumento do número de matrículas no segundo semestre de 2015, somado ao aumento de alunos novos observado no início de 2015.

O aumento de novos alunos registrados no primeiro semestre de 2015 se deve, em grande parte, pela abertura de mais de 10 cursos novos nesse mesmo ano. Observa-se um salto de 6.346 alunos novos em 2014-1 para 9.152 em 2015-1.

A figura 65 apresenta uma comparação entre o número de alunos novos e o número de alunos concluintes.

```{r}
alunos =c(2289,1844,2189,1254,39416,38652,40046,46939, 6346,5881,9152,6824,53719,52558,56292,56355)

ano=rep(rep(c("2014-1","2014-2","2015-1","2015-2")),4))

tipo=rep(c("Concluintes", "Matriculados", "Novos", "Vinculados"),c(4,4,4,4))

dados=data.frame(ano, tipo, alunos)

filter(dados,tipo== "Concluintes" | tipo == "Novos" ) %>% ggplot(aes(x=ano,y=alunos,fill=tipo)) +

  geom_bar(stat = "identity", position = "dodge")+

  ggtitle("Número de alunos no ano de 2014/15 - Novos x Concluintes")+

      geom_text(aes(label=alunos),position=position_dodge(-width=0.9), vjust=-0.25)


```

`r FiguraN("Comparação do Número de alunos por categoria e semestre.")`

```{r}
diferenca = filter(dados,tipo== "Concluintes" | tipo == "Novos"
) %>% group_by(tipo) %>% summarise(media=mean(alunos))
%>% summarise(diff(media))

diferenca
```

Observa-se que a diferença entre o número de alunos novos e concluintes é expressivamente grande, apresentando uma diferença de `r as.character(diferenca)` entre a média por semestre de alunos novos e de alunos concluintes.

A tabela 22 apresenta o aumento relativo do número de alunos por semestre considerando o período 2014-15.

```{r, include=FALSE}
Rel=filter(dados,tipo== "Concluintes" | tipo == "Novos" ) %>% group_by(tipo) %>% select(alunos) %>% mutate(rel=alunos) %>% as.data.frame()

Rel$rel[1:4] = c(0, diff(Rel$rel[1:4])/Rel$rel[1:3])

Rel$rel[5:8] = c(0, diff(Rel$rel[5:8])/Rel$rel[5:7])

tabela=data.frame(concluintes=Rel$alunos[1:4], var_concluintes=Rel$rel[1:4],          novos=Rel$alunos[5:8], var_novos=Rel$rel[5:8])

rownames(tabela) = c("2014-1","2014-2","2015-1","2015-2")
```

`r TabelaN("Comparação do Número de alunos por categoria e semestre.")`

```{r, echo=FALSE}
```

knitr::kable(tabela, digits = 2, format="markdown", padding = 0, align="cccc")

```

Pode-se constatar que o aumento do número de alunos novos entre o segundo período de 2014 e o primeiro período de 2015 foi de 56%. No grupo dos alunos concluintes, observa-se uma queda de 43% entre o primeiro e segundo período de 2015.

### Considerações finais

As visualizações produzidas mostram a comparação entre a situação do aluno e os semestres, em que é possível visualizar uma redução no número de alunos vinculados entre o primeiro e segundo semestre do ano de 2015.

Comparando o grupo dos novos e dos concluintes percebemos um desequilíbrio entre esses grupos, já que o número de novos alunos é maior do que os concluintes.

A visualização nos permite ainda verificar que o número de alunos matriculados no segundo período de 2015 teve um aumento significativo se comparado aos períodos anteriores. O grupo de alunos vinculados se mantém praticamente constante entre os períodos de 2015.
```

Principais Referências

[1] ALCOFORADO, L.F.; CAVALCANTE, C.V., *Introdução ao R utilizando a Estatística Básica*. Rio de Janeiro, Eduff, 2014.

[2] UFF. *Graduação — Alunos Vinculados, Concluintes, Novos e Matriculados*. Disponível em <http://www.uff.br/?q=br/numeros>.

[3] WICKHAM, Hadley. *ggplot2*: Elegant Graphics for Data Analysis. Dordrecht, Heibelberg, London, New York: Springer, 2009.

[4] _____, *Package ggplot2*. 2017. Disponível em <https://cran.rproject.org/web/packages/ggplot2/ggplot2.pdf>.

[5] _____, *ggplot2*. 2013. Disponível em <http://ggplot2.org/>.

13

Considerações finais

Se você chegou ao final desta obra é por que conseguiu acrescentar em sua bagagem uma quantidade enorme de ferramentas para analisar seus dados.

A linguagem R está em constante evolução, novas funcionalidades são incorporadas nos pacotes já existentes ou mesmo são implementados novos pacotes ao acervo de ferramentas disponíveis oficialmente no CRAN.

Para a área da Estatística não resta dúvidas de que essa é a melhor ferramenta computacional existente desde o final da década de 1990 e que vem ganhando robustez e adoção pelo trabalho de desenvolvedores dedicados e da própria união da comunidade mundial hoje formada por diversos grupos como R-Ladies, R Consortium, R Studio e muitos outros.

No Brasil, a comunidade se organiza através de grupos em redes sociais como Facebook, Twitter, Telegram, entre outras.

Diversos eventos promovem encontros entre os usuários da comunidade R, seja através de encontros locais, regionais, nacionais e internacionais, de forma informal ou acadêmica.

O evento pioneiro e de caráter internacional foi realizado no Brasil pela primeira vez na Universidade Federal Fluminense no ano de 2016 com o apoio financeiro da CAPES, sendo o principal evento da comunidade R no país, conhecido popularmente como **SER** (Seminário Internacional de Estatística com R).

Para dar prosseguimento a tudo que foi aprendido por aqui, você pode acompanhar os grupos nas redes sociais, participar dos eventos da comunidade, desenvolver trabalhos, novos pacotes e divulgá-los nos eventos.

O objetivo desta obra foi proporcionar uma abordagem abrangente sobre diversos tipos de modelagem estatística com enfoque prático, entretanto, para um enfoque teórico sugerimos a consulta de bibliografia especializada, que pode ser obtida nas referências bibliográficas deste livro.

Pensando nos professores, foi disponibilizado no site da Alta Books um material complementar a este livro. Espero que seja de grande utilidade.

Referências bibliográficas

ALCOFORADO, L.F.; CAVALCANTI, C.V. *Introdução ao R utilizando a Estatística Básica*. 1a. ed. Niterói: Eduff, 2014.

ALCOFORADO, L.F.; LEVY, A. *Visualização de Dados com o Software R*. 1a. ed. Niterói: LFA, 2017.

ALLAIRE, J.J.; XIE, Y.; MCPHERSON, J.; LURASCHI, J.; USHEY, K.; ATKINS, A.; WICKHAM, H.; CHENG, J.; CHANG, W.; IANNONE, R. *R Markdown: Dynamic Documents for R*. R package version 1.15, 2019.

BACHE, S.M.; WICKHAM, H. *magrittr: A Forward-Pipe Operator for R*. R package version 1.5, 2014.

MINISTÉRIO DO TURISMO. *Extrator de Chegadas de Turistas Internacionais ao Brasil*, Brasil. Disponível em <http://basededados.turismo.gov.br>.

BRYER, J., SPEEDRSCHNEIDER, K. *likert: Analysis and Visualization Likert Items*. R package version 1.3.5, 2016.

CRAWLEY, M.J. *The R Book*. 1a. ed. Ed. John Wiley Professio, 2007.

CURSO R, *Gráficos com estilo, ggplot2*, SP. Disponível em <http://curso-r.github.io/posts/aula05.html>.

DAHL, D.B.; SCOTT, D.; ROOSEN, C.; MAGNUSSON, A.; SWINTON, J. *xtable: Export Tables to LaTeX or HTML*. R package version 1.8-4, 2019.

DOWLE, M.; SRINIVASAN, A. *data.table: Extension of data.frame*. R package version 1.12.2. Disponível em <https://CRAN.R-project.org/package=data.table>.

FIRKE, S. *janitor: Simple Tools for Examining and Cleaning, Dirty Data*. R package version 1.2.0. Disponível em <https://CRAN.R-project.org/package=janitor>.

Calli GROSS, C.; OTTOLINGER, P. *ggThemeAssist: Add-in to Customize 'ggplot2' Themes*. R package version 0.1.5, 2016.

HINES, W.W., et al. *Probabilidade e Estatística na Engenharia*. 4. ed. Ed. LTC, 2006.

HOSMER, D. W.; LEMESHOW, S.; STURDIVANT, R.X. *Applied Logistic Regression*, 3. ed., John Wiley & Sons, New Jersey, 2013.

KOPF, D. *Hadley Wickham, the Man Who Revolutionized R*. Priceonomics. Disponível em <https://priceonomics.com/hadley-wickham-the-man-who-revolutionized-r/>.

LEVIN, J.; FOX, J.A. *Estatística para Ciências Humanas*. 9a. ed. Prentice Hall (Brasil), 2004.

MEYER, F.; PERRIER, V. *esquisse: Explore and Visualize Your Data Interactively*. R package version 0.2.2., 2019.

MULLER, K.; WICKHAM, H. *tibble: Simple Data Frames*. R package version 2.1.3, 2019.

MORETTIN, P.A.; BUSSAB, W.O. *Estatística Básica*. 9.ed. São Paulo: Saraiva, 2017.

NEUWIRTH, E. *RColorBrewer: ColorBrewer Palettes*. R package version 1.1-2, 2014.

PEDERSEN, T.L. *patchwork: The Composer of ggplots*. R package version 0.0.1, 2017.

R DEVELOPMENT CORE TEAM. *R: A Language and Environment for Statistical Computing*. R Foundation for Statistical Computing. Viena, Austria. Disponível em <http://www.R-project.org>.

RAM, K.; WICHKAM, H. *wesanderson: A Wes Anderson Palette Generator*. R package version 0.3.6, 2018.

RSTUDIO, *Visualização de dados com ggplot2*. Folha de referência. Disponível em <https://www.rstudio.com/wp-content/uploads/2016/03/ggplot2-cheatsheet-portuguese.pdf>.

SARKAR, D. *Lattice: Multivariate Data Visualization with R*. Springer, New York, 2008.

SIGNORELL, A., et mult. al. *DescTools: Tools for descriptive statistics*. R package version 0.99.29. Disponível em <https://CRAN.R-project.org/package=DescTools>.

SHESKIN, D. *Handbook of parametric and nonparametric statistical procedures*. 3. ed. CHAPMAN & HALL/CRC, Boca Raton, 2004.

VAN BUUREN, S.; GROOTHUIS-OUDSHOORN, K. *mice: Multivariate Imputation by Chained Equations in R*. Journal of Statistical Software, 45(3), 1-67, 2011.

VENABLES, W. N.; RIPLEY, B. D. *Modern Applied Statistics with S*. 4. ed., Springer, New York, 2002.

WARNES, G.R.; BOLKER, B.; LUMLEY, T.; JOHNSON, R.C., *gmodels: Various R Programming Tools for Model Fitting*. R package version 2.18.1, Contributions from Randall C. Johnson are Copyright SAIC-Frederick, Inc. Funded by the Intramural Research Program, of the NIH, National Cancer Institute and Center for Cancer Research under NCI Contract NO1-CO-12400. Disponível em <https://CRAN.R-project.org/package=gmodels>.

WICKHAM, H. *ggplot2: Elegant Graphics for Data Analysis*. 2a. ed. Springer International Publishing, 2016.

WICKHAM, H. *tidyverse: Easily Install and Load 'Tidyverse' Packages*. R package version 1.2.1. Disponível em <https://CRAN.R-project.org/package=tidyverse>.

WICKHAM, H.; FRANÇOIS, R.; HENRY, L., MULLER, K. *dplyr: A Grammar of Data Manipulation*. R package version 0.8.3, 2019.

WICKHAM, H.; GROLEMUND,G. *R para Data Science: Importe, Arrume, Transforme, Visualize e Modele Dados*. Alta Books, Rio de Janeiro, 2019.

WICKHAM, H.; HENRY, L. *tidyr: Tidy Messy Data*. R package version 1.0.0, 2019.

WICKHAM, H.; HESTER, J.; FRANÇOIS, R. *readr: Read Rectangular Text Data*. R package version 1.3.1, 2018.

XIE, Y. *Bookdown: Authoring Books and Technical Documents with R markdown*. Boca Raton, Florida: Chapman; Hall/CRC. Disponível em <https://github.com/rstudio/bookdown>.

XIE, Y. *knitr: A General-Purpose Package for Dynamic Report Generation in R*. R package version 1.25, 2019.

XIE, Y., ALLAIRE, J. J., GROLEMUND, G. *R Markdown: The Definitive Guide*. Chapman and Hall/CRC, 2018.

RESPOSTAS

CAPÍTULO 1

|1| R é um sistema para computação estatística e gráficos. Consiste em uma linguagem com ambiente de execução de comandos e visualizador de gráficos, acesso a determinadas funções do sistema e capacidade de executar programas armazenados em arquivos de *script*.

|2| Linux, Mac e Windows.

|3| Existe documentação online para a maioria das funções e variáveis em R e pode ser impressa na tela digitando *help (name)* (ou *?Name*) no *prompt* R, onde name é o nome do tópico em que a ajuda é procurada.

|4| *citation()*.

|5| É uma organização sem fins lucrativos que trabalha para o interesse público. Foi fundada pelos membros da equipe principal do R para fornecer suporte ao projeto R e outras inovações na computação estatística, fornecer um ponto de referência para indivíduos, instituições ou empresas comerciais que desejam apoiar ou interagir com a comunidade de desenvolvimento do R, e manter e administrar os direitos autorais do software e da documentação da R.

|6| O R Journal é uma publicação de acesso aberto publicada pela equipe do R Project. Apresenta artigos de tamanho curto a médio, cobrindo tópicos que devem ser do interesse de usuários ou desenvolvedores de R. O acesso ao Journal é feito através da página do R Project.

|7| O R Studio é um ambiente de desenvolvimento integrado (IDE) para R. Ele inclui um console, editor de destaque de sintaxe que suporta execução direta de código, além de ferramentas para plotagem, histórico, depuração e gerenciamento de espaço de trabalho.

|8| *citation("nomedopacote")*.

CAPÍTULO 2

|1|

```
x = c(1, 2, 2)
y = c(1/2, 1, 1)
z = c(1/2, 1, 1)
M = cbind(x, y, z)
```

|2|

```
mean(x)
```

```
## [1] 1.666667
```

```
median(x)
```

```
## [1] 2
```

|3|

```
cor(x, cumsum(x) )
```

```
## [1] 0.8660254
```

|4|

```
dim(M)
```

```
## [1] 3 3
```

|5|

```
eigen(M)
```

```
## eigen() decomposition
## $values
## [1]  3.000000e+00 -2.220446e-16  0.000000e+00
##
## $vectors
##             [,1]       [,2]       [,3]
## [1,] 0.3333333 -0.5773503  0.0000000
## [2,] 0.6666667  0.5773503 -0.7071068
## [3,] 0.6666667  0.5773503  0.7071068
```

|6|

```
floor(8.799)

## [1] 8
ceiling(8.799)

## [1] 9
```

|7|

```
round(8.799, 1)

## [1] 8.8
```

|8|

```
#Os coeficientes do polinômio em questão em ordem crescente são:
-9, 0, 1.
polyroot( c(-9, 0, 1) )

## [1]  3+0i -3+0i

Re( polyroot( c(-9, 0, 1) ) )
## [1]  3 -3
```

|9|

```
diff(x)

## [1] 1 0
```

|10|

```
cumsum(z)

## [1] 0.5 1.5 2.5

cumprod(y)

## [1] 0.5 0.5 0.5

cummax(x)

## [1] 1 2 2
```

|11|

```
sd(x)

## [1] 0.5773503
var(x)

## [1] 0.3333333
```

|12|

```
H=cbind(c(0, 4, 3), c(8, 1, 5), c(3, 0, 1))
H

##      [,1] [,2] [,3]
## [1,]    0    8    3
## [2,]    4    1    0
## [3,]    3    5    1

apply(H, 2, mean)

## [1] 2.333333 4.666667 1.333333
```

|13|

```
X=c(3, 8, 1, 2.5)
Y=c(8, 0, 2)

union(X, Y)

## [1] 3.0 8.0 1.0 2.5 0.0 2.0

intersect(X, Y)

## [1] 8
```

CAPÍTULO 3

|1| Faça

```
install.packages("tidyverse")
```

|2| Faça

```
install.packages("janitor")
```

|3| Faça

```
install.packages("rmarkdown")
```

|4| Faça

```
install.packages("devtools")
devtools::install_github("tidyverse/readr")
```

|5| Faça

```
require(ggplot2)
library(ggplot2)
```

|6| Faça

```
require(tidyverse)
```

|7| Faça

```
help(package="dplyr")
```

Aparecerá um índice alfabético. Ao consultar a documentação na letra s (*summarise*) vemos que ambas as grafias podem ser empregadas:

Usage
summarise(.data, ...)
summarize(.data, ...)

|8| Faça

```
help(package="base")
```

|9| O resultado esperado ao executar o R online é:

```
matriz=cbind(x=1:5, x2=(1:5)^2, x3=(1:5)^3); matriz
##      x x2  x3
## [1,] 1  1   1
## [2,] 2  4   8
## [3,] 3  9  27
## [4,] 4 16  64
## [5,] 5 25 125
```

CAPÍTULO 4

|1| O resultado deve ser um arquivo em *html* com um capítulo e duas seções. Na primeira seção, pode-se visualizar a fórmula da equação de segundo grau e na segunda seção a fórmula de Bhaskara.

|2| Deverá alterar o preâmbulo para output: *word_document: toc: yes*.

|3| Deverá incluir dois asteriscos no início e no final do parágrafo:

É um método resolutivo para equações de segundo grau cujo nome homenageia o grande matemático indiano que a demonstrou. Essa fórmula nada mais é do que um método para encontrar as raízes reais de uma equação de segundo grau fazendo uso apenas de seus coeficientes.

|4| Deverá incluir:

`![Logo do R]https://www.r-project.org/logo/Rlogo.png`

|5| O resultado deve ser parecido com:

Currículum Vitae

Seu nome
Seu telefone e seu e-mail

Dados Pessoais

Natural de: Cidade
RG: 0000000
CPF: 000.000.000-00
Endereço: Rua XXXXXX, n. 000, CEP, CIDADE, ESTADO

Formação Acadêmica

- Bacharelado em XXXX pela Universidade XXXX no ano de XXXX
- Mestrado em XXXX pela Universidade XXXX no ano de XXXX

Experiência

- Descrição 1
- Descrição 2

|6| Deverá incorporar o código do vídeo fornecido pelo canal de vídeos no arquivo *rmd* e depois gerar com saída *html*. Exemplo:

```
<iframe width="560" height="315" src="https://www.
youtube.com/embed/dvkFWm6Th54" frameborder="0"
allow="accelerometer; autoplay; encrypted-media; gyroscope;
picture-in-picture" allowfullscreen></iframe>
```

CAPÍTULO 5

|1|

```
#acidentes.csv

library(readr)
acidentes <- read_delim("http://www.estatisticacomr.uff.br/
wp-content/uploads/2015/07/acidentes.csv",
    ";", escape_double = FALSE, trim_ws = TRUE)
View(acidentes)

#aplicada.sav

library(haven)
aplicada <- read_sav("C:/Users/TPC02/Downloads/aplicada.
sav")
View(aplicada)

#politica.txt

library(readr)
politica <- read_table2("C:/Users/TPC02/Downloads/politica.txt")
View(politica)

#lojistas.csv
library(readr)
Quantidade_de_lojistas <- read_delim("C:/Users/TPC02/
Downloads/Quantidade de lojistas.csv",
    ";", escape_double = FALSE, trim_ws = TRUE)
View(Quantidade_de_lojistas)

#armeiros.dta

library(haven)
armeiros <- read_dta("C:/Users/TPC02/Downloads/armeiros.dta")
View(armeiros)
```

|2| Deve copiar e executar o *script*.

|3|

```
library(tidyr)

prova %>% pivot_longer(cols=q1:q50, names_to = "questoes",
values_to = "acerto")

## # A tibble: 1,000 x 3
##     aluno questoes acerto
##     <int> <chr>     <int>
## 1       1 q1            1
## 2       1 q2            1
## 3       1 q3            0
## 4       1 q4            1
## 5       1 q5            1
## 6       1 q6            1
## 7       1 q7            1
## 8       1 q8            0
## 9       1 q9            0
## 10      1 q10           0
## # ... with 990 more rows

#Ou
#prova %>% gather(questoes, acerto, q1:q50)
```

|4|

```
library(tidyr)

prova %>% pivot_longer(cols=q1:q24, names_to = "bloco1",
values_to = "acerto1") %>% pivot_longer(cols=q25:q50,
names_to = "bloco2", values_to = "acerto2")

## # A tibble: 12,480 x 5
##     aluno bloco1 acerto1 bloco2 acerto2
##     <int> <chr>    <int> <chr>    <int>
## 1       1 q1           1 q25          0
## 2       1 q1           1 q26          1
## 3       1 q1           1 q27          0
## 4       1 q1           1 q28          1
## 5       1 q1           1 q29          1
## 6       1 q1           1 q30          0
## 7       1 q1           1 q31          0
## 8       1 q1           1 q32          1
## 9       1 q1           1 q33          0
## 10      1 q1           1 q34          0
## # ... with 12,470 more rows

#prova %>% gather(bloco1, acerto1, q1:q25) %>%
#gather(bloco2, acerto2, q26:q50)
```

|5|

```
library(dplyr)
prova %>% arrange(q1)

##    aluno q1 q2 q3 q4 q5 q6 q7 q8 q9 q10 q11 q12 q13 q14 q15 q16 q17 q18
## 1      2  0  1  0  1  1  0  0  1  0   0   1   1   1   1   1   1   0   0
## 2      5  0  0  0  1  1  1  0  0  1   0   0   0   1   1   1   1   1   0
## 3      6  0  1  0  0  1  1  1  1  1   0   0   0   1   0   1   0   0   1
## 4      8  0  0  0  0  1  0  1  0  1   1   0   0   0   0   1   0   0   1
## 5     13  0  1  1  1  1  1  1  1  1   1   1   0   1   0   1   0   0   1
## 6     16  0  1  1  0  1  1  0  1  1   1   1   0   1   1   0   0   0   1
## 7     17  0  0  1  1  1  1  1  0  1   1   1   1   1   1   1   0   0   1
## 8      1  1  1  0  1  1  1  1  0  0   0   1   1   1   1   1   1   1   0
## 9      3  1  1  1  0  1  0  0  1  0   1   0   0   0   1   1   0   0   0
## 10     4  1  1  1  0  0  1  1  1  1   1   1   1   0   0   1   0   1   1
## 11     7  1  0  0  1  1  1  0  1  1   1   0   1   0   1   0   0   1   0
## 12     9  1  0  1  0  0  1  1  0  1   1   1   0   1   1   0   0   1   1
## 13    10  1  1  1  0  1  1  1  1  1   1   1   1   0   0   1   1   1   1
## 14    11  1  0  0  0  1  0  1  0  0   0   0   0   1   0   1   0   1   1
## 15    12  1  1  0  1  1  0  1  1  0   0   0   1   1   0   1   1   1   0
## 16    14  1  0  1  1  1  1  0  0  1   0   0   0   1   0   0   0   1   1
## 17    15  1  1  0  1  1  1  0  1  0   1   1   1   0   1   1   1   1   1
## 18    18  1  1  0  1  1  1  0  0  1   1   1   1   1   0   0   1   1   1
## 19    19  1  0  1  1  1  0  0  0  0   1   0   1   0   0   0   0   1   1
## 20    20  1  0  0  1  0  1  1  1  1   0   1   1   0   1   1   0   1   1

##    q19 q20 q21 q22 q23 q24 q25 q26 q27 q28 q29 q30 q31 q32 q33 q34 q35 q36
## 1    1   0   0   1   1   1   1   0   0   0   1   1   1   0   0   0   0   0
## 2    0   1   0   1   1   1   1   0   1   1   0   1   1   1   0   1   0   1
## 3    0   1   1   1   0   1   1   1   0   1   1   1   1   0   1   0   0   0
## 4    1   1   1   1   1   1   0   1   0   1   0   0   1   0   0   1   1   0
## 5    0   1   0   0   0   0   0   1   0   1   0   0   0   1   0   0   1
## 6    1   0   0   1   0   0   0   1   1   1   1   0   0   1   1   0   0   0
## 7    0   1   0   1   0   0   1   0   0   0   1   1   0   1   0   1   1
## 8    1   0   0   0   1   1   0   1   0   1   1   0   0   1   0   0   1   0
## 9    1   0   1   1   1   1   1   1   0   1   0   0   0   1   1   1   0   0
## 10   1   1   0   1   1   1   0   1   1   0   0   0   0   1   0   1   0
## 11   1   1   0   1   0   0   0   0   0   1   1   1   0   1   0   1   0
## 12   1   1   0   1   0   0   1   1   0   0   1   0   1   1   1   1   1   0
## 13   0   1   0   1   0   1   1   1   0   1   1   0   0   1   0   1   1   0
## 14   1   1   1   1   1   0   1   0   1   0   1   1   1   1   1   1   1   0
## 15   1   0   0   1   1   1   1   0   0   1   0   1   0   1   1   0   0
## 16   1   1   1   1   1   1   0   1   0   1   1   1   0   0   1   0   1
## 17   1   0   1   1   0   1   1   0   1   0   0   1   1   0   0   1   0
## 18   1   0   1   1   1   0   1   1   1   0   1   0   0   1   1   1   1   1
## 19   1   1   1   1   1   1   1   0   0   1   0   0   1   0   1   0   0   1
## 20   0   1   1   1   1   1   1   0   1   1   1   1   0   1   1   1   1
```

```
##    q37 q38 q39 q40 q41 q42 q43 q44 q45 q46 q47 q48 q49 q50
## 1    1   0   0   1   1   1   1   1   0   0   1   0   1   1
## 2    0   1   0   0   1   1   1   0   1   0   1   0   1   1
## 3    1   0   1   1   0   1   0   0   0   0   1   1   1   1
## 4    0   0   1   0   1   1   1   0   1   1   0   0   1   1
## 5    0   0   1   1   1   0   1   1   0   0   1   0   1   1
## 6    0   1   0   1   1   1   0   1   1   1   1   0   0   0
## 7    1   1   1   1   1   1   0   1   1   1   0   1   1   1
## 8    0   0   0   1   1   0   0   1   1   1   0   1   1   1
## 9    1   1   0   0   0   0   0   0   1   1   0   0   1   1
## 10   0   1   0   1   1   0   1   1   0   0   0   1   1   1
## 11   1   1   1   0   1   1   1   1   1   1   0   0   1   0
## 12   0   1   1   1   1   0   0   0   0   1   1   1   0   1
## 13   0   0   1   0   1   1   1   0   1   1   1   1   1   1
## 14   0   1   0   1   1   0   1   1   0   1   1   1   0   0
## 15   0   0   1   1   1   0   1   0   1   1   1   1   0   0
## 16   0   0   0   0   0   0   0   1   1   0   1   1   1   1
## 17   1   1   1   1   1   1   1   1   0   1   0   0   1   0
## 18   1   1   0   1   1   1   1   1   1   1   1   0   1   1
## 19   1   1   1   1   0   1   0   0   0   1   1   1   0   1
## 20   1   0   1   0   1   1   1   0   1   0   1   0   1   0
```

|6|

```
library(dplyr)
library(tidyr)
prova %>% gather(questoes, acerto, q1:q50) %>%
  filter(aluno == 1)   %>% group_by(questoes) %>%
filter(acerto == 1)

## # A tibble: 29 x 3
## # Groups:   questoes [29]
##    aluno questoes acerto
##    <int> <chr>     <int>
## 1      1 q1            1
## 2      1 q2            1
## 3      1 q4            1
## 4      1 q5            1
## 5      1 q6            1
## 6      1 q7            1
## 7      1 q11           1
## 8      1 q12           1
## 9      1 q13           1
## 10     1 q14           1
## # ... with 19 more rows
```

|7|

```
library(dplyr)
library(tidyr)
prova %>% gather(questoes, acerto, q1:q50) %>%
  filter(aluno == 5)   %>% group_by(questoes) %>%
filter(acerto == 1)

## # A tibble: 29 x 3
## # Groups:   questoes [29]
##    aluno questoes acerto
##    <int> <chr>     <int>
## 1      5 q4            1
## 2      5 q5            1
## 3      5 q6            1
## 4      5 q9            1
## 5      5 q13           1
## 6      5 q14           1
## 7      5 q15           1
## 8      5 q16           1
## 9      5 q17           1
## 10     5 q20           1
## # ... with 19 more rows
```

|8|

```
library(dplyr)
library(tidyr)
prova %>% gather(questoes, acerto, q1:q50) %>%
  filter(aluno == 10)  %>% group_by(questoes) %>%
filter(acerto == 0)

## # A tibble: 15 x 3
## # Groups:   questoes [15]
##    aluno questoes acerto
##    <int> <chr>     <int>
## 1     10 q4            0
## 2     10 q13           0
## 3     10 q14           0
## 4     10 q19           0
## 5     10 q21           0
## 6     10 q23           0
## 7     10 q27           0
## 8     10 q30           0
## 9     10 q31           0
## 10    10 q33           0
## 11    10 q36           0
## 12    10 q37           0
## 13    10 q38           0
## 14    10 q40           0
## 15    10 q44           0
```

|9|

```
library(dplyr)
library(tidyr)
prova %>% gather(questoes, acerto, q1:q50) %>%
  filter(questoes == "q5") %>% filter(acerto == 1)

##    aluno questoes acerto
## 1      1       q5      1
## 2      2       q5      1
## 3      3       q5      1
## 4      5       q5      1
## 5      6       q5      1
## 6      7       q5      1
## 7      8       q5      1
## 8     10       q5      1
## 9     12       q5      1
## 10    13       q5      1
## 11    14       q5      1
## 12    15       q5      1
## 13    16       q5      1
## 14    17       q5      1
## 15    18       q5      1
## 16    19       q5      1
```

|10|

```
library(dplyr)
library(tidyr)
prova %>% gather(questoes, acerto, q1:q50) %>%
  filter(questoes == "q5") %>% filter(acerto == 0)

##   aluno questoes acerto

## 1     4       q5      0
## 2     9       q5      0
## 3    11       q5      0
## 4    20       q5      0
```

|11|

```
library(dplyr)
library(tidyr)
prova %>% gather(questoes, acerto, q1:q50) %>%
  filter(acerto == 1) %>% group_by(questoes) %>%
summarise(n())

## # A tibble: 50 x 2
##    questoes `n()`
##    <chr>   <int>
## 1  q1         13
## 2  q10        12
## 3  q11        11
```

```
##  4   q12         11
##  5   q13         12
##  6   q14         10
##  7   q15         14
##  8   q16          7
##  9   q17         13
## 10   q18         14
## # ... with 40 more rows
```

|12|

```
library(dplyr)
library(tidyr)
prova %>% gather(questoes, acerto, q1:q50) %>%
  filter(acerto == 1) %>% group_by(aluno) %>%
summarise(n())

## # A tibble: 20 x 2
##     aluno  `n()`
##     <int>  <int>
##  1      1     29
##  2      2     27
##  3      3     25
##  4      4     30
##  5      5     29
##  6      6     28
##  7      7     29
##  8      8     25
##  9      9     30
## 10     10     35
## 11     11     30
## 12     12     29
## 13     13     27
## 14     14     28
## 15     15     33
## 16     16     27
## 17     17     33
## 18     18     38
## 19     19     28
## 20     20     35
```

|13|

```
library(dplyr)
library(tidyr)
prova %>% gather(questoes, acerto, q1:q50) %>%
  filter(acerto == 1) %>% group_by(aluno) %>% summarise(n
= n())  %>% arrange(desc(n))

## # A tibble: 20 x 2
##     aluno      n
##     <int>  <int>
```

(Continua)

(Continuação)

```
##  1    18    38
##  2    10    35
##  3    20    35
##  4    15    33
##  5    17    33
##  6     4    30
##  7     9    30
##  8    11    30
##  9     1    29
## 10     5    29
## 11     7    29
## 12    12    29
## 13     6    28
## 14    14    28
## 15    19    28
## 16     2    27
## 17    13    27
## 18    16    27
## 19     3    25
## 20     8    25
```

|14|

```
library(dplyr)
library(tidyr)
prova %>% gather(questoes, acerto, q1:q50) %>%
   filter(acerto == 1) %>% group_by(questoes) %>%
summarise(n_acertos = n())  %>% arrange(n_acertos)

## # A tibble: 50 x 2
##    questoes n_acertos
##    <chr>        <int>
##  1 q16              7
##  2 q36              7
##  3 q21              9
##  4 q27              9
##  5 q3               9
##  6 q32              9
##  7 q37              9
##  8 q14             10
##  9 q34             10
## 10 q48             10
## # ... with 40 more rows
```

|15|

```
tabela = prova %>% gather(questoes, acerto, q1:q50) %>%
filter(acerto == 1) %>% group_by(aluno) %>% summarise(numero_
acertos=n()) %>% mutate(nota=numero_acertos/5)
print(tabela, n=20)
```

```
## # A tibble: 20 x 3
##    aluno numero_acertos  nota
##    <int>          <int> <dbl>
##  1     1             29   5.8
##  2     2             27   5.4
##  3     3             25   5
##  4     4             30   6
##  5     5             29   5.8
##  6     6             28   5.6
##  7     7             29   5.8
##  8     8             25   5
##  9     9             30   6
## 10    10             35   7
## 11    11             30   6
## 12    12             29   5.8
## 13    13             27   5.4
## 14    14             28   5.6
## 15    15             33   6.6
## 16    16             27   5.4
## 17    17             33   6.6
## 18    18             38   7.6
## 19    19             28   5.6
## 20    20             35   7
```

|16|

```
prova %>% select(aluno, q1, q2, q3, q4, q5) %>%
unite("questoes", c("q1", "q2", "q3", "q4", "q5"), sep = " ")

##    aluno questoes
## 1      1 1 1 0 1 1
## 2      2 0 1 0 1 1
## 3      3 1 1 1 0 1
## 4      4 1 1 1 0 0
## 5      5 0 0 0 1 1
## 6      6 0 1 0 0 1
## 7      7 1 0 0 1 1
## 8      8 0 0 0 0 1
## 9      9 1 0 1 0 0
## 10    10 1 1 1 0 1
## 11    11 1 0 0 1 0
## 12    12 1 1 0 1 1
## 13    13 0 1 1 1 1
## 14    14 1 0 1 1 1
## 15    15 1 1 0 1 1
## 16    16 0 1 1 0 1
## 17    17 0 0 1 1 1
## 18    18 1 1 0 1 1
## 19    19 1 0 1 1 1
## 20    20 1 0 0 1 0
```

|17|

```
#a
bind_rows(x,y)

## # A tibble: 20 x 3
##       a1 a2        a3
##    <int> <chr>  <dbl>
##  1     1 a          3
##  2     2 b          3
##  3     3 c          4
##  4     4 d          5
##  5     5 e          2
##  6     6 f          5
##  7     7 g          5
##  8     8 h          4
##  9     9 i          4
## 10    10 j          2
## 11     2 b          3
## 12     3 c          3
## 13     2 b          4
## 14     3 c          4
## 15     2 b          3
## 16     3 c          4
## 17     2 b          4
## 18     3 c          4
## 19     2 b          4
## 20     3 c          3

#b
right_join(x,y)
## # A tibble: 10 x 3
##       a1 a2        a3
##    <int> <chr>  <dbl>
##  1     2 b          3
##  2     3 c          3
##  3     2 b          4
##  4     3 c          4
##  5     2 b          3
##  6     3 c          4
##  7     2 b          4
##  8     3 c          4
##  9     2 b          4
## 10     3 c          3

#c
intersect(x,y)
## # A tibble: 2 x 3
##       a1 a2        a3
##    <int> <chr>  <dbl>
## 1      2 b          3
## 2      3 c          4
#d
union(x,y)
```

```
## # A tibble: 12 x 3
##       a1 a2       a3
##    <int> <chr> <dbl>
## 1      1 a        3
## 2      2 b        3
## 3      3 c        4
## 4      4 d        5
## 5      5 e        2
## 6      6 f        5
## 7      7 g        5
## 8      8 h        4
## 9      9 i        4
## 10    10 j        2
## 11     3 c        3
## 12     2 b        4

#e
setequal(bind_rows(x,y), full_join(x,y))
## [1] FALSE

#f
setdiff(left_join(x,y), right_join(x,y))
## # A tibble: 8 x 3
##       a1 a2       a3
##    <int> <chr> <dbl>
## 1      1 a        3
## 2      4 d        5
## 3      5 e        2
## 4      6 f        5
## 5      7 g        5
## 6      8 h        4
## 7      9 i        4
## 8     10 j        2
```

| 18 |

```
library(tidyverse)

#a
dados_longo = tibble(entrevistado = rep(1:3,rep(5,3)),
                 resposta = c("M1", "M5", "M7", "M8", "M2",
                              "M1", "M3", "M5", "M8", "M7",
                              "M5", "M4", "M6", "M1", NA)
                 )
dados_longo
## # A tibble: 15 x 2
##    entrevistado resposta
##           <int> <chr>
## 1             1 M1
## 2             1 M5
## 3             1 M7
```

(Continua)

(Continuação)

```
##  4               1 M8
##  5               1 M2
##  6               2 M1
##  7               2 M3
##  8               2 M5
##  9               2 M8
## 10               2 M7
## 11               3 M5
## 12               3 M4
## 13               3 M6
## 14               3 M1
## 15               3 <NA>


#b
dados_largo = tibble(entrevistado = 1:3,
                     R1 = c("M1", "M1", "M5"),
                     R2 = c("M5", "M3", "M4"),
                     R3 = c("M7", "M5", "M6"),
                     R4 = c("M8", "M8", "M1"),

                     R5 = c("M2", "M7", NA)
                     )
dados_largo

## # A tibble: 3 x 6
##   entrevistado R1    R2    R3    R4    R5
##          <int> <chr> <chr> <chr> <chr> <chr>
## 1            1 M1    M5    M7    M8    M2
## 2            2 M1    M3    M5    M8    M7
## 3            3 M5    M4    M6    M1    <NA>

#c
dados_longo %>% select(resposta) %>% drop_na %>% n_distinct()

## [1] 8

dados_longo %>% drop_na %>% distinct(resposta) %>%
arrange(resposta)

## # A tibble: 8 x 1
##   resposta
##   <chr>
## 1 M1
## 2 M2
## 3 M3
```

```
## 4 M4
## 5 M5
## 6 M6
## 7 M7
## 8 M8

#d
dados_longo %>% drop_na %>% group_by(resposta) %>%
summarise(n=n()) %>% arrange(-n)

## # A tibble: 8 x 2
##   resposta      n
##   <chr>     <int>
## 1 M1            3
## 2 M5            3
## 3 M7            2
## 4 M8            2
## 5 M2            1
## 6 M3            1
## 7 M4            1
## 8 M6            1
```

CAPÍTULO 6

|1|

```
library(data.table)

dt[ , .(mean(valor_compra), sd(valor_compra) ), by = filial]


##    filial       V1         V2
## 1:      A 118.4600   96.66917
## 2:      B 253.9683  248.72209
## 3:      C 280.7700  281.20493
```

|2|

```
library(data.table)

dt[order(n_itens, -filial)][1:2]


##    cupom filial valor_compra n_itens desconto_perc quinzena
## 1:   301      C        12.25       1             0        1
## 2:   211      B        99.00       1             0        1
```

|3|

```
library(data.table)

dt[ , sum(valor_compra > 30)]

## [1] 21
```

|4|

```
dt[filial == "A" & n_itens > 5, .(media = mean(valor_
compra), .N)]


##      media N
## 1: 78.165 2
```

O resultado nos mostra que há dois cupons da filial "A" que apresentam mais de cinco itens adquiridos. O valor médio das vendas desses cupons é de R$78.165.

|5|

```
dt[filial == "A" & n_itens > 5, .SD]

##    cupom filial valor_compra n_itens desconto_perc quinzena
## 1:   102      A        80.89      20             0        1
## 2:   103      A        75.44       7             0        1
```

|6|

```
dt[ , lapply(.SD, mean), by = .(filial, quinzena),   .SDcols
= "valor_compra"]

##      filial quinzena valor_compra
```

```
## 1:      A     1     85.51667
## 2:      A     2    151.40333
## 3:      B     2    354.37167
## 4:      B     1    153.56500
## 5:      C     1    372.12500
## 6:      C     2    219.86667
```

|7|

```
dt[ , lapply(.SD,mean), by = filial, .SDcols = "valor_compra"]


##    filial valor_compra
## 1:      A     118.4600
## 2:      B     253.9683
## 3:      C     280.7700
```

|8|

```
dt[ desconto_perc > 10, lapply(.SD, mean), by = desconto_
perc,  .SDcols = "valor_compra"]


##    desconto_perc valor_compra
## 1:            12        577.6
## 2:            15        856.0
```

|9|

```
dt[ filial == "B", lapply(.SD, mean), by = filial,  .SDcols
= "desconto_perc"]


##    filial desconto_perc
## 1:      B      5.083333
```

|10|

```
dt = data.table(
  V1 = 1:10,
  V2 = c(rep(5,6), rep(c(NA,1),2)),
  V3 = rep(c("S", "N"),5),
  V4 = c(1.1, 1.2, 1.1, 1.4, 1.5, 1.2, 1.3, 11.2, 1.4, 1.2),
  V5 = rep(c(1, 8 , NA), rep(c(2, 7, 1)))
)
```

|11|

```
library(data.table)

setnames(dt, old ="V1", new = "cod")
dt[1]

##    cod V2 V3  V4 V5
## 1:   1  5  S 1.1  1
```

|12|

```
library(data.table)

dt[ , mean(V4), by = V3]

##    V3   V1
## 1:  S 1.28
## 2:  N 3.24
```

|13|

```
library(data.table)

set(dt, i=8, j=4, value = 1.1L)
dt[8,4]

##     V4
## 1: 1.1
```

|14|

```
na.omit(dt, cols = 1:5)


##    cod V2 V3  V4 V5
## 1:   1  5  S 1.1  1
## 2:   2  5  N 1.2  1
## 3:   3  5  S 1.1  8
## 4:   4  5  N 1.4  8
## 5:   5  5  S 1.5  8
## 6:   6  5  N 1.2  8
## 7:   8  1  N 1.1  8
```

|15|

```
library(data.table)
dt[ , .N, by = V3]


##    V3 N
## 1:  S 5
## 2:  N 5
```

CAPÍTULO 7

|1|

```
require(tidyverse)
dadose1 = dados %>% filter (Estado == "SaoPaulo" |
                                          Estado ==
"RioJaneiro" |
                                          Estado ==
"RioGrandeSul" ) %>%
  select(Mes, Estado, cheg_2014, cheg_2015) %>%
  rename(`2014` = "cheg_2014", `2015` = "cheg_2015") %>%
  gather(ano, chegadas, `2014`:`2015`) %>%
  group_by(ano, Estado) %>% summarise(soma=sum(chegadas))

dadose1

pe1 = ggplot(dadose1, aes(x = Estado, y = soma) )

pe1 + geom_bar(stat = "identity",
               aes(fill = Estado ),
               position = "dodge") +
      labs(x = "Estado",
           y = "No. de Chegadas",
           title = "Visualizando o desempenho dos Estados
RS, RJ e SP",
           subtitle = "Fonte: elaboração própria",
           names = "Estado") +
      theme_bw(base_size = 18) # adiciona tema "Black and White"
```

|2|

```
d = aggregate(cheg_2012 ~ Regiao, data = dados, sum)
ggplot(d, aes(x = 1,
              weight = cheg_2012,
              fill = Regiao)) +
  geom_bar() +
  coord_polar(theta = "y") +
  geom_text(x = 1.3,
            aes(y = cumsum( cheg_2012[length(Regiao):1] ) -
cheg_2012[length(Regiao):1] / 2,
                label = paste0(100*round(cheg_2012[
length(Regiao):1 ]/sum(cheg_2012[ length(Regiao):1 ]), 3), "%") )
            )
```

|3|

```
dados_bi = dados %>% filter (Estado == "SaoPaulo" |
                                       Estado ==
"RioGrandeSul" )

p = dados_bi %>% ggplot( aes(x = Estado,
                                                    y =
cheg_2012) ) +
        labs(subtitle = "Fonte: elaboração própria") +
        geom_boxplot(fill = "red",
                     colour = "green",
                     alpha = 0.7,
                     outlier.colour = "blue",
                     outlier.shape = 1) + #cor de
preenchimento vermelha, linha verde, transparência 0.5, cor
dos outliers e símbolo
        facet_grid( ~ Regiao)
p
```

|4|

```
require(ggplot2)
dados_chegadas = data.frame(Estado = rep(dados$Estado, 4),
                            Mes = rep(dados$Mes, 4),
                            chegada = c(dados$cheg_2012,
                                        dados$cheg_2013,
                                        dados$cheg_2014,
                                        dados$cheg_2015),
                            Regiao = rep(dados$Regiao, 4),
                            Ano = rep(2012:2015, rep(180, 4))
                            )
ggplot(subset(dados_chegadas,
              Estado %in% c("RioJaneiro") ),
        aes(x = Mes,
            y = chegada,
            shape = Estado) ) +
  scale_x_continuous(limits = c(1, 12),
                     breaks = seq(1, 12, 1) ) +
  geom_point()+
  geom_smooth()+
  labs(subtitle = "Fonte: elaboração própria")
```

CAPÍTULO 8

|1|

```
require(janitor)
q <- data.frame(x1 = c(1, NA, 3, 4),
                x2 = c(NA, NA, NA, NA),
                x3 = c("linha1", NA, "linha3",
                       "linha e coluna 2 foram eliminadas"))
q = q %>%
  remove_constant() %>%
  remove_empty()
q
```

|2|

```
require(janitor)
require(tidyverse)
df = data.frame(ID = c(1000, 1001, 1002, 1003),
                FAT = c(2098.60, 345.00, 1332.44, 845.00),
                FRETE = c(0.00, 5.60, 20.00, 18.30) )
df %>%
  adorn_totals("row") %>%
  adorn_percentages("row") %>%
  adorn_pct_formatting(digits = 2) %>%
  adorn_ns()
```

|3|

```
q <- data.frame(x1 = c(1, NA, 3, 4, 7), x2 = c(3, 10, NA,
2, 10),                x3 = c("a", NA, "b", "a", "b"))
q

summary(q)

#Aplicando a técnica de substituição dos valores perdidos

require(mice)
q1=mice(q)
q1=complete(q1)
q1
summary(q1)
```

|4|

```
x=c("azul", "preto", "azul", "castanho", "preto",
"castanho", "castanho", "castanho", "castanho", "preto")

y=c("loiro", "loiro", NA, "preto", "preto", "preto",
"preto", NA, "preto", "loiro")

dt = data.frame(x,y)

set.seed(30)

n = sample(1:10,100, replace = T)

dta = dt[n,]

summary(dta)

require(mice)

q1=complete(mice(dta))
summary(q1)
```

|5|

```
require(janitor)
df = data.frame(ID = c(1000, 1001, 1002, 1003),
                FAT = c(2098.60, 345.00, 1332.44, 845.00),
                ANO = c(2016, 2016, 2017, 2017) )

df %>%
  adorn_totals()
```

|6|

```
require(janitor)
df = data.frame(ID = c(1000, 1001, 1002, 1003),
                FAT1 = c(2098.60, 345.00, 1332.44, 845.00),
                FAT2 = c(1000, 800, 800, 400) )
df %>%
  adorn_totals("col")
```

|7|

```
require(janitor)

df = data.frame(ID = c(1000, 1001, 1002, 1003),
                FAT = c(2098.60, 345.00, 1332.44, 845.00),
                FRETE = c(0.00, 5.60, 20.00, 18.30) )
df %>%
  adorn_totals("row") %>%
```

```
    adorn_percentages("row") %>%
    adorn_pct_formatting(digits = 2) %>%
    adorn_ns()
```

|8|

```
set.seed(30)
resp = sample(1:5, 100, replace = T)
f = as.factor(resp)
levels(f) = c( "concordo totalmente",
                "concordo parcialmente",
                "neutro",
                "discordo parcialmente",
                "discordo totalmente")
top_levels(f, n = 2)
```

CAPÍTULO 9

|1|

```
x=c("azul", "preto", "azul", "castanho", "preto",
"castanho", "castanho", "castanho", "castanho", "preto")
```

```
y=c("loiro", "loiro", NA, "preto", "preto", "preto",
"preto", NA, "preto", "loiro")
```

```
set.seed(30); z=round(rnorm(10,200,40),1)
```

```
dt = data.frame(x,y,z)
```

```
set.seed(30)
```

```
n = sample(1:10,100, replace = T)
```

```
dta = dt[n,]
```

```
require(DescTools)
PlotMiss(dta)
```

|2|

```r
library(janitor)

#Tabela de frequência variável categórica
tabyl(dta,x) %>%
  adorn_totals() %>%
  adorn_rounding(2)
```

|3|

```r
library(janitor)

intervalo = (cut(dta$z, b=nclass.Sturges(dta$z)))

#Tabela de frequência da variável z
tabyl(intervalo) %>%
  adorn_totals() %>%
  adorn_rounding(2)
```

|4|

```r
require(mice)
require(janitor)

#Completando os dados faltantes
dt_ajustado=complete(mice(dta, printFlag = F))

#Tabela de frequência variável categórica
tabyl(dt_ajustado,y) %>%
  adorn_totals() %>%
  adorn_rounding(2)
```

|5|

```r
require(mice)
require(janitor)

#Completando os dados faltantes
dt_ajustado=complete(mice(dta, printFlag = F))

#Tabela de frequência variável categórica
tabyl(dt_ajustado,x,y) %>%
  adorn_totals(c("row", "col")) %>%
  adorn_rounding(2)
```

|6|

```
require(DescTools)
Desc(dta)
```

|7|

```
require(DescTools)
Desc(d.pizza$quality)
```

Considerando que essa variável é referente a avaliação que o cliente da pizzaria deu à qualidade da pizza, é possível verificar que 16.6% dos clientes não responderam essa pergunta. Quase metade (49.2%) dos respondentes avaliaram a pizza como de alta qualidade, porém o serviço pode ser melhorado já que 15.5% avaliaram como baixa qualidade.

|8|

```
require(DescTools)
Desc(d.pizza$price)
```

Os dados revelam que o preço médio de cada pedido é de R$48.73 e que metade dos pedidos (median) são de valores menores ou iguais a R$46.76. O desvio-padrão é de R$21.63 e o coeficiente de variação é de 0.44 ou 44%, ou seja, apresenta alta dispersão. O coeficiente de assimetria (*skew*) é 0.49, ou seja, a assimetria é moderada positiva e o coeficiente de curtose (*kurt*) é 0.1076, ou seja, a distribuição é leptocúrtica (em cume). Analisando o gráfico identificamos a presença de *outliers* com valores acima de R$100.00. Uma estimativa para o intervalo de confiança de 95% é fornecida por *meanCI* indicando que o valor esperado de um pedido varia entre R$47.50 e R$49.96.

|9|

```
require(lubridate)
x = c(paste0(rep(201905,30),c(10:30,
paste0(rep(0,9),1:9))))
set.seed(30)
nascimentos = ymd(sample(x,10000, replace = T))

require(DescTools)
Desc(nascimentos)
```

|10|

```
require(lubridate)
x = c(paste0(rep(201905,30),c(10:30,
paste0(rep(0,9),1:9))))
set.seed(30)
nascimentos = ymd(sample(x,10000, replace = T))
semana = wday(nascimentos)
dia = mday(nascimentos)
sexo = rep(c("F", "M", NA), c(5000, 4900,100))

dados=data.frame(nascimentos,semana, dia, sexo)

require(janitor)

tabyl(dados, semana, sexo)%>%
  adorn_totals(c("row", "col")) %>%
  adorn_rounding(2)

#ou
Desc(sexo ~ semana, dados, digits=1, plotit=TRUE)
```

CAPÍTULO 10

|1|

```
#Gráfico da distribuição normal padronizada
curve(dnorm(x, 50, 2),
      xlim = c(20,80),
      main = "Gráfico da Distribuição Normal Padronizada")
```

|2|

```
#Janela gráfica
par(mfrow = c(1,2))
curve(dnorm(x, 50, 2),
      xlim = c(20,80),
      main = "Gráfico 1")
curve(dnorm(x, 50, 20),
      xlim = c(20,80),
      main = "Gráfico 2")
```

|3|

```
#P(40<X<55), X~N(50,1)
pnorm(55, 50, 1) - pnorm(40, 50, 1)
```

|4|

```
#Percentil 50

qnorm(0.5,0,1)
```

|5|

```
#Percentil 97.5

qnorm(0.975,0,1)
```

|6|

```
#Números aleatórios

set.seed(30)
y = rnorm(20,0,1)
PlotFdist(y,
         args.curve = list(expr = "dnorm(x, mean(y),
                                  sd(y))",
                           col="black"),
         args.dens=list(col="gray"),
         #args.boxplot = NA,
         args.ecdf = NA,
         xlim = c(-4, 4))

#Organizando a legenda

legend(x = "topright",
       legend = c("kernel density",
                  expression(X%~%N(mu==0, sigma==1) ) ),
       fill = c("gray80", "black"), text.width = 0.8)
```

|7|

```
#Números aleatórios

set.seed(30)
x = rchisq(50, 2)

shapiro.test(x)
```

|8|

```
#Números aleatórios

set.seed(30)
x = rchisq(50, 2)

transx = log(x)

require(DescTools)

PlotQQ(x, args.cband =list(col = SetAlpha("grey", 0.25)))


PlotQQ(transx, args.cband =list(col = SetAlpha("grey", 0.25)))
```

CAPÍTULO 11

|1|

```
dados = data.frame( sexo = rep(c("F", "M"), c(80, 200)),
                  preferencia = c(rep(c("Policial",
"Romance"), c(20, 60)),
                                  rep(c("Policial",
"Romance"), c(120, 80)) ))

require(DescTools)
Desc(preferencia ~ sexo, dados, digits = 1, plotit = F)
```

|2|

```
dados = data.frame( musica = rep(c("Francesa", "Italiana"),
c(260, 300)),
                  origem = c(rep(c("França", "Itália"),
```

```
c(200, 60)),
                                        rep(c("França",
"Itália"), c(120, 180)) ))
require(DescTools)
Desc(origem ~ musica, dados, digits = 1, plotit = F)
```

|3|

```
dados = data.frame (tempo = c(25, 20, 20, 10, 10, 10, 25,
22, 13, 10, 25, 23, 16, 18, 15, 13, 14, 24, 12, 10), valor
= c(200, 100, 230, 14, 50, 30, 302, 100, 10, 20, 150, 180,
80, 70, 40, 9, 30, 100, 100, 12))

modelo = lm(valor ~ tempo, dados)
modelo
```

|4|

```
salario = c(2100, 3200, 2200, 2200, 2150, 2100, 2200, 2200,
2300, 2150)

localizacao = c("A", "A", "A", "B", "B", "B", "A", "A",
"A", "B")

require(DescTools)
Desc(salario ~ localizacao, dados, digits = 1, plotit = F)
```

|5|

```
Erros = c(3, 0, 0, 4, 0, 0, 0, 0, 0, 1, 3, 0, 0, 0, 1, 4,
0, 0, 0, 4)

Temperatura = c(20, 22, 22, 19, 22, 22, 23, 23, 21, 19, 20,
23, 23, 22, 12, 18, 22, 23, 22, 18)

require(DescTools)
Desc(as.factor(Erros) ~ Temperatura, dados, digits = 1,
plotit = F)

ou

modelo = lm(Erros ~ Temperatura, dados)
modelo
```

|6|

```
salario = c(2100, 3200, 2200, 2200, 2150, 2100, 2200, 2200,
2300, 2150)

tempo = c(13, 15, 14, 17, 16, 12, 13, 14, 14, 13)

dados = data.frame(salario, tempo)

modelo = lm(salario ~ tempo, dados)
modelo
```

|7|

```
#Lendo a base de dados

dados = read.csv2(file =
                  "https://raw.githubusercontent.com/
Lucianea/Alta/master/vendas.csv")

#Eliminando a linha 12

dados = dados[-12, ]

modelo=lm(valor_compra ~ desconto_perc, dados)
modelo
```

ÍNDICE

A

Acurácia 299
Algoritmo 255
Alinhamento do conteúdo 56
Análise
  de coeficiente 252
  de dados 20, 147
  de datas 256
  descritiva 241, 251
  de verificação da normalidade 261
  gráfica 276
Anderson, Wes 192
Apuração de valores 138
Argumento
  facet 208
  space 208
Arquivo de dados 81

B

Bache, Stefan Milton 81
Base de dados 131
BitBucket 40
Botão
  Insert 47
  knit 46
  Run 46
BoxCoxLambda 282
Boxplot 171

C

Camada theme 193
CAPES 338
Chang, Winston 175
Chunk 47, 55
  global 55
Code Preview) 73
Código de incorporação 62
Códigos embutidos 53
Coeficiente de correlação 166
Comando
  add_column, add_row e rename 99
  arrange 90
  bind_cols ou bind_rows 103
  complete, drop_na e replace_na 122
  distinct 88

filter 87
full_join 110
inner_join 106
install.package. 39
intersect, union e setdiff 112
left_join e right_join 108
mutate e transmute 93
pivot_longer e pivot_wider 117
pull 85
select 84
separate e unite 121
setequal 114
summarise e group_by 95
Combinações 110
Computação
  estatística 20
  gráfica 20
Comunicação de resultados 147
Conjunto de dados 72, 222
Correlação linear 218
CRAN - Comprehensive R Archive Network 20, 22, 39
Critério de Sturges 244

D

Dados faltantes 254
Dataframe 32, 34, 116
Densidade empírica 266
Distribuição assimétrica 170
Distribuição de probabilidade
  Binomial 261
  Binomial Negativa 261
  Geométrica 261
  Hipergeométrica 261
  Poisson 261
Distribuição normal 264
Documento de saída 49

E

Efeito
  de suavização smooth 215
  jitter 207
Eixo numérico 212
Environment - Import Dataset 72
Escala
  dos eixos 184
  logarítmica 206
  de Likert 235
Estatística 337
  descritiva 72, 246
Excel 234

F

Facebook 337
Facetas 208
Ferramentas 49
FiveThirtyEight 180
Fluxo de trabalho 71
Formato tibble 77
Função
  image_quantize 62
  image_read 62

G

Gentleman, Robert 20
Gerador de tabelas 57
GitHub 40, 115
Google Docs 180
Gráfico 178
  boxplot e histograma 168
  circular 161, 211
  de barras 154, 211
  de dispersão 166
  de linhas 214
  de pontos 212
  ggplot2 175
Gruber, John 45

H

Hiperlink 60
Hipótese variável 288
Histograma 205
Homocedasticidade 314

I

IEEE Spectrum 20
Ihaka, Ross 20
Intercept 310

Intervalo
  de confiança 317
  de predição 317

L

Lan House 42
Leitura de dados 285
Limpeza de dados 72
Linguagem R 29
Linguagens computacionais 20
Linux 50

M

Mac OS 50
MacTeX 50
Manipulação de dados 71, 131
Máscara de texto 60
Matchings 102
Matriz
  de confusão 299
  M 32
Medidas
  descritivas 241, 251
  estatísticas 247
Método
  de Guerrero 282
  de interpretação 80
  de Sturges 259
Modelo
  de regressão local 215
  estatístico formal 241
Multiple R-squared 312
Multivariate Imputation by Chained Equations 225

O

Odds Ratio (OR) 295
Operações matemáticas 28
Operador pipe 81
Outliers 169, 171

P

Pacote
  auxiliar 81
  base 27, 39
  contributed 39
  data.table 40, 131
  DescTools 40, 246
  dtplyr 143
  foreign 81
  ggplot2 175, 178
  janitor 40, 225
  knitr 40
  mice 225
  readr 80
  recommended 39
  Spatchwork 197
Padrão de comportamento 81
Paleta de cores
  divergentes 190
  qualitativas 190
  sequenciais 190
Parâmetro fill 188
Pareamento 309
Planilha 148
PlotFdist 266
PlotMiss 255
Programa
  Miktex 46
Programadores 41

R

R básico 21
RColorBrewer 190, 191
Regra de decisão 270
Regressão linear 218
Relatório 321
  dinâmico 42
Resumo estatístico 82, 251
R Markdown 40, 42, 45
Rmd 46, 47
R Script 24

R Studio 22

S

Saída para formato
  doc 68
  html 68
  pdf 68
Script 23
  de comandos 22
Separadores de células 56
Significância dos parâmetros 298
Sistema
  operacional 22
  tidyverse 71, 131
  alternativo 234
Software R 15, 20
Subconjunto de dados 140

T

Tabela de dados 31
Tabelas de frequência 226
Tabulação
  cruzada 221, 228
  dos dados 242
Técnicas de análise 148
Telegram 337
Teste
  de Kolmogorov-Smirnov 266
  de Kruskal-Wallis 289
  de normalidade 275
  de proporção 274
  de Shapiro 268
  de Wilcoxon 275
  estatístico 268
  Quade 274
  qui-quadrado 231, 302
  bicaudal 298
TeXLive 50

The Economist 180
The Wall Street Journal 180
Tibble 76
Transformação
  Box-Cox 280
  logarítmica 280
  polinomial 280
Transmute 94
Twitter 337

V

Validação do modelo 312
Variável
  categórica 161, 242, 287
    nominal 242
    ordinal 242
  correlacionada 285
  de caractere 79
  explicativa 293
  inteira 247
  lógica 247
  numérica 80, 200, 242, 287
    contínua 242
    discreta 242
  quantitativa 251
Vetor 28
Vimeo 62
Visualização de dados 147

W

Wickham, Hadley 71, 175
Wikipédia 41
Windows 50
Word 46

Y

YouTube 62

CONHEÇA OUTROS LIVROS DA ALTA BOOKS

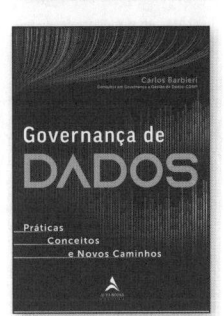

Todas as imagens são meramente ilustrativas.

CATEGORIAS
Negócios - Nacionais - Comunicação - Guias de Viagem - Interesse Geral - Informática - Idiomas

---

SEJA AUTOR DA ALTA BOOKS!

Envie a sua proposta para: autoria@altabooks.com.br

Visite também nosso site e nossas redes sociais para conhecer lançamentos e futuras publicações!

www.altabooks.com.br

ALTA BOOKS
EDITORA

/altabooks ▪ /altabooks ▪ /alta_books